NCS

인천국제
공항공사

필기전형 | 소방직

PREFACE

우리나라 기업들은 1960년대 이후 현재까지 비약적인 발전을 이루었다. 이렇게 급속한 성장을 이룰 수 있었던 배경에는 우리나라 국민들의 근면성 및 도전정신이 있었다. 그러나 빠르게 변화하는 세계 경제의 환경에 적응하기 위해서는 근면성과 도전정신 이외에 또 다른 성장 요인이 필요하다.

최근 많은 공사·공단에서는 기존의 직무 관련성에 대한 고려 없이 인·적성, 지식 중심으로 치러지던 필기전형을 탈피하고, 산업현장에서 직무를 수행하기 위해 요구되는 능력을 산업부문별·수준별로 체계화 및 표준화한 NCS를 기반으로 하여 채용공고 단계에서 제시되는 '직무 설명자료'상의 직업기초능력과 직무수행능력을 측정하기 위한 직업기초능력평가, 직무수행능력평가 등을 도입하고 있다.

인천국제공항공사에서도 업무에 필요한 역량 및 책임감과 적응력 등을 구비한 인재를 선발하기 위하여 고유의 필기전형을 치르고 있다. 본서는 인천국제공항공사 채용대비를 위한 필독서로 인천국제공항공사 필기전형의 출제경향을 철저히 분석하여 응시자들이 보다 쉽게 시험유형을 파악하고 효율적으로 대비할 수 있도록 구성하였다.

신념을 가지고 도전하는 사람은 반드시 그 꿈을 이룰 수 있습니다. 처음에 품은 신념과 열정이 취업 성공의 그 날까지 빛바래지 않도록 서원각이 수험생 여러분을 응원합니다.

STRUCTURE

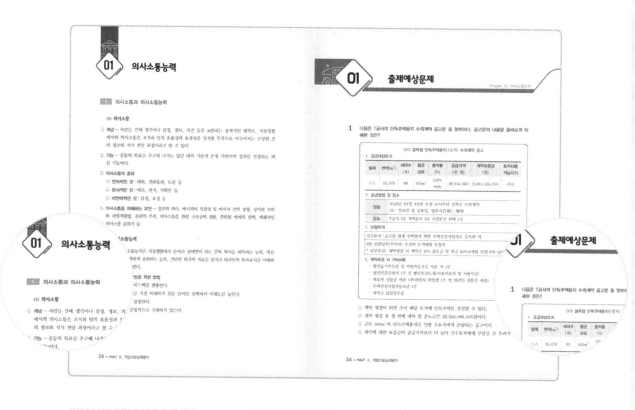

직업기초능력평가

NCS 기반 직업기초능력평가에 대해 핵심적으로 알아야 할 이론을 체계적으로 정리하였으며 적중률 높은 영역별 출제예상문제를 상세하고 꼼꼼한 해설과 함께 수록하여 학습 효율을 확실하게 높였습니다.

소방학개론

소방학개론 기출문제 및 예상문제를 수록하여 직무지식시험을 대비할 수 있도록 하였습니다.

인성검사 및 면접

실전 인성검사와 함께 성공취업을 위한 면접기출을 수록하여 취업의 마무리까지 깔끔하게 책임집니다.

CONTENTS

PART

I

인천국제공항공사 소개

01 공사 소개

1 인천국제공항공사

(1) 설립목적

인천국제공항의 효율적인 건설 및 관리·운영을 통해 항공운송 원활화 및 국민경제 발전에 이바지

현재의 사업영역	미래의 사업영역
• 인천국제공항의 건설 및 관리·운영 • 주변지역개발, 부대사업 및 기타 국가위탁사업 • 공항건설 및 관리·운영에 관한 연구조사	• 인천국제공항의 건설·운영을 기반으로 하는 사업영역 • 주변지역개발 및 부대사업관련 인프라 구축산업 • 해외공항의 건설·관리·운영 및 그 주변지역 개발사업

(2) 주요사업

① 공항건설분야

 ㉠ 토목, 건축, 전기, 전자, 통신 등 전 기술영역을 망라하는 복합공정적 시설 구축
  - 부지조성, 설계, 공사, 감리 등 시공과정
  ※ 1단계 건설사업은 1992년 착수하여 2001년 완공
  ※ 2단계 건설사업은 2002년 착수하여 2008년 완공
  ※ 3단계 건설사업은 2009년 착수하여 2017년 완공
 ㉡ 주변지역 개발 및 부대사업 관련 인프라구축

② 공항운영분야

 ㉠ 여객 및 화물수송 수요의 처리
 ㉡ 공항 시설물의 유지관리
 ㉢ 공항 이용자에 대한 각종 부대서비스 제공 및 그에 따른 영업활동

(3) 비전

① 미션…인천공항의 효율적 건설·관리·운영, 세계적 공항전문기업 육성, 항공운송 및 국민경제 발전에 이바지

② 비전… 사람과 문화를 이어 미래로 나아갑니다.(We Connect Lives, Cultures and the Future)

③ 목표
- ㉠ ACI 고객경험 최상위
- ㉡ 동북아 에너지자립도 1위
- ㉢ 사고 재해 ZERO
- ㉣ 항공운송(ATU) 세계 1위
- ㉤ 국가경제기여도 88조원

④ 전략체계

사람과 삶의 가치 연계 Connect Lives	문화 네트워크 구현 Connect Cultures	미래 패러다임 혁신 Connect the Future
• 디지털 공항운영 Digital Transformation • ESG 경영혁신 ESG Innovations • 스마트 안전 플래폼 Smart Safety Platform	• 글로벌 메가 허브 Global Mega Hub • 미래형 물류 플랫폼 Future Logistics Platform • 융복합 문화/산업 벨트 Airport Cultural & Economic Zone	• 차세대 모빌리티 Next-generation Mobility • 해외사업 영토 확장 Overaseas Business Expansion • 미래 공항 확장 Airport Expansion

⑤ 핵심가치
- ㉠ **도전** : 미래성장을 위한 창의와 혁신을 통해 끊임없는 도전 경주
- ㉡ **존중** : 상호 존중을 바탕으로 국민과 세계인에 사랑받는 공항 구현
- ㉢ **협력** : 공항 생태계 내 협력적 신뢰관계 구축을 통한 조직 경쟁력 강화
- ㉣ **윤리** : 국민의 공기업으로서 윤리와 투명성을 통한 지속가능 성장 실현

(4) 사회공헌

① **사회가치 비전** … 하늘 길을 열어 국민과 함께 발전하는 인천공항

② **사회공헌 비전** … 인천공항과 사람을 잇다

③ **사회공헌 타깃**
- ㉠ **지역사회** : 학교, 주민, 지자체
- ㉡ **국민(전국)** : 사회적 경제, 사회약자, 국민

ⓒ 글로벌 : 저개발국, 業연계 지역

④ 핵심목표(브랜드)

 ㉠ **공동체 이음** : 주민·지자체와 상생협력으로 건강한 공동체 육성 지원

 ㉡ **공감 이음** : 사회문제 해결을 통한 국민 공감대 형성

 ㉢ **가치 이음** : 보편적 가치의 확산으로 지속가능한 발전 구현

⑤ 추진과제

 ㉠ 사람중심

인재양성	사회적경제조직 육성	국제 구호활동
• 문화예술인재육성 • 스포츠인재육성 • 인천공항장학제도	• 해외판로 개척 지원 • 우수기업 금융지원 • 스타트업 육성지원	• 심장병어린이 수술 지원 • 글로벌 봉사단 파견

 ㉡ 다양한 참여

지역공동체 지원	국민 성장 지원	국제사회 문제해결
• 사회복지사업 • 다문화가정 자립지원 • 임직원 자원봉사	• 국민참여 공모사업 • 공익활동 후원	• 저개발국 신재생에너지 보급 • UN SDGs 캠페인 전개

 ㉢ 상생협력

지자체 상생협력	항공문야 성장지원	業 연계활동
• 지역경제활성화 ··지자체 협력사업	• 항공물류대학발전기금 • 중소기업, 학회지원	• 저개발국 항공지식 나눔 • 언어통역 서비스 지원

2   인천공항의 발자취

(1) 1단계 사업

① 1990. 06. 14 건설입지 확정(제3차 신국제공항 건설추진위원회)

② 1992. 06. 16 수도권 신공항건설 예정지역 지정 및 기본계획 고시

③ 1996. 05. 23 여객터미널 공사 착수

④ 1999. 02. 01 인천국제공항공사 설립

⑤ 2001. 03. 29 인천국제공항 개항

(2) 2단계 사업

① 2001. 12. 31 기본계획(2단계) 변경고시

② 2002. 11. 27 여객계류장 부지조성공사 착수

③ 2004. 06. 28 탑승동 A 굴토 및 파일공사 착수

④ 2007. 07. 30 제3활주로 포장완료

⑤ 2008. 06. 20 2단계 건설 완료 및 운영 개시

(3) 3단계 사업

① 2009. 06. 30 인천국제공항건설 기본계획(3단계) 변경고시

② 2010. 06. 08 3단계 기본 설계용역 착수

③ 2010. 06 .24 제2여객터미널 설계 공모

④ 2013. 06. 14 제2여객터미널 땅파기 및 파일공사 착수

⑤ 2013. 09. 26 제2여객터미널 기공식 개최

⑥ 2016. 04. 26 제2여객터미널 상량식 개최

⑦ 2017. 04. 30 제2여객터미널 시험운영 착수

⑧ 2017. 12. 31 제2여객터미널 운영준비 완료

⑨ 2018. 01. 18 제2여객터미널 오픈

채용안내

1 인재상

SLOGAN	글로벌 허브공항! 세계의 중심인재!		
인재상	글로벌 가치창조형 인재		
	Active(도전) 비상을 위해 드넓은 활주로를 힘차게 달리는 도전의식을 가진 사람	Innovation(혁신) 하늘 저 너머의 새로운 세상에 대한 무한한 호기심과 꿈을 가진 사람	Respect(존중) 1등 공기업의 사명을 갖고 회사와 고객을 존중할 수 있는 사람
CORE VALUE	꿈을 향한 도전	함께하는 행복	더불어 쌓아가는 신뢰 / 타협하지 않는 윤리

2 채용 공고

(1) 채용개요

① 채용직급 ··· 방재직(소방직) 가급(대장)·다급(대원)

② 채용분야 및 인원

모집직위	가급(대장)	다급(대원)				
세부분야	–	소방		구급	예방	
		일반	보훈	일반	일반	보훈
모집인원	1	4	1	4	4	1

③ 고용구분 : 정규직(무기계약직)

④ 채용방식 : 공개채용

⑤ 근무예정지 : 인천국제공항 일원

⑥ 근로조건 : 교대근무(일근 일부 포함)

⑦ 보수조건 : 공사 방재직규정 및 방재직규정시행세칙에 따른 가·다급 하한액

(2) 응시자격

학력, 전공, 연령, 성별에 관계없이 지원 가능하며, 아래 응시자격을 모두 충족하는 자에 한해 지원 가능 (단, 연령의 경우 입사지원서 마감일 기준 공사규정에 따른 정년 이내여야 함)

① 최종합격자 발표 이후 즉시 근무 가능한 자

② 남자의 경우 채용예정일 기준 군필 또는 면제자

③ 공사 방재직규정 제7조(결격사유)에 해당하지 않는 자

④ 소방직 다급 세부분야 소방·구급의 경우 소방공무원임용령 시행규칙(소방공무원 채용시험 신체조건표)에서 정하는 신체조건에 충족하고 소방공무원 채용시험 시행규칙(소방공무원 신체검사의 불합격 판정기준)에 해당하지 않는 자

⑤ 모집직급 및 세부분야별 아래 표의 자격 기준에 해당하는 자

모집분야		자격기준
소방직 가급		• 소방분야 15년 이상 경력 보유자 중 다음 각 호의 어느 하나에 해당하는 자 ㉠ 소방공무원 소방령 이상으로 5년 이상 근무경력 보유자 ㉡ 국내외공항 소방대장으로 3년 이상 근무경력 보유자 ㉢ 소방공무원 소방령 이상 근무경력과 국내외공항 소방대장 근무경력의 합이 5년 이상인 자
소방직 나급	소방	• 1종 대형 운전면서 소지자
	구급	• 응급구조사 1급 또는 간호사 면허 소시자
	예방	• 한국 소방시설협회에서 인정하는 초급기술자 이상 소지자

※ 보훈 구분전형(소방 1명, 예방 1명)의 경우 「국가유공자 등 예우 및 지원에 관한 법률」에 따른 취업지원대상자로 모집분야별 자격기준을 갖춘 자에 한해 지원 가능

(3) 전형절차

방재직 다급 : 대원

구분	전형단계	평가기준	선발배수
1단계	서류전형	응시요건 충족여부	적/부
2단계	필기전형	인성검사, 직업기초능력평가(NCS), 직무지식	소방, 구급 : 10배수 예방 : 5배수
3단계	체력검정	소방공무원임용령 시행규칙의 '체력시험 종목 및 평가점수'에 연령대별 보정치를 적용하여 평가 ※ 체력검정은 소방직 중 소방/구급에 한함	적/부
4단계	1차 면접전형	직무면접	2배수
5단계	2차 면접전형	인성면접	1배수
6단계	신원조회 및 신체검사	결격사유 확인 및 신체검사	적/부

(4) 전형별 세부 평가내용

전형단계	평가기준	동점자 처리기준
서류전형	응시자격 충족여부, 자기소개서 불성실 작성자 확인	
필기전형	• 1교시 : 인성검사(면접참고자료) • 2교시 : 직업기초능력검사(NCS) – 의사소통능력, 문제해결능력, 자원관리능력, 조직이해능력 • 3교시 : 직무지식(소방학개론) – 재난이론, 연소이론, 화재이론, 소화이론	
체력검정	• 체력검정은 다급 소방 및 구급에 한해 시행함 • 6개 종목 : 악력, 배근력, 앉아윗몸앞으로굽히기, 제자 리멀리뛰기, 윗몸일으키기, 왕복오래달리기 • 소방공무원임용령 시행규칙의 '체력시험 종목 및 평가 점수'에 연령대별 보정치를 적용하여 평가	① 보훈 및 장애 대상자 ② 우대자격증 보유자 ③ 단계 전형 성적 상위자
1차 면접전형 (직무면접)	• 직무상황면접	
2차 면접전형 (인성면접)	• 인성면접(기본역량, 태도인성, 인성검사 결과 기반 종 합 질의응답)	

※ 입사지원서에서 입력하는 모든 내용은 추후 제출할 증빙자료에 기재된 바와 동일하게 입력하여야 하며 체력검정 시 관련 증빙서류 원본 제출(별도 안내 예정)

※ 지원서 불성실 작성 시 내부기준에 따라 탈락(불합격)처리 될 수 있다.

(5) 우대사항

유형	가점대상	적용전형			우대사항 (만점기준)	부여기준
		필기	체력	면접		
사회형평채용	취업지원대상자 (보훈)	○	○	○	5% 또는 10%가점	관계법령에 의거하여 차등부여, 가점이 높은 한가지만 부여
	저소득층	○			5% 가점	「국민기초생활보장법」에 의한 국민기초생활수급자(주민등록상 세대원 포함)
	경력단절여성	○			5% 가점	여성이 임신, 출산, 육아와 가족의 돌봄을 이유로 입사지원서 마감일 기준 1년 이상 경제활동을 중단한 경우
	고졸자	○			5% 가점	최종학력이 고등학교 졸업인 자 (고등학교 검정고시 합격자 및 대학 중퇴자 포함함) * 전문대 이상 학위소지자, 졸업(예정)자, 졸업유예자, 재학·휴학 중인 자 제외
직무자격	(소방)정비자격증	○			5% 가점	자동차정비기능사 (세부분야 소방 지원자에 한함)
	(소방)응급구조사	○			5% 가점	응급구조사 1급 자격증 보유자 (세부분야 소방 지원자에 한함)
	(구급, 예방) 운전면허	○			5% 가점	1종 보통 또는 1종 대형 운전면서 보유자 (세부분야 구급 또는 예방 지원자에 한함)

※ 우대사항은 기본 응시자격 충족을 전제로 필기전형 만점 대비 40% 이상, 면접전형 만점 대비 50% 이상 득점자에 한해 적용

※ 가점 사항이 중복되는 경우 유리한 하나만 인정함

(6) 유의사항

① 지원서 작성 및 증빙서류 제출

　㉠ 블라인드 채용에 따라 입사지원서(자기소개서 등 포함)상 개인 인적사항 (가족관계, 출신지역, 학교명 등) 관련 내용의 작성을 일절 금지하며 특히 e-mail 기재 시 학교 명이 드러나는 메일주소 기재를 금지합니다.

　㉡ 입사지원서에 기재한 성명, 연락처(휴대전화, 이메일 등), 생년월일 등 인적사항은, 면접 시 블라인드 처리되며 평가에 반영되지 않습니다.

　㉢ 경력기술서, 자기소개서는 성실하게 작성하시기 바라며, 불성실 작성(필수항목 공란, 항목별 100자 미만, 부적절한 내용가입, 자기소개서 표절 등) 시 내부기준에 따라 탈락(불합격)처리 될 수 있습니다.

　㉣ 입사지원서 등은 국문(입력 상 필요한 경우에 영문 가능)으로 작성해 주십시오.

　㉤ 지원서 접수 시 지원자의 입력착오, 누락 등으로 인한 불합격이나 손해에 대한 모든 책임은 지원자 본인에게 있습니다.

　㉥ 채용전형 중이나 후에 자료검증 및 사실 확인 등을 통해 각종 자격, 경력 등이 지원서의 입력내용과 불일치하거나 허위로 판명될 경우 또는 사실 확인이 불가능한 경우 탈락(불합격) 및 입사취소 처리될 수 있으니 입사지원서 작성 시 유의하시기 바랍니다.

　㉦ 연락처(e-mail, 휴대폰, 전화번로 등) 오기재로 인한 불합격이나 손해에 대한 모든 책임은 지원자 본인에게 있습니다.

　㉧ 접수마감일에는 다수의 동시접속 등으로 인하여 접수가 이루어지지 않을 수 있음에 유의하시고, 반드시 '접수처리 경과'를 확인하시기 바랍니다.

　㉨ 원본 제출이 곤란한 서류의 경우 원본 제시 후 사본을 제출하셔야 합니다.

② 불합격 또는 합격취소 및 예비합격

　㉠ 최종 합격자라도 인천국제공항공사 규정상 임용 결격사유에 해당하거나 임용예정자의 자격상실 사유에 해당하는 경우 합격을 취소할 수 있습니다.

　㉡ 본인 또는 본인과 밀접한 관계가 있는 타인이 채용에 관한 부당한 청탁, 압력 또는 재산상의 이익 제공 등 부정행위를 한 사실이 있는 합격자(부정합격자)에 대하여 공사는 합격을 취소하거나 규정에 따라 면직시킬 수 있습니다.

　㉢ 지원서 허위작성, 증빙서류 위·변조 및 미제출, 전형 중 부정행위를 한 경우, 채용 비리로 합격된 경우 등으로 인한 불합격 조치 또는 입사 취소에 대한 책임은 지원자 본인에게 있으니 착오 없으시길 바라며, 부정채용 등으로 채용이 취소된 경우 향후 5년간 인천국제공항공사 임용자격 제한 및 필요 시 관계기관에 정보제공, 고발 등의 제재가 가해질 수 있으니 각별히 유념하시기 바랍니다.

② 우대사항 중 '고등학교 졸업자'의 경우 고졸학력만 제시하여 합격되었음에도 불구하고, 「고등교육법」 제2조 등에 따른 학교의 학력 소지자로 확인될 경우 허위서류 제출로 인한 불합격 조치 도는 입사취소 처리하며 향후 5년간 인천국제공항공사 임용자격이 제한되지 유념하시기 바랍니다.

③ 기타 유의사항

㉠ 채용 직급 간 및 채용분야 간, 직급 내 타 분야 및 동일분야 중복지원은 불가하며, 중복지원 시 탈락처리 됩니다.

㉡ 채용분야별·단계별로 채용 적격자가 없다고 판단될 때에는 모집인원을 선발하지 않거나 모집인원 이하로 선발할 수 있습니다.

㉢ 각 전형별 합격자 발표일과 다음 전형의 시행일 간 간격이 짧으므로 제출서류 준비 등에 유의해 주시기 바랍니다.

㉣ 상기 일정은 변경 가능하니 유의하시기 바라며 최종 합격자의 임용일은 우리공사의 인력운영계획 및 정원 든 상황에 따라 달라질 수 있습니다.

㉤ 합격자의 경력 등에 따라 3개월 이내의 수습기간을 거쳐 정식 임용될 수 있습니다.

㉥ 각 전형별 합격자 발표 및 추후 일정공지 등은 채용 홈페이지에서 확인 가능하며 SMS로 개별 통지됩니다.

㉦ 중복 및 유사한 질문이 많은 관계로 반드시 채용공고를 숙지하시고 기타 의문사항은 채용 홈페이지(FAQ 등)를 참고 하시기 바랍니다.

㉧ 장애인 등 응시자는 본인의 장애유형에 맞는 편의지원을 신청 할 수 있으며, 장애유형별 편의제공 항목은 채용홈페이지(공지사항)을 참고하시기 바랍니다.

03 공사 관련기사

우리 공사가 환경보호를 위해 실천할 수 있는 것들을 제안해보시오.

인천공항공사, 국토교통부 K-드론시스템 실증사업 2개 분야 최종 사업자로 선정
K-드론시스템 실증을 위한 상세 시나리오를 설계

인천국제공항공사(사장 김경욱)는 국토교통부에서 추진 중인 'K-드론시스템 실증사업'에서 국내 기관 중 유일하게 3개 사업 분야 중 2개 분야에서 최종 수행기관으로 선정되었다고 밝혔다.

'K-드론시스템'은 드론의 비행계획 승인, 위치정보 모니터링, 주변 비행체와의 충돌방지 등 드론비행을 총괄하는 드론교통관제시스템이다. 국토교통부는 드론 비행의 안전성 확보 및 드론 활용 비즈니스 모델 발굴 등 국내 드론산업 활성화를 위해 'K-드론시스템 실증사업'을 추진하고 실현가능성과 국민 관심도가 높은 3개 분야에 대한 공모를 진행했다.

공사는 3개 분야 중 〈장거리·해상 등 특화〉 및 〈공항〉 2개 분야에서 사업자로 선정되었으며, 2개 분야에서 동시에 선정된 기관은 인천공항공사가 유일하다.

앞으로 공사는 인천공항이 보유한 전문성을 바탕으로 K-드론시스템 실증을 위한 상세 시나리오를 설계하고 공사가 관리 중인 '서울접근관제시스템'을 활용해 드론 운용 및 관리체계를 검증할 수 있는 환경을 구현하는 등 실증사업을 성공적으로 수행함으로써 국내 드론 산업 활성화에 이바지한다는 계획이다.

또한, 〈장거리·해상 등 특화〉 분야에서는 인천지역 스타트업 기업 ㈜파블로항공과 컨소시엄을 구성함으로써 사업 수행 과정에서 유망한 스타트업이 신사업 영역에서 사업성을 확보하고 발전할 수 있도록 지원할 예정이다.

인천국제공항공사 김경욱 사장은 "인천공항이 가진 전문성을 바탕으로 이번 실증사업을 성공적으로 수행함으로써 국가 드론산업 발전에 기여하고, 이번 경험을 바탕으로 UAM(도심항공교통) 교통관리 시스템을 단계적으로 구축하는 등 인천공항이 차세대 모빌리티 산업을 선도할 수 있도록 하겠다"고 말했다.

-2021. 6. 11.

면접질문	• 'K-드론시스템'에 대해 설명해보시오. • 우리 공사에서 실현할 수 있는 드론시스템에 대해 말해보시오.

인천국제공항공사 김경욱 사장, 플라스틱 절감 릴레이 캠페인 '고고챌린지' 동참 !!!

－플라스틱 사용 줄이GO! 텀블러 생활화 하GO! ESG경영 실천에 愛(애)쓰고(ESG)!

　　인천국제공항공사(사장 김경욱)는 공사 김경욱 사장이 환경부의 생활 속 플라스틱 절감 릴레이 캠페인인 '고고챌린지(GOGO Challenge)'에 동참했다고 15일 밝혔다.

　　'고고챌린지'는 환경부가 올해 1월 4일에 시작한 릴레이 환경 보호 캠페인으로, 생활 속 플라스틱 절감을 위해 하지 말아야 할 행동 한 가지와 할 수 있는 행동 한 가지를 SNS를 통해 약속하고 다음 도전자를 지명하는 방식으로 진행된다.

　　이번 캠페인에서 김경욱 사장은 '플라스틱 사용 줄이GO! 텀블러 생활화 하GO! ESG경영 실천에 愛(애)쓰고(ESG)!'를 실천 문구로 정하고, 플라스틱 줄이기를 통한 환경보호와 인천공항의 ESG(환경·사회·지배구조) 경영 실천을 약속하는 사진을 인천공항 공식 SNS 계정에 게재했다. 또한 김경욱 사장은 캠페인 참여 다음 주자로 한국공항공사 손창완 사장, 한국도로공사 김진숙 사장, 한국교통안전공단 권용복 이사장을 지목했다.

　　한편 인천국제공항공사는 '플라스틱 없는 인천공항'을 목표로 폐플라스틱 등 환경문제 심각성 인식 및 문제해결을 위해 이번 '고고 챌린지' 동참 외에도 다양한 노력을 기울이고 있다.

　　지난 2019년 4월에는 인천공항 내에서 버려지는 여행 가방을 업사이클링(Upgrade+Recycle)하여 조성한 '에코 업 라운지(Eco Up Lounge)'를 인천공항 제2여객터미널에 오픈함으로써 공사의 친환경 경영성과를 홍보하고 자원 재활용 및 친환경 경영의 필요성을 환기하고 있다. 또한 최근 공사는 텀블러 생활화, 에코백 사용, 친환경 면세품 포장재 사용 등을 주요내용으로 하는 '#플라스틱ZERO 캠페인'을 통해 임직원의 자발적인 참여를 유도함으로써 공사의 ESG 경영에 대한 전사적 공감대를 형성하고 있다.

　　특히 인천공항 면세점의 경우 면세품 운반도구를 개선해 면세품 포장용 에어캡(뽁뽁이) 사용량을 기존 3겹에서 1겹으로 대폭 절감했으며, 올해 2월부터는 생분해 소재의 친환경 면세품 쇼핑백을 도입하였다.

　　인천국제공항공사 김경욱 사장은 "이번 캠페인 참여를 바탕으로 앞으로 공사 임직원과 함께 텀블러 사용 등 생활 속 플라스틱 절감을 위해 적극 앞장설 계획이다"며 "앞으로도 '플라스틱 없는 인천공항, 웨이스트제로'를 기치로 저탄소·친환경 공항 운영을 강화함으로써 ESG 경영혁신을 선도해 나가겠다"고 말했다.

－2021. 6. 15.

면접질문	●우리 공사에서 환경보호를 위해 어떠한 활동을 하고 있는지 말해보시오.

PART

II

인성검사

01 인성검사의 개요

1 인성(성격)검사의 개념과 목적

인성(성격)이란 개인을 특징짓는 평범하고 일상적인 사회적 이미지, 즉 지속적이고 일관된 공적 성격(Public-personality)이며, 환경에 대응함으로써 선천적·후천적 요소의 상호작용으로 결정화된 심리적·사회적 특성 및 경향을 의미한다. 여러 연구 결과에 따르면 직무에서의 성공과 관련된 특성들은 개인의 능력보다 성격과 관련이 있다고 한다.

공기업에서는 인성검사를 통하여 각 개인이 어떠한 성격 특성이 발달되어 있고, 어떤 특성이 얼마나 부족한지, 그것이 해당 직무의 특성 및 조직문화와 얼마나 맞는지를 알아보고 이에 적합한 인재를 선발하고자 한다. 또한 개인에게 적합한 직무 배분과 부족한 부분을 교육을 통해 보완하도록 할 수 있다.

현재 공기업들은 인성검사를 한국행동과학연구소나 한국에스에이치엘 등의 기관에 의뢰하여 시행하고 있다. 한국수력원자력, 한국남동발전, 한국중부발전, 한국동서발전, 한국남부발전, 한국서부발전, 한국전력기술, 한전원자력연료, 한전KDN, 한국석유공사, 한국토지공사, 한국가스공사, 한국방송공사(KBS), 한국방송광고공사, 대한송유관공사, 한국기업평가, 법무부 등은 한국행동과학연구소에 인성검사를 의뢰하고 있는 곳이다.

인성검사의 문항은 각 개인의 특성을 알아보고자 하는 것으로 절대적으로 옳거나 틀린 답이 없다. 결과를 지나치게 의식하여 솔직하게 응답하지 않으면 과장 반응으로 분류될 수 있다. 그러므로 각 문항에 대해 자신의 생각이나 행동을 있는 그대로 솔직하게 나타내는 것이 가장 바람직하다.

인성검사의 측정요소는 검사방법에 따라 차이가 있다. 일부 기관의 경우는 보안을 위해 인성검사를 의뢰한 기업과 문항에 대한 공개를 하지 않아서 인성검사의 유형을 정확히 파악하는 것이 어렵다.

본 책에서는 일상생활에 활용할 수 있도록 고안된 자기보고식 성격유형지표인 MBTI와 인간의 행동유형(성격)과 행동패턴을 파악하는데 유용한 DISC행동유형, U-K 검사에 대한 간략한 소개를 실었다.

2 인성검사 대책

(1) 솔직하게 있는 그대로 표현한다

인성검사는 평범한 일상생활 내용들을 다룬 짧은 문장과 어떤 대상이나 일에 대한 선호를 선택하는 문장으로 구성되었으므로 평소에 자신이 생각한 바를 너무 골똘히 생각하지 말고 문제를 보는 순간 떠오른 것을 표현한다.

(2) 모든 문제를 신속하게 대답한다

인성검사는 시간제한이 없는 것이 원칙이지만 일정한 시간제한을 두고 있다. 인성검사는 개인의 성격과 자질을 알아보기 위한 검사이기 때문에 정답이 없다. 다만, 해당 공기업에서 바람직하게 생각하거나 기대되는 결과가 있을 뿐이다. 따라서 시간에 쫓겨서 대충 대답을 하는 것은 바람직하지 못하다.

(3) 일관성 있게 대답한다

간혹 반복되는 문제들이 출제되기 때문에 일관성 있게 답하지 않으면 감점될 수 있으므로 유의한다. 실제로 공기업 인사부 직원의 인터뷰에 따르면 일관성이 없게 대답한 응시자들이 감점을 받아 탈락했다고 한다. 거짓된 응답을 하다보면 일관성 없는 결과가 나타날 수 있으므로 신속하고 솔직하게 체크하다 보면 일관성 있는 응답이 될 것이다.

(4) 마지막까지 집중해서 검사에 임한다

장시간 진행되는 검사에 지칠 수 있으므로 마지막까지 집중해서 정확히 답할 수 있도록 해야 한다.

02 인성검사의 종류

1 MBTI 16가지 성격유형

에너지 방향 (Energy)	E – 외향(Extraversion)	외부 세계의 사람이나 사물에 대하여 에너지를 사용한다.
	I – 내향(Introversion)	내부 세계의 개념이나 아이디어에 에너지를 사용한다.
인식기능 (Information)	S – 감각(Sensing)	오감을 통한 사실이나 사건을 더 잘 인식한다.
	N – 직관(iNtuition)	사실, 사건 이면의 의미나 관계, 가능성을 더 잘 인식한다.
판단기능 (Decision Making)	T – 사고(Thinking)	사고를 통한 논리적 근거를 바탕으로 판단한다.
	F – 감정(Feeling)	개인적, 사회적 가치를 바탕으로 한 감정을 근거로 판단한다.
생활양식 (Life Style)	J – 판단(Judging)	외부 세계에 대하여 빠르게 판단을 내리고 결정하려고 한다.
	P – 인식(Perception)	정보 자체에 관심이 많고 새로운 변화에 적응적이다.

Myers와 Briggs가 고안한 도표로, 생각이 많은 내향성은 도표의 위쪽 두 줄에, 적극적이고 활동적인 외향성은 도표의 아래쪽 두 줄에, 감각형은 도표의 왼쪽 두 줄에, 직관형은 도표의 오른쪽 두 줄에 배치하였고, 분석적이고 논리적인 사고형은 도표의 왼편과 오른편에 배치하고, 관계지향적인 감정형은 도표의 중앙에 배치시켰다. 정리정돈을 잘하는 판단형은 도표의 아래위로 배치하고, 개방적이며 때로는 즉흥적인 인식형은 도표의 가운데로 모아놓았다.

ISTJ(세상의 소금형)	ISFJ(임금 뒤편의 권력형)	INFJ(예언자형)	INTJ(과학자형)
ISTP(백과사전형)	ISFP(성인군자형)	INFP(잔다르크형)	INTP(아이디어뱅크형)
ESTP(수완좋은 활동가형)	ESFP(사교적인 유형)	ENFP(스파크형)	ENTP(발명가형)
ESTJ(사업가형)	ESFJ(친선도모형)	ENFJ(언변능숙형)	ENTJ(지도자형)

》》 ISTJ

신중하고 조용하며 집중력이 강하고 매사에 철저하다. 구체적, 체계적, 사실적, 논리적, 현실적인 성격을 띠고 있으며, 신뢰할 만한다. 만사를 체계적으로 조직화시키려고 하며 책임감이 강하다. 성취해야 한다고 생각하는 일이면 주위의 시선에 아랑곳하지 않고 꾸준하고 건실하게 추진해 나간다.

>> ISFJ

조용하고 친근하고 책임감이 있으며 양심바르다. 맡은 일에 헌신적이며 어떤 계획의 추진이나 집단에 안정감을 준다. 매사에 철저하고 성실하고 정확하다. 기계분야에는 관심이 적다. 필요하면 세세한 면까지도 잘 처리해 나간다. 충실하고 동정심이 많고 타인의 감정에 민감하다.

>> INFJ

인내심이 많고 독창적이며 필요하거나 원하는 일이라면 끝까지 이루려고 한다. 자기 일에 최선의 노력을 다한다. 타인에게 말없이 영향력을 미치며, 양심이 바르고 다른 사람에게 따뜻한 관심을 가지고 있다. 확고부동한 원리원칙을 중시한다. 공동선을 위해서는 확신에 찬 신념을 가지고 있기 때문에 존경을 받으며 사람들이 따른다.

>> INTJ

대체로 독창적이며 자기 아이디어나 목표를 달성하는데 강한 추진력을 가지고 있다. 관심을 끄는 일이라면 남의 도움이 있든 없든 이를 계획하고 추진해 나가는 능력이 뛰어나다. 회의적, 비판적, 독립적이고 확고부동하며 때로는 고집스러울 때도 많다. 타인의 감정을 고려하고 타인의 관점에도 귀를 기울이는 법을 배워야 한다.

>> ISTP

차분한 방관자이다. 조용하고 과묵하며, 절제된 호기심을 가지고 인생을 관찰하고 분석한다. 때로는 예기치 않게 유머 감각을 나타내기도 한다. 대체로 인간관계에 관심이 없고, 기계가 어떻게 왜 작동하는지 흥미가 없다. 논리적인 원칙에 따라 사실을 조직화하기를 좋아한다.

>> ISFP

말없이 다정하고 친절하고 민감하며 자기 능력을 뽐내지 않고 겸손하다. 의견의 충돌을 피하고 자기 견해나 가치를 타인에게 강요하지 않는다. 남 앞에 서서 주도해 나가기 보다 충실히 따르는 편이다. 일하는 데에도 여유가 있다. 왜냐하면 목표를 달성하기 위해 안달복달하지 않고 현재를 즐기기 때문이다.

>> INFP

마음이 따뜻하고 조용하며 자신이 관계하는 일이나 사람에 대하여 책임감이 강하고 성실하다. 이해심이 많고 관대하며 자신이 지향하는 이상에 대하여 정열적인 신념을 가졌으며, 남을 지배하거나 좋은 인상을 주고자하는 경향이 거의 없다. 완벽주의적 경향과, 노동의 대가를 넘어서 자신이 하는 일에 흥미를 찾고자하는 경향이 있으며, 인간이해와 인간복지에 기여할 수 있는 일을 좋아한다.

≫ INTP

조용하고 과묵하다. 특히 이론적·과학적 추구를 즐기며, 논리와 분석으로 문제를 해결하기를 좋아한다. 주로 자기 아이디어에 관심이 많으나, 사람들의 모임이나 잡담에는 관심이 없다. 관심의 종류가 뚜렷하므로 자기의 지적 호기심을 활용할 수 있는 분야에서 능력을 발휘할 수 있다.

≫ ESTP

현실적인 문제해결에 능하다. 근심이 없고 어떤 일이든 즐길 줄 안다. 기계 다루는 일이나 운동을 좋아하고 친구사귀기를 좋아한다. 적응력이 강하고 관용적이며, 보수적인 가치관을 가지고 있다. 긴 설명을 싫어한다. 기계의 분해 또는 조립과 같은 실제적인 일을 다루는데 능하다.

≫ ESFP

사교적이고 태평스럽고 수용적이고 친절하며, 만사를 즐기는 형이기 때문에 다른 사람들로 하여금 일에 재미를 느끼게 한다. 운동을 좋아하고 주위에 벌어지는 일에 관심이 많아 끼어들기 좋아한다. 추상적인 이론보다는 구체적인 사실을 잘 기억하는 편이다. 건전한 상식이나 사물 뿐 아니라 사람들을 대상으로 구체적인 능력이 요구되는 분야에서 능력을 발휘할 수 있다.

≫ ENFP

따뜻하고 정열적이고 활기에 넘치며 재능이 많고 상상력이 풍부하다. 관심이 있는 일이라면 어떤 일이든지 척척해낸다. 어려운 일이라도 해결을 잘하며 항상 남을 도와줄 태세를 가지고 있다. 자기 능력을 과시한 나머지 미리 준비하기보다 즉흥적으로 덤비는 경우가 많다. 자기가 원하는 일이라면 어떠한 이유라도 갖다 붙이며 부단히 새로운 것을 찾아 나선다.

≫ ENTP

민첩하고 독창적이고 안목이 넓으며 다방면에 재능이 많다. 새로운 일을 시도하고 추진하려는 의욕이 넘치며, 새로운 문제나 복잡한 문제를 해결하는 능력이 뛰어나며 달변이다. 그러나 일상적이고 세부적인 면은 간과하기 쉽다. 한 일에 관심을 가져도 부단히 새로운 것을 찾아나간다. 자기가 원하는 일이면 논리적인 이유를 찾아내는데 능하다.

≫ ESTJ

구체적이고 현실적이고 사실적이며, 기업 또는 기계에 재능을 타고난다. 실용성이 없는 일에는 관심이 없으며 필요할 때 응용할 줄 안다. 활동을 조직화하고 주도해 나가기를 좋아한다. 타인의 감정이나 관점에 귀를 기울일 줄 알면 훌륭한 행정가가 될 수 있다.

>> ESFJ

마음이 따뜻하고 이야기하기 좋아하고, 사람들에게 인기가 있고 양심 바르고 남을 돕는 데에 타고난 기질이 있으며 집단에서도 능동적인 구성원이다. 조화를 중시하고 인화를 이루는데 능하다. 항상 남에게 잘 해주며, 격려나 칭찬을 들을 때 가장 신바람을 낸다. 사람들에게 직접적이고 가시적인 영향을 줄 수 있는 일에 가장 관심이 많다.

>> ENFJ

주위에 민감하며 책임감이 강하다. 다른 사람들의 생각이나 의견을 중히 여기고, 다른 사람들의 감정에 맞추어 일을 처리하려고 한다. 편안하고 능란하게 계획을 내놓거나 집단을 이끌어 가는 능력이 있다. 사교성이 풍부하고 인기 있고 동정심이 많다. 남의 칭찬이나 비판에 지나치게 민감하게 반응한다.

>> ENTJ

열성이 많고 솔직하고 단호하고 통솔력이 있다. 대중 연설과 같이 추리와 지적담화가 요구되는 일이라면 어떤 것이든 능하다. 보통 정보에 밝고 지식에 대한 관심과 욕구가 많다. 때로는 실제의 자신보다 더 긍정적이거나 자신 있는 듯한 사람으로 비칠 때도 있다.

2 DISC 행동유형

일반적으로 사람들은 태어나서부터 성장하여 현재에 이르기까지 자기 나름대로의 독특한 동기요인에 의해 선택적으로 일정한 방식으로 행동을 취하게 된다. 그것은 하나의 경향성을 이루게 되어 자신이 일하고 있거나 생활하고 있는 환경에서 아주 편안한 상태로 자연스럽게 그러한 행동을 하게 된다. 우리는 그것을 행동 패턴(Behavior Pattern) 또는 행동 스타일(Behavior Style)이라고 한다. 사람들이 이렇게 행동의 경향성을 보이는 것에 대해 1928년 미국 콜롬비아대학 심리학교수인 William Mouston Marston박사는 독자적인 행동유형모델을 만들어 설명하고 있다. Marston박사에 의하면 인간은 환경을 어떻게 인식하고 또한 그 환경 속에서 자기 개인의 힘을 어떻게 인식하느냐에 따라 4가지 형태로 행동을 하게 된다고 한다. 이러한 인식을 축으로 한 인간의 행동을 Marston박사는 각각 주도형, 사교형, 안정형, 신중형, 즉 DISC 행동유형으로 부르고 있다. DISC는 인간의 행동유형(성격)을 구성하는 핵심 4개요소인 Dominance, Influence, Steadiness, Conscientiousness의 약자로 다음과 같은 특징을 보인다.

Dominance(주도형) 담즙질	Influence(사교형) 다혈질
D 결과를 성취하기 위해 장애를 극복함으로써 스스로 환경을 조성한다.	I 다른 사람을 설득하거나 영향을 미침으로써 스스로 환경을 조성한다.
• 빠르게 결과를 얻는다. • 다른 사람의 행동을 유발시킨다. • 도전을 받아들인다. • 의사결정을 빠르게 내린다. • 기존의 상태에 문제를 제기한다. • 지도력을 발휘한다. • 어려운 문제를 처리한다. • 문제를 해결한다.	• 사람들과 접촉한다. • 호의적인 인상을 준다. • 말솜씨가 있다. • 다른 사람을 동기 유발시킨다. • 열정적이다. • 사람들을 즐겁게 한다. • 사람과 상황에 대해 낙관적이다. • 그룹활동을 좋아한다.
Conscientiousness(신중형) 우울질	Steadiness(안정형) 점액질
C 업무의 품질과 정확성을 높이기 위해 기존의 환경 안에서 신중하게 일한다.	S 과업을 수행하기 위해서 다른 사람과 협력을 한다.
• 중요한 지시나 기준에 관심을 둔다. • 세부사항에 신경을 쓴다. • 분석적으로 사고하고 찬반, 장단점 등을 고려한다. • 외교적 수완이 있다. • 갈등에 대해 간접적 혹은 우회적으로 접근한다. • 정확성을 점검한다. • 업무수행에 대해 비평적으로 분석한다.	• 예측가능하고 일관성 있게 일을 수행한다. • 참을성을 보인다. • 전문적인 기술을 개발한다. • 다른 사람을 돕고 지원한다. • 충성심을 보인다. • 남의 말을 잘 듣는다. • 흥분한 사람을 진정시킨다. • 안정되고, 조화로운 업무에 적합하다.

3 U-K 검사(Uchida - Kraepelin TEST ; 작업검사)

(1) 의의

UK검사란 Uchida Kraepelin 정신작업 검사로 일정한 조건 아래 단순한 작업을 시키고 나서 그 작업량의 패턴에서 인격을 파악하려고 하는 것이다. UK검사는 1~9까지의 숫자를 나열하고 앞과 뒤의 더한 수의 일의 자리 수를 기록하는 방법으로 진행된다. 예를 들어 1 2 3 4 5 6 … 이란 숫자의 나열이 있을 때 1 + 2 = 3이면 3을 1과 2 사이에 기록하고 5 + 6 = 11은 일의 자리 수, 즉 1을 5와 6 사이에 기록한다.

예
```
2 5 7 8 5 1 9 5 8 7 2 6 4 7 1
 7 2 5 3 6 0 4 3 5 9 8 0 1 8
```

각 행마다 1분이 주어지며 1분이 지나면 다음 행으로 넘어가는 방식으로 진행된다. 시험 시작 전에 2분간 연습이 주어지고 전반부 15분, 휴식 5분, 후반부 15분으로 진행된다. 시간은 시행하는 곳마다 다를 수 있고 결과의 판단은 각 행의 마지막 계삭이 있던 곳에 작업량 곡선을 표기하고 오답을 검사한다고 한다.

(2) Kraepelin 작업 5요인설

Kraepelin은 연속 덧셈의 결과 곡선을 다음과 같은 5가지 요소에 의거해 진단하였다.

① **추동(drive)** : 처음 시작할 때 과도하게 진행하는 것을 의미한다. 도입부이므로 의욕도 높고 피로도도 적어서 작업량이 많다.

② **흥분(excitement)** : 흥분 정도에 따라서 곡선의 기복이 나타난다.

③ **경험(experience)** : 학습 효과로 인해 어떻게 하는 건지 익혔음이 곡선에 보인다.

④ **피로(fatigue)** : 시간이 갈수록 지치고 반복에 의해 집중력이 떨어지므로 작업량이 줄어든다.

⑤ **연습(practice)** : 횟수를 거듭할수록 익숙해져서 작업량이 증가한다. 후반부에는 연습과 피로 효과가 동시에 일어난다.

(3) UK검사로 측정되는 것

① **능력** : 일정 시간 동안 주어진 일을 수행할 수 있는 능력의 측정

② **흥미** : 일정 시간 동안 주어진 일에 대해 보이는 흥미의 정도(변덕스러움)를 측정

③ **성격** : 대상자가 나타내는 일관적인 기질을 확인

(4) 일반적인 작업 곡선

① 전반, 후반 모두 처음 1분의 작업량이 많다.

② 대체적으로 2분 이후 작업이 저하되었다가 다시 많아진다.

③ 대체적으로 전기보다 후기의 작업량이 많다(휴식효과).

전반 :

후반 :

(5) 비정상인의 작업곡선

① 초두노력 부족 : 전반, 후반 모두 처음 1분간의 작업량이 눈에 띄게 높지 않다.

② 휴식효과 부족 : 중간에 5분 쉬었는데도 후반의 전체적인 작업량이 증가하지 않는다.

③ 작업량이 일정하지 않음 : 각 행 사이의 작업량이 많고 적음의 차가 극단적이다.

④ 긴장하지 않음 : 작업량이 월등히 적고 아래 행으로 갈수록 작업량이 계속 줄어든다.

⑤ 비정상자 : 오답이 너무 많다.

(6) 예시문제 1

① 전반부

```
5 7 8 4 2 3 6 1 8 9 7 2 1 7 8 9 5 7 8 5 1 8 4 5 6 9 2 3 8
2 8 6 2 4 3 2 4 8 1 9 4 6 5 3 2 1 4 8 4 3 7 1 8 2 5 2 5 8
4 2 5 8 9 1 7 5 3 6 4 8 9 5 2 3 4 1 2 4 9 1 8 2 4 6 1 2 3
2 8 9 5 7 2 6 5 2 7 5 1 6 8 5 4 6 1 2 7 4 5 2 8 6 8 7 5 7
1 3 3 6 1 8 9 7 2 1 3 7 8 5 7 8 4 2 7 5 8 2 3 4 7 1 2 1 5
3 2 4 1 5 9 4 2 2 7 5 4 6 9 1 8 2 4 7 6 7 8 1 2 8 9 5 9 5
5 9 5 4 7 5 3 2 7 1 4 6 4 7 8 4 9 1 5 3 2 4 5 8 5 2 1 3 2
4 4 3 9 5 3 1 1 2 7 8 2 5 8 3 9 4 6 7 5 1 2 8 9 7 3 5 8 4
2 8 5 6 7 1 5 5 3 7 4 7 8 5 9 1 2 6 2 9 6 2 5 6 6 7 4 1 5
1 5 8 3 7 2 4 3 7 4 5 6 9 8 7 1 2 3 5 4 6 8 8 5 3 1 3 1 2
2 3 8 4 6 7 9 5 2 9 5 1 3 7 4 5 1 7 8 5 9 8 2 3 4 1 5 5 7
2 5 5 7 4 9 5 9 5 2 3 5 6 4 6 7 4 6 9 8 5 2 5 3 1 5 6 7 9
```

② 후반부

```
5 7 8 5 1 8 4 5 6 9 2 3 8 2 8 6 2 4 3 2 4 8 1 9 4 6 5 3 5
6 7 9 5 2 9 5 1 3 7 4 5 1 7 8 5 9 4 2 5 8 9 1 7 5 3 6 2 4
2 1 4 8 4 3 7 1 8 2 5 2 4 8 4 3 7 4 5 6 9 8 7 1 2 3 5 4 1
9 5 2 3 4 1 2 4 9 1 8 2 4 6 1 2 3 2 1 6 4 6 7 4 6 3 6 1 9
8 9 7 2 1 7 8 9 5 7 8 8 5 4 6 1 2 7 4 5 2 8 6 8 7 5 7 5 8
1 5 5 3 7 4 7 8 5 9 1 1 5 8 6 1 3 3 7 1 2 1 5 2 4 1 5 5 3
9 4 2 2 7 5 4 6 9 1 8 2 4 7 6 7 8 1 2 8 9 5 9 5 6 8 4 3 1
3 5 6 1 8 9 7 5 8 2 3 4 5 9 5 4 7 5 3 2 7 1 4 6 4 7 8 4 6
1 9 1 5 3 2 4 5 8 5 2 1 3 2 4 4 3 9 5 3 1 1 4 2 5 5 7 4 8
2 9 5 9 5 2 2 7 8 2 5 8 3 9 4 6 7 5 1 2 8 9 7 3 5 8 4 6 5
2 8 5 6 7 2 9 6 2 5 6 6 7 4 1 5 2 9 8 5 2 5 3 1 5 8 3 7 2
3 6 8 8 5 3 1 3 1 2 2 1 3 7 8 5 7 8 4 2 7 2 3 8 4 8 2 3 1
```

(7) 예시문제 2

① 전반부

```
8 5 6 7 5 9 4 2 8 6 3 4 8 7 5 6 1 2 7 1 5 7 8 9 1 5 2 3 4
1 2 3 4 1 5 9 7 3 1 3 0 1 7 3 8 9 1 7 3 7 5 2 4 6 1 3 5 1
2 5 8 7 6 3 4 9 7 8 5 1 1 7 9 2 2 3 8 9 4 5 7 2 3 9 1 4 8
1 2 2 3 2 4 3 4 8 8 6 5 5 6 1 2 7 3 9 4 8 5 6 7 4 2 3 8 6
1 2 3 6 7 2 8 4 1 6 8 9 0 7 6 0 7 9 1 3 4 6 6 5 1 0 9 7 2
6 3 3 7 1 2 1 5 8 2 5 2 4 8 5 1 8 3 4 0 8 7 9 1 2 4 5 5 7
3 2 5 8 9 1 3 7 5 2 0 7 4 7 8 1 0 3 7 6 4 8 7 9 1 7 2 0 4
6 5 3 1 3 1 2 2 1 3 7 8 6 1 5 0 7 6 1 3 0 7 1 5 1 3 0 7 6
6 9 7 8 7 0 1 2 3 6 4 5 7 0 7 8 9 1 2 5 3 4 7 6 2 8 8 3 1
4 0 9 7 0 2 7 3 1 9 7 8 6 1 8 7 3 5 1 6 2 5 0 4 5 6 0 5 6
3 7 8 9 5 7 2 0 9 7 1 1 5 6 5 8 2 1 5 2 4 1 5 5 3 5 5 0 7
8 6 0 7 3 7 5 1 3 6 9 7 0 9 8 1 3 5 7 2 8 6 4 1 8 3 5 7 0
```

② 후반부

```
2 9 5 9 5 2 2 7 1 2 8 9 7 3 5 8 4 6 5 5 9 5 9 5 2 3 4 6 1
2 3 2 1 6 4 6 7 4 6 3 6 1 9 2 4 3 2 4 8 1 9 4 6 5 3 5 5 2
5 3 1 5 8 3 7 2 9 6 1 2 7 4 5 2 8 6 8 7 5 7 5 8 4 1 2 4 9
1 8 2 1 5 5 3 7 4 7 8 5 9 1 1 3 6 8 8 5 3 1 3 1 2 2 1 0
3 7 8 5 7 8 4 2 7 2 3 8 4 8 2 3 1 4 5 8 3 1 1 4 2 5 5 7 8
4 8 5 7 8 5 1 8 4 5 6 9 2 3 8 2 8 6 2 9 5 1 3 7 4 5 1 7 7
1 8 2 5 2 4 8 4 3 7 4 5 6 9 8 7 1 2 3 5 4 7 2 1 1 9 1 5 3
5 8 6 1 3 3 7 1 2 1 5 2 4 1 5 5 3 9 4 2 2 7 5 4 6 9 1 8 5
2 4 7 6 8 4 8 1 8 5 9 4 2 5 8 9 1 2 8 5 6 7 2 9 6 2 5 6 6
7 4 1 5 2 9 8 4 5 2 1 3 2 4 4 3 9 5 6 7 8 8 2 5 8 3 9 4 8
6 7 5 1 2 8 9 3 5 6 1 8 9 7 5 8 2 3 4 5 9 5 4 7 5 3 2 7 1
1 4 6 4 7 8 4 6 7 8 9 5 7 8 8 5 6 7 9 5 7 5 3 6 2 2 4 5 7
```

03 실전 인성검사

┃1~375┃ 다음 ( ) 안에 당신에게 적합하다면 YES, 그렇지 않다면 NO를 선택하시오(인성검사는 응시자의 인성을 파악하기 위한 자료이므로 정답이 존재하지 않습니다).

	YES	NO
1. 조금이라도 나쁜 소식은 절망의 시작이라고 생각해버린다.	( )	( )
2. 언제나 실패가 걱정이 되어 어쩔 줄 모른다.	( )	( )
3. 다수결의 의견에 따르는 편이다.	( )	( )
4. 혼자서 커피숍에 들어가는 것은 전혀 두려운 일이 아니다.	( )	( )
5. 승부근성이 강하다.	( )	( )
6. 자주 흥분해서 침착하지 못하다.	( )	( )
7. 지금까지 살면서 타인에게 폐를 끼친 적이 없다.	( )	( )
8. 소곤소곤 이야기하는 것을 보면 자기에 대해 험담하고 있는 것으로 생각된다.	( )	( )
9. 무엇이든지 자기가 나쁘다고 생각하는 편이다.	( )	( )
10. 자신을 변덕스러운 사람이라고 생각한다.	( )	( )
11. 고독을 즐기는 편이다.	( )	( )
12. 자존심이 강하다고 생각한다.	( )	( )
13. 금방 흥분하는 성격이다.	( )	( )
14. 거짓말을 한 적이 없다.	( )	( )
15. 신경질적인 편이다.	( )	( )
16. 끙끙대며 고민하는 타입이다.	( )	( )
17. 감정적인 사람이라고 생각한다.	( )	( )
18. 자신만의 신념을 가지고 있다.	( )	( )
19. 다른 사람을 바보 같다고 생각한 적이 있다.	( )	( )
20. 금방 말해버리는 편이다.	( )	( )
21. 싫어하는 사람이 없다.	( )	( )
22. 대재앙이 오지 않을까 항상 걱정을 한다.	( )	( )
23. 쓸데없는 고생을 하는 일이 많다.	( )	( )

24. 자주 생각이 바뀌는 편이다. ···( )( )

25. 문제점을 해결하기 위해 여러 사람과 상의한다. ····················( )( )

26. 내 방식대로 일을 한다. ···( )( )

27. 영화를 보고 운 적이 많다. ··( )( )

28. 어떤 것에 대해서도 화낸 적이 없다. ··( )( )

29. 사소한 충고에도 걱정을 한다. ···( )( )

30. 자신은 도움이 안 되는 사람이라고 생각한다. ·························( )( )

31. 금방 싫증을 내는 편이다. ··( )( )

32. 개성적인 사람이라고 생각한다. ··( )( )

33. 자기주장이 강한 편이다. ··( )( )

34. 뒤숭숭하다는 말을 들은 적이 있다. ··( )( )

35. 학교를 쉬고 싶다고 생각한 적이 한 번도 없다. ·····················( )( )

36. 사람들과 관계 맺는 것을 잘하지 못한다. ·································( )( )

37. 사려 깊은 편이다. ··( )( )

38. 몸을 움직이는 것을 좋아한다. ···( )( )

39. 끈기가 있는 편이다. ···( )( )

40. 신중한 편이라고 생각한다. ··( )( )

41. 인생의 목표는 큰 것이 좋다. ···( )( )

42. 어떤 일이라도 바로 시작하는 타입이다. ···································( )( )

43. 낯가림을 하는 편이다. ···( )( )

44. 생각하고 나서 행동하는 편이다. ··( )( )

45. 쉬는 날은 밖으로 나가는 경우가 많다. ·····································( )( )

46. 시작한 일은 반드시 완성시킨다. ··( )( )

47. 면밀한 계획을 세운 여행을 좋아한다. ·······································( )( )

48. 야망이 있는 편이라고 생각한다. ··( )( )

49. 활동력이 있는 편이다. ···( )( )

50. 많은 사람들과 왁자지껄하게 식사하는 것을 좋아하지 않는다. ···( )( )

51. 돈을 허비한 적이 없다. ··( )( )

52. 어릴적에 운동회를 아주 좋아하고 기대했다. ······························(   )(   )

53. 하나의 취미에 열중하는 타입이다. ····································(   )(   )

54. 모임에서 리더에 어울린다고 생각한다. ································(   )(   )

55. 입신출세의 성공이야기를 좋아한다. ··································(   )(   )

56. 어떠한 일도 의욕을 가지고 임하는 편이다. ························(   )(   )

57. 학급에서는 존재가 희미했다. ··(   )(   )

58. 항상 무언가를 생각하고 있다. ······································(   )(   )

59. 스포츠는 보는 것보다 하는 게 좋다. ································(   )(   )

60. '참 잘했네요'라는 말을 자주 듣는다. ································(   )(   )

61. 흐린 날은 반드시 우산을 가지고 간다. ······························(   )(   )

62. 주연상을 받을 수 있는 배우를 좋아한다. ····························(   )(   )

63. 공격하는 타입이라고 생각한다. ······································(   )(   )

64. 리드를 받는 편이다. ··(   )(   )

65. 너무 신중해서 기회를 놓친 적이 있다. ······························(   )(   )

66. 시원시원하게 움직이는 타입이다. ····································(   )(   )

67. 야근을 해서라도 업무를 끝낸다. ····································(   )(   )

68. 누군가를 방문할 때는 반드시 사전에 확인한다. ····················(   )(   )

69. 노력해도 결과가 따르지 않으면 의미가 없다. ······················(   )(   )

70. 무조건 행동해야 한다. ··(   )(   )

71. 유행에 둔감하다고 생각한다. ··(   )(   )

72. 정해진 대로 움직이는 것은 시시하다. ································(   )(   )

73. 꿈을 계속 가지고 있고 싶다. ··(   )(   )

74. 질서보다 자유를 중요시하는 편이다. ································(   )(   )

75. 혼자서 취미에 몰두하는 것을 좋아한다. ····························(   )(   )

76. 직관적으로 판단하는 편이다. ··(   )(   )

77. 영화나 드라마를 보면 등장인물의 감정에 이입된다. ················(   )(   )

78. 시대의 흐름에 역행해서라도 자신을 관철하고 싶다. ················(   )(   )

79. 다른 사람의 소문에 관심이 없다. ····································(   )(   )

YES NO

80. 창조적인 편이다. ……………………………………………………… (　)(　)
81. 비교적 눈물이 많은 편이다. …………………………………… (　)(　)
82. 융통성이 있다고 생각한다. ……………………………………… (　)(　)
83. 친구의 휴대전화 번호를 잘 모른다. ………………………… (　)(　)
84. 스스로 고안하는 것을 좋아한다. ……………………………… (　)(　)
85. 정이 두터운 사람으로 남고 싶다. …………………………… (　)(　)
86. 조직의 일원으로 별로 안 어울린다. ………………………… (　)(　)
87. 세상의 일에 별로 관심이 없다. ……………………………… (　)(　)
88. 변화를 추구하는 편이다. ………………………………………… (　)(　)
89. 업무는 인간관계로 선택한다. ………………………………… (　)(　)
90. 환경이 변하는 것에 구애되지 않는다. …………………… (　)(　)
91. 불안감이 강한 편이다. …………………………………………… (　)(　)
92. 인생은 살 가치가 없다고 생각한다. ………………………… (　)(　)
93. 의지가 약한 편이다. ……………………………………………… (　)(　)
94. 다른 사람이 하는 일에 별로 관심이 없다. ……………… (　)(　)
95. 사람을 설득시키는 것은 어렵지 않다. …………………… (　)(　)
96. 심심한 것을 못 참는다. ………………………………………… (　)(　)
97. 다른 사람을 욕한 적이 한 번도 없다. …………………… (　)(　)
98. 다른 사람에게 어떻게 보일지 신경을 쓴다. …………… (　)(　)
99. 금방 낙심하는 편이다. ………………………………………… (　)(　)
100. 다른 사람에게 의존하는 경향이 있다. …………………… (　)(　)
101. 그다지 융통성이 있는 편이 아니다. ……………………… (　)(　)
102. 다른 사람이 내 의견에 간섭하는 것이 싫다. ………… (　)(　)
103. 낙천적인 편이다. ………………………………………………… (　)(　)
104. 숙제를 잊어버린 적이 한 번도 없다. …………………… (　)(　)
105. 밤길에는 발소리가 들리기만 해도 불안하다. ………… (　)(　)
106. 상냥하다는 말을 들은 적이 있다. ………………………… (　)(　)
107. 자신은 유치한 사람이다. …………………………………… (　)(　)

108. 잡담을 하는 것보다 책을 읽는 것이 낫다. ·····································( )( )

109. 나는 영업에 적합한 타입이라고 생각한다. ·····························( )( )

110. 술자리에서 술을 마시지 않아도 흥을 돋울 수 있다. ·············( )( )

111. 한 번도 병원에 간 적이 없다. ···( )( )

112. 나쁜 일은 걱정이 되어서 어쩔 줄을 모른다. ·························( )( )

113. 금세 무기력해지는 편이다. ···( )( )

114. 비교적 고분고분한 편이라고 생각한다. ·································( )( )

115. 독자적으로 행동하는 편이다. ···( )( )

116. 적극적으로 행동하는 편이다. ···( )( )

117. 금방 감격하는 편이다. ···( )( )

118. 어떤 것에 대해서는 불만을 가진 적이 없다. ·························( )( )

119. 밤에 못 잘 때가 많다. ···( )( )

120. 자주 후회하는 편이다. ···( )( )

121. 뜨거워지기 쉽고 식기 쉽다. ···( )( )

122. 자신만의 세계를 가지고 있다. ···( )( )

123. 많은 사람 앞에서도 긴장하는 일은 없다. ·····························( )( )

124. 말하는 것을 아주 좋아한다. ···( )( )

125. 인생을 포기하는 마음을 가진 적이 한 번도 없다. ···············( )( )

126. 어두운 성격이다. ···( )( )

127. 금방 반성한다. ···( )( )

128. 활동범위가 넓은 편이다. ···( )( )

129. 자신을 끈기 있는 사람이라고 생각한다. ·····························( )( )

130. 좋다고 생각하더라도 좀 더 검토하고 나서 실행한다. ···········( )( )

131. 위대한 인물이 되고 싶다. ···( )( )

132. 한 번에 많은 일을 떠맡아도 힘들지 않다. ···························( )( )

133. 사람과 만날 약속은 부담스럽다. ···( )( )

134. 질문을 받으면 충분히 생각하고 나서 대답하는 편이다. ·········( )( )

135. 머리를 쓰는 것보다 땀을 흘리는 일이 좋다. ·······················( )( )

136. 결정한 것에는 철저히 구속받는다. ·······································( )( )
137. 외출 시 문을 잠갔는지 몇 번을 확인한다. ···················( )( )
138. 이왕 할 거라면 일등이 되고 싶다. ·································( )( )
139. 과감하게 도전하는 타입이다. ···( )( )
140. 자신은 사교적이 아니라고 생각한다. ···························( )( )
141. 무심코 도리에 대해서 말하고 싶어진다. ·····················( )( )
142. '항상 건강하네요'라는 말을 듣는다. ····························( )( )
143. 단념하면 끝이라고 생각한다. ···( )( )
144. 예상하지 못한 일은 하고 싶지 않다. ···························( )( )
145. 파란만장하더라도 성공하는 인생을 걷고 싶다. ···········( )( )
146. 활기찬 편이라고 생각한다. ··( )( )
147. 소극적인 편이라고 생각한다. ···( )( )
148. 무심코 평론가가 되어 버린다. ·······································( )( )
149. 자신은 성급하다고 생각한다. ···( )( )
150. 꾸준히 노력하는 타입이라고 생각한다. ·······················( )( )
151. 내일의 계획이라도 메모한다. ···( )( )
152. 리더십이 있는 사람이 되고 싶다. ·································( )( )
153. 열정적인 사람이라고 생각한다. ·····································( )( )
154. 다른 사람 앞에서 이야기를 잘 하지 못한다. ···············( )( )
155. 통찰력이 있는 편이다. ···( )( )
156. 엉덩이가 가벼운 편이다. ···( )( )
157. 여러 가지로 구애됨이 있다. ···( )( )
158. 돌다리도 두들겨 보고 건너는 쪽이 좋다. ···················( )( )
159. 자신에게는 권력욕이 있다. ···( )( )
160. 업무를 할당받으면 기쁘다. ···( )( )
161. 사색적인 사람이라고 생각한다. ·····································( )( )
162. 비교적 개혁적이다. ··( )( )
163. 좋고 싫음으로 정할 때가 많다. ·····································( )( )

164. 전통에 구애되는 것은 버리는 것이 적절하다. ·····················( )( )

165. 교제 범위가 좁은 편이다. ······································( )( )

166. 발상의 전환을 할 수 있는 타입이라고 생각한다. ··············( )( )

167. 너무 주관적이어서 실패한다. ·······························( )( )

168. 현실적이고 실용적인 면을 추구한다. ·······················( )( )

169. 내가 어떤 배우의 팬인지 아무도 모른다. ···················( )( )

170. 현실보다 가능성이다. ···( )( )

171. 마음이 담겨 있으면 선물은 아무 것이나 좋다. ··············( )( )

172. 여행은 마음대로 하는 것이 좋다. ····························( )( )

173. 추상적인 일에 관심이 있는 편이다. ·························( )( )

174. 일은 대담히 하는 편이다. ·····································( )( )

175. 괴로워하는 사람을 보면 우선 동정한다. ····················( )( )

176. 가치기준은 자신의 안에 있다고 생각한다. ··················( )( )

177. 조용하고 조심스러운 편이다. ································( )( )

178. 상상력이 풍부한 편이라고 생각한다. ·······················( )( )

179. 의리, 인정이 두터운 상사를 만나고 싶다. ··················( )( )

180. 인생의 앞날을 알 수 없어 재미있다. ·······················( )( )

181. 밝은 성격이다. ···( )( )

182. 별로 반성하지 않는다. ··( )( )

183. 활동범위가 좁은 편이다. ······································( )( )

184. 자신을 시원시원한 사람이라고 생각한다. ··················( )( )

185. 좋다고 생각하면 바로 행동한다. ····························( )( )

186. 좋은 사람이 되고 싶다. ·······································( )( )

187. 한 번에 많은 일을 떠맡는 것은 골칫거리라고 생각한다. ·····( )( )

188. 사람과 만날 약속은 즐겁다. ··································( )( )

189. 질문을 받으면 그때의 느낌으로 대답하는 편이다. ···········( )( )

190. 땀을 흘리는 것보다 머리를 쓰는 일이 좋다. ················( )( )

191. 결정한 것이라도 그다지 구속받지 않는다. ··················( )( )

192. 외출 시 문을 잠갔는지 별로 확인하지 않는다. ······················( )( )

193. 지위에 어울리면 된다. ······················( )( )

194. 안전책을 고르는 타입이다. ······················( )( )

195. 자신은 사교적이라고 생각한다. ······················( )( )

196. 도리는 상관없다. ······················( )( )

197. '침착하시네요'라는 말을 자주 듣는다. ······················( )( )

198. 단념이 중요하다고 생각한다. ······················( )( )

199. 예상하지 못한 일도 해보고 싶다. ······················( )( )

200. 평범하고 평온하게 행복한 인생을 살고 싶다. ······················( )( )

201. 몹시 귀찮아하는 편이라고 생각한다. ······················( )( )

202. 특별히 소극적이라고 생각하지 않는다. ······················( )( )

203. 이것저것 평하는 것이 싫다. ······················( )( )

204. 자신은 성급하지 않다고 생각한다. ······················( )( )

205. 꾸준히 노력하는 것을 잘 하지 못한다. ······················( )( )

206. 내일의 계획은 머릿속에 기억한다. ······················( )( )

207. 협동성이 있는 사람이 되고 싶다. ······················( )( )

208. 열정적인 사람이라고 생각하지 않는다. ······················( )( )

209. 다른 사람 앞에서 이야기를 잘한다. ······················( )( )

210. 행동력이 있는 편이다. ······················( )( )

211. 엉덩이가 무거운 편이다. ······················( )( )

212. 특별히 구애받는 것이 없다. ······················( )( )

213. 돌다리는 두들겨 보지 않고 건너도 된다. ······················( )( )

214. 자신에게는 권력욕이 없다. ······················( )( )

215. 업무를 할당받으면 부담스럽다. ······················( )( )

216. 활동적인 사람이라고 생각한다. ······················( )( )

217. 비교적 보수적이다. ······················( )( )

218. 손해인지 이익인지로 정할 때가 많다. ······················( )( )

219. 전통을 견실히 지키는 것이 적절하다. ······················( )( )

220. 교제 범위가 넓은 편이다. ·······································( )( )

221. 상식적인 판단을 할 수 있는 타입이라고 생각한다. ·············( )( )

222. 너무 객관적이어서 실패한다. ································( )( )

223. 보수적인 면을 추구한다. ·····································( )( )

224. 내가 누구의 팬인지 주변의 사람들이 안다. ·················( )( )

225. 가능성보다 현실이다. ··( )( )

226. 그 사람이 필요한 것을 선물하고 싶다. ····················( )( )

227. 여행은 계획적으로 하는 것이 좋다. ·······················( )( )

228. 구체적인 일에 관심이 있는 편이다. ·······················( )( )

229. 일은 착실히 하는 편이다. ····································( )( )

230. 괴로워하는 사람을 보면 우선 이유를 생각한다. ············( )( )

231. 가치기준은 자신의 밖에 있다고 생각한다. ·················( )( )

232. 밝고 개방적인 편이다. ·······································( )( )

233. 현실 인식을 잘하는 편이라고 생각한다. ···················( )( )

234. 공평하고 공적인 상사를 만나고 싶다. ·····················( )( )

235. 시시해도 계획적인 인생이 좋다. ···························( )( )

236. 적극적으로 사람들과 관계를 맺는 편이다. ·················( )( )

237. 활동적인 편이다. ··( )( )

238. 몸을 움직이는 것을 좋아하지 않는다. ·····················( )( )

239. 쉽게 질리는 편이다. ···( )( )

240. 경솔한 편이라고 생각한다. ··································( )( )

241. 인생의 목표는 손이 닿을 정도면 된다. ····················( )( )

242. 무슨 일도 좀처럼 시작하지 못한다. ·······················( )( )

243. 초면인 사람과도 바로 친해질 수 있다. ····················( )( )

244. 행동하고 나서 생각하는 편이다. ···························( )( )

245. 쉬는 날은 집에 있는 경우가 많다. ························( )( )

246. 완성되기 전에 포기하는 경우가 많다. ·····················( )( )

247. 계획 없는 여행을 좋아한다. ·································( )( )

YES　NO

248. 욕심이 없는 편이라고 생각한다. ·····································(　)(　)
249. 활동력이 별로 없다. ···(　)(　)
250. 많은 사람들과 왁자지껄하게 식사하는 것을 좋아한다. ·······(　)(　)
251. 이유 없이 불안할 때가 있다. ···(　)(　)
252. 주위 사람의 의견을 생각해서 발언을 자제할 때가 있다. ···(　)(　)
253. 자존심이 강한 편이다. ···(　)(　)
254. 생각 없이 함부로 말하는 경우가 많다. ··························(　)(　)
255. 정리가 되지 않은 방에 있으면 불안하다. ······················(　)(　)
256. 거짓말을 한 적이 한 번도 없다. ···································(　)(　)
257. 슬픈 영화나 TV를 보면 자주 운다. ·······························(　)(　)
258. 자신을 충분히 신뢰할 수 있다고 생각한다. ···················(　)(　)
259. 노래방을 아주 좋아한다. ···(　)(　)
260. 자신만이 할 수 있는 일을 하고 싶다. ··························(　)(　)
261. 자신을 과소평가하는 경향이 있다. ·································(　)(　)
262. 책상 위나 서랍 안은 항상 깔끔히 정리한다. ···················(　)(　)
263. 건성으로 일을 할 때가 자주 있다. ·································(　)(　)
264. 남의 험담을 한 적이 없다. ···(　)(　)
265. 쉽게 화를 낸다는 말을 듣는다. ·····································(　)(　)
266. 초조하면 손을 떨고, 심장박동이 빨라진다. ·····················(　)(　)
267. 토론하여 진 적이 한 번도 없다. ···································(　)(　)
268. 덩달아 떠든다고 생각할 때가 자주 있다. ······················(　)(　)
269. 아첨에 넘어가기 쉬운 편이다. ·······································(　)(　)
270. 주변 사람이 자기 험담을 하고 있다고 생각할 때가 있다. ···(　)(　)
271. 이론만 내세우는 사람과 대화하면 짜증이 난다. ··············(　)(　)
272. 상처를 주는 것도, 받는 것도 싫다. ·······························(　)(　)
273. 매일 그날을 반성한다. ···(　)(　)
274. 주변 사람이 피곤해 하여도 자신은 원기왕성하다. ············(　)(　)
275. 친구를 재미있게 하는 것을 좋아한다. ····························(　)(　)

276. 아침부터 아무것도 하고 싶지 않을 때가 있다. ································( )( )

277. 지각을 하면 학교를 결석하고 싶어졌다. ································( )( )

278. 이 세상에 없는 세계가 존재한다고 생각한다. ································( )( )

279. 하기 싫은 것을 하고 있으면 무심코 불만을 말한다. ························( )( )

280. 투지를 드러내는 경향이 있다. ································( )( )

281. 뜨거워지기 쉽고 식기 쉬운 성격이다. ································( )( )

282. 어떤 일이라도 헤쳐 나가는데 자신이 있다. ································( )( )

283. 착한 사람이라는 말을 들을 때가 많다. ································( )( )

284. 자신을 다른 사람보다 뛰어나다고 생각한다. ································( )( )

285. 개성적인 사람이라는 말을 자주 듣는다. ································( )( )

286. 누구와도 편하게 대화할 수 있다. ································( )( )

287. 특정 인물이나 집단에서라면 가볍게 대화할 수 있다. ·················( )( )

288. 사물에 대해 깊이 생각하는 경향이 있다. ································( )( )

289. 스트레스를 해소하기 위해 집에서 조용히 지낸다. ·····················( )( )

290. 계획을 세워서 행동하는 것을 좋아한다. ································( )( )

291. 현실적인 편이다. ································( )( )

292. 주변의 일을 성급하게 해결한다. ································( )( )

293. 이성적인 사람이 되고 싶다고 생각한다. ································( )( )

294. 생각한 일을 행동으로 옮기지 않으면 기분이 찜찜하다. ···············( )( )

295. 생각했다고 해서 꼭 행동으로 옮기는 것은 아니다. ····················( )( )

296. 목표 달성을 위해서는 온갖 노력을 다한다. ································( )( )

297. 적은 친구랑 깊게 사귀는 편이다. ································( )( )

298. 경쟁에서 절대로 지고 싶지 않다. ································( )( )

299. 내일해도 되는 일을 오늘 안에 끝내는 편이다. ························( )( )

300. 새로운 친구를 곧 사귈 수 있다. ································( )( )

301. 문장은 미리 내용을 결정하고 나서 쓴다. ································( )( )

302. 사려 깊은 사람이라는 말을 듣는 편이다. ································( )( )

303. 활발한 사람이라는 말을 듣는 편이다. ································( )( )

YES NO

304. 기회가 있으면 꼭 얻는 편이다. ……………………………( )( )
305. 외출이나 초면의 사람을 만나는 일은 잘 하지 못한다. ………( )( )
306. 단념하는 것은 있을 수 없다. ……………………………( )( )
307. 위험성을 무릅쓰면서 성공하고 싶다고 생각하지 않는다. ……( )( )
308. 학창시절 체육수업을 좋아했다. ……………………………( )( )
309. 휴일에는 집 안에서 편안하게 있을 때가 많다. ………………( )( )
310. 무슨 일도 결과가 중요하다. ……………………………( )( )
311. 성격이 유연하게 대응하는 편이다. ………………………( )( )
312. 더 높은 능력이 요구되는 일을 하고 싶다. ………………( )( )
313. 자기 능력의 범위 내에서 정확히 일을 하고 싶다. ……………( )( )
314. 새로운 사람을 만날 때는 두근거린다. ……………………( )( )
315. '누군가 도와주지 않을까'라고 생각하는 편이다. ………………( )( )
316. 건강하고 활발한 사람을 동경한다. ………………………( )( )
317. 친구가 적은 편이다. ……………………………………( )( )
318. 문장을 쓰면서 생각한다. ……………………………………( )( )
319. 정해진 친구만 교제한다. ……………………………………( )( )
320. 한 우물만 파고 싶다. ……………………………………( )( )
321. 여러가지 일을 경험하고 싶다. ……………………………( )( )
322. 스트레스를 해소하기 위해 몸을 움직인다. ………………( )( )
323. 사물에 대해 가볍게 생각하는 경향이 있다. ………………( )( )
324. 기한이 정해진 일은 무슨 일이 있어도 끝낸다. ………………( )( )
325. 결론이 나도 여러 번 생각을 하는 편이다. ………………( )( )
326. 일단 무엇이든지 도전하는 편이다. ………………………( )( )
327. 쉬는 날은 외출하고 싶다. ……………………………………( )( )
328. 사교성이 있는 편이라고 생각한다. ………………………( )( )
329. 남의 앞에 나서는 것을 잘 하지 못하는 편이다. ………………( )( )
330. 모르는 것이 있어도 행동하면서 생각한다. ………………( )( )
331. 납득이 안되면 행동이 안 된다. ……………………………( )( )

332. 약속시간에 여유를 가지고 약간 빨리 나가는 편이다. ······················( )( )

333. 현실적이다. ··( )( )

334. 끝까지 해내는 편이다. ···( )( )

335. 유연히 대응하는 편이다. ···( )( )

336. 휴일에는 운동 등으로 몸을 움직일 때가 많다. ································( )( )

337. 학창시절 체육수업을 못했다. ··( )( )

338. 성공을 위해서는 어느 정도의 위험성을 감수한다. ··························( )( )

339. 단념하는 것이 필요할 때도 있다. ··( )( )

340. '내가 안하면 누가 할것인가'라고 생각하는 편이다. ······················( )( )

341. 새로운 사람을 만날 때는 용기가 필요하다. ···································( )( )

342. 친구가 많은 편이다. ···( )( )

343. 차분하고 사려깊은 사람을 동경한다. ··( )( )

344. 결론이 나면 신속히 행동으로 옮겨진다. ··( )( )

345. 기한 내에 끝내지 못하는 일이 있다. ··( )( )

346. 이유없이 불안할 때가 있다. ··( )( )

347. 주위 사람의 의견을 생각해서 발언을 자제할 때가 있다. ···············( )( )

348. 자존심이 강한 편이다. ···( )( )

349. 생각없이 함부로 말하는 경우가 많다. ··( )( )

350. 정리가 되지 않은 방에 있으면 불안하다 ···( )( )

351. '시간은 금이다'라는 말에 매우 동의한다. ··( )( )

352. 모임을 주도하는 편이다. ···( )( )

353. 가까운 사이라도 금전거래는 하지 않는 편이다. ·····························( )( )

354. 계절을 타는 편이라고 생각한다. ··( )( )

355. 여럿보다 혼자 여행하는 것을 좋아한다. ···( )( )

356. 경제적 능력은 행복에 중요한 요소이다. ···( )( )

357. 정기적으로 하는 기부활동 또는 봉사활동이 있다. ·························( )( )

358. 종교는 꼭 필요한 것이라고 생각한다. ··( )( )

359. 전자책보다는 종이책을 선호한다. ··( )( )

360. 평범한 사람이라고 생각한다. ··( )( )

361. '언론은 신뢰할 수 없다'고 생각한 적이 있다. ·······························( )( )

362. 전쟁이 날까봐 두려운 적이 있다. ···( )( )

363. 지지하는 정당이 있다. ···( )( )

364. 갖고 싶다고 생각한 것은 꼭 사야 직성이 풀리는 편이다. ···············( )( )

365. 건강을 위해서 하고 있는 운동이 있다. ···( )( )

366. 돈은 쓰기 위해 버는 것이다. ···( )( )

367. 첫인상에 대한 평가가 오래 가는 편이다. ··( )( )

368. 챙겨보는 텔레비전 프로그램이 있다. ···( )( )

369. 인생의 롤 모델이 있다. ···( )( )

370. 술 한 잔 정도는 할 줄 알아야 한다고 생각한다. ·······························( )( )

371. 다른 나라에서 태어났으면 좋았을 것 같다는 생각을 한 적이 있다. ·····( )( )

372. 정치 뉴스에 민감한 편이다. ···( )( )

373. 무엇을 먹을지에 대해 중요하게 생각한다. ··( )( )

374. 노후보다는 현재 삶의 질이 중요하다. ··( )( )

375. 휴대폰 중독이라고 생각한 적이 있다. ··( )( )

PART

III

직업기초능력평가

01 의사소통능력

1 의사소통과 의사소통능력

(1) 의사소통

① 개념 … 사람들 간에 생각이나 감정, 정보, 의견 등을 교환하는 총체적인 행위로, 직장생활에서의 의사소통은 조직과 팀의 효율성과 효과성을 성취할 목적으로 이루어지는 구성원 간의 정보와 지식 전달 과정이라고 할 수 있다.

② 기능 … 공동의 목표를 추구해 나가는 집단 내의 기본적 존재 기반이며 성과를 결정하는 핵심 기능이다.

③ 의사소통의 종류
　⊙ 언어적인 것 : 대화, 전화통화, 토론 등
　⊙ 문서적인 것 : 메모, 편지, 기획안 등
　ⓒ 비언어적인 것 : 몸짓, 표정 등

④ 의사소통을 저해하는 요인 … 정보의 과다, 메시지의 복잡성 및 메시지 간의 경쟁, 상이한 직위와 과업지향형, 신뢰의 부족, 의사소통을 위한 구조상의 권한, 잘못된 매체의 선택, 폐쇄적인 의사소통 분위기 등

(2) 의사소통능력

① 개념 … 의사소통능력은 직장생활에서 문서나 상대방이 하는 말의 의미를 파악하는 능력, 자신의 의사를 정확하게 표현하는 능력, 간단한 외국어 자료를 읽거나 외국인의 의사표시를 이해하는 능력을 포함한다.

② 의사소통능력 개발을 위한 방법
　⊙ 사후검토와 피드백을 활용한다.
　⊙ 명확한 의미를 가진 이해하기 쉬운 단어를 선택하여 이해도를 높인다.
　ⓒ 적극적으로 경청한다.
　ⓔ 메시지를 감정적으로 곡해하지 않는다.

2 의사소통능력을 구성하는 하위능력

(1) 문서이해능력

① 문서와 문서이해능력

　　㉠ 문서 : 제안서, 보고서, 기획서, 이메일, 팩스 등 문자로 구성된 것으로 상대방에게 의사를 전달하여 설득하는 것을 목적으로 한다.

　　㉡ 문서이해능력 : 직업현장에서 자신의 업무와 관련된 문서를 읽고, 내용을 이해하고 요점을 파악할 수 있는 능력을 말한다.

예제 1

다음은 신용카드 약관의 주요내용이다. 규정 약관을 제대로 이해하지 못한 사람은?

[부가서비스]

　카드사는 법령에서 정한 경우를 제외하고 상품을 새로 출시한 후 1년 이내에 부가서비스를 줄이거나 없앨 수가 없다. 또한 부가서비스를 줄이거나 없앨 경우에는 그 세부내용을 변경일 6개월 이전에 회원에게 알려주어야 한다.

[중도 해지 시 연회비 반환]

　연회비 부과기간이 끝나기 이전에 카드를 중도해지하는 경우 남은 기간에 해당하는 연회비를 계산하여 10 영업일 이내에 돌려줘야 한다. 다만, 카드 발급 및 부가서비스 제공에 이미 지출된 비용은 제외된다.

[카드 이용한도]

　카드 이용한도는 카드 발급을 신청할 때에 회원이 신청한 금액과 카드사의 심사 기준을 종합적으로 반영하여 회원이 신청한 금액 범위 이내에서 책정되며 회원의 신용도가 변동되었을 때에는 카드사는 회원의 이용한도를 조정할 수 있다.

[부정사용 책임]

　카드 위조 및 변조로 인하여 발생된 부정사용 금액에 대해서는 카드사가 책임을 진다. 다만, 회원이 비밀번호를 다른 사람에게 알려주거나 카드를 다른 사람에게 빌려주는 등의 중대한 과실로 인해 부정사용이 발생하는 경우에는 회원이 그 책임의 전부 또는 일부를 부담할 수 있다.

---

① 혜수 : 카드사는 법령에서 정한 경우를 제외하고는 1년 이내에 부가서비스를 줄일 수 없어.

② 진성 : 카드 위조 및 변조로 인하여 발생된 부정사용 금액은 일괄 카드사가 책임을 지게 돼.

③ 영훈 : 회원의 신용도가 변경되었을 때 카드사가 이용한도를 조정할 수 있어.

④ 영호 : 연회비 부과기간이 끝나기 이전에 카드를 중도 해지하는 경우에는 남은 기간에 해당하는 연회비를 카드사는 돌려줘야 해.

[출제의도]

주어진 약관의 내용을 읽고 그에 대한 상세 내용의 정보를 이해하는 능력을 측정하는 문항이다.

[해설]

② 부정사용에 대해 고객의 과실이 있으면 회원이 그 책임의 전부 또는 일부를 부담할 수 있다.

답 ②

② 문서의 종류

    ㉠ **공문서** : 정부기관에서 공무를 집행하기 위해 작성하는 문서로, 단체 또는 일반회사에서 정부기관을 상대로 사업을 진행할 때 작성하는 문서도 포함된다. 엄격한 규격과 양식이 특징이다.

    ㉡ **기획서** : 아이디어를 바탕으로 기획한 프로젝트에 대해 상대방에게 전달하여 시행하도록 설득하는 문서이다.

    ㉢ **기안서** : 업무에 대한 협조를 구하거나 의견을 전달할 때 작성하는 사내 공문서이다.

    ㉣ **보고서** : 특정한 업무에 관한 현황이나 진행 상황, 연구·검토 결과 등을 보고하고자 할 때 작성하는 문서이다.

    ㉤ **설명서** : 상품의 특성이나 작동 방법 등을 소비자에게 설명하기 위해 작성하는 문서이다.

    ㉥ **보도자료** : 정부기관이나 기업체 등이 언론을 상대로 자신들의 정보를 기사화 되도록 하기 위해 보내는 자료이다.

    ㉦ **자기소개서** : 개인이 자신의 성장과정이나, 입사 동기, 포부 등에 대해 구체적으로 기술하여 자신을 소개하는 문서이다.

    ㉧ **비즈니스 레터(E-mail)** : 사업상의 이유로 고객에게 보내는 편지다.

    ㉨ **비즈니스 메모** : 업무상 확인해야 할 일을 메모형식으로 작성하여 전달하는 글이다.

③ **문서이해의 절차** … 문서의 목적 이해→문서 작성 배경·주제 파악→정보 확인 및 현안문제 파악→문서 작성자의 의도 파악 및 자신에게 요구되는 행동 분석→목적 달성을 위해 취해야 할 행동 고려→문서 작성자의 의도를 도표나 그림 등으로 요약·정리

(2) 문서작성능력

① 작성되는 문서에는 대상과 목적, 시기, 기대효과 등이 포함되어야 한다.

② **문서작성의 구성요소**

    ㉠ 짜임새 있는 골격, 이해하기 쉬운 구조

    ㉡ 객관적이고 논리적인 내용

    ㉢ 명료하고 설득력 있는 문장

    ㉣ 세련되고 인상적인 레이아웃

예제 2

다음은 들은 내용을 구조적으로 정리하는 방법이다. 순서에 맞게 배열하면?

> ㉠ 관련 있는 내용끼리 묶는다.
> ㉡ 묶은 내용에 적절한 이름을 붙인다.
> ㉢ 전체 내용을 이해하기 쉽게 구조화한다.
> ㉣ 중복된 내용이나 덜 중요한 내용을 삭제한다.

① ㉠㉡㉢㉣   ② ㉠㉡㉣㉢
③ ㉡㉠㉢㉣   ④ ㉡㉠㉣㉢

[출제의도]
음성정보는 문자정보와는 달리 쉽게 잊혀 지기 때문에 음성정보를 구조화 시키는 방법을 묻는 문항이다.
[해설]
내용을 구조적으로 정리하는 방법은 '㉠ 관련 있는 내용끼리 묶는다. → ㉡ 묶은 내용에 적절한 이름을 붙인다. → ㉣ 중복된 내용이나 덜 중요한 내용을 삭제한다. → ㉢ 전체 내용을 이해하기 쉽게 구조화한다.'가 적절하다.

답 ②

③ 문서의 종류에 따른 작성방법

　㉠ 공문서
　　• 육하원칙이 드러나도록 써야 한다.
　　• 날짜는 반드시 연도와 월, 일을 함께 언급하며, 날짜 다음에 괄호를 사용할 때는 마침표를 찍지 않는다.
　　• 대외문서이며, 장기간 보관되기 때문에 정확하게 기술해야 한다.
　　• 내용이 복잡할 경우 '-다음-', '-아래-'와 같은 항목을 만들어 구분한다.
　　• 한 장에 담아내는 것을 원칙으로 하며, 마지막엔 반드시 '끝'자로 마무리 한다.

　㉡ 설명서
　　• 정확하고 간결하게 작성한다.
　　• 이해하기 어려운 전문용어의 사용은 삼가고, 복잡한 내용은 도표화 한다.
　　• 명령문보다는 평서문을 사용하고, 동어 반복보다는 다양한 표현을 구사하는 것이 바람직하다.

　㉢ 기획서
　　• 상대를 설득하여 기획서가 채택되는 것이 목적이므로 상대가 요구하는 것이 무엇인지 고려하여 작성하며, 기획의 핵심을 잘 전달하였는지 확인한다.
　　• 분량이 많을 경우 전체 내용을 한눈에 파악할 수 있도록 목차구성을 신중히 한다.
　　• 효과적인 내용 전달을 위한 표나 그래프를 적절히 활용하고 산뜻한 느낌을 줄 수 있도록 한다.
　　• 인용한 자료의 출처 및 내용이 정확해야 하며 제출 전 충분히 검토한다.

② 보고서

- 도출하고자 한 핵심내용을 구체적이고 간결하게 작성한다.
- 내용이 복잡할 경우 도표나 그림을 활용하고, 참고자료는 정확하게 제시한다.
- 제출하기 전에 최종점검을 하며 질의를 받을 것에 대비한다.

예제 3

다음 중 공문서 작성에 대한 설명으로 가장 적절하지 못한 것은?

① 공문서나 유가증권 등에 금액을 표시할 때에는 한글로 기재하고 그 옆에 괄호를 넣어 숫자로 표기한다.

② 날짜는 숫자로 표기하되 년, 월, 일의 글자는 생략하고 그 자리에 온점(.)을 찍어 표시한다.

③ 첨부물이 있는 경우에는 붙임 표시문 끝에 1자 띄우고 "끝."이라고 표시한다.

④ 공문서의 본문이 끝났을 경우에는 1자를 띄우고 "끝."이라고 표시한다.

[출제의도]
업무를 할 때 필요한 공문서 작성법을 잘 알고 있는지를 측정하는 문항이다.
[해설]
공문서 금액 표시
아라비아 숫자로 쓰고, 숫자 다음에 괄호를 하여 한글로 기재한다.
예) 금 123,456원(금 일십이만삼천사백오십육원)

답 ①

---

④ 문서작성의 원칙

㉠ 문장은 짧고 간결하게 작성한다(간결체 사용).

㉡ 상대방이 이해하기 쉽게 쓴다.

㉢ 불필요한 한자의 사용을 자제한다.

㉣ 문장은 긍정문의 형식을 사용한다.

㉤ 간단한 표제를 붙인다.

㉥ 문서의 핵심내용을 먼저 쓰도록 한다(두괄식 구성).

⑤ 문서작성 시 주의사항

㉠ 육하원칙에 의해 작성한다.

㉡ 문서 작성시기가 중요하다.

㉢ 한 사안은 한 장의 용지에 작성한다.

㉣ 반드시 필요한 자료만 첨부한다.

㉤ 금액, 수량, 일자 등은 기재에 정확성을 기한다.

㉥ 경어나 단어사용 등 표현에 신경 쓴다.

㉦ 문서작성 후 반드시 최종적으로 검토한다.

⑥ 효과적인 문서작성 요령

   ⑦ 내용이해 : 전달하고자 하는 내용과 핵심을 정확하게 이해해야 한다.

   ⓒ 목표설정 : 전달하고자 하는 목표를 분명하게 설정한다.

   ⓒ 구성 : 내용 전달 및 설득에 효과적인 구성과 형식을 고려한다.

   ⓔ 자료수집 : 목표를 뒷받침할 자료를 수집한다.

   ⓜ 핵심전달 : 단락별 핵심을 하위목차로 요약한다.

   ⓗ 대상파악 : 대상에 대한 이해와 분석을 통해 철저히 파악한다.

   ⓢ 보충설명 : 예상되는 질문을 정리하여 구체적인 답변을 준비한다.

   ⓞ 문서표현의 시각화 : 그래프, 그림, 사진 등을 적절히 사용하여 이해를 돕는다.

(3) 경청능력

① **경청의 중요성** … 경청은 다른 사람의 말을 주의 깊게 들으며 공감하는 능력으로 경청을 통해 상대방을 한 개인으로 존중하고 성실한 마음으로 대하게 되며, 상대방의 입장에 공감하고 이해하게 된다.

② **경청을 방해하는 습관** … 짐작하기, 대답할 말 준비하기, 걸러내기, 판단하기, 다른 생각하기, 조언하기, 언쟁하기, 옳아야만 하기, 슬쩍 넘어가기, 비위 맞추기 등

③ 효과적인 경청방법

   ⑦ 준비하기 : 강연이나 프레젠테이션 이전에 나누어주는 자료를 읽어 미리 주제를 파악하고 등장하는 용어를 익혀둔다.

   ⓒ 주의 집중 : 말하는 사람의 모든 것에 집중해서 적극적으로 듣는다.

   ⓒ 예측하기 : 다음에 무엇을 말할 것인가를 추측하려고 노력한다.

   ⓔ 나와 관련짓기 : 상대방이 전달하고자 하는 메시지를 나의 경험과 관련지어 생각해 본다.

   ⓜ 질문하기 : 질문은 듣는 행위를 적극적으로 하게 만들고 집중력을 높인다.

   ⓗ 요약하기 : 주기적으로 상대방이 전달하려는 내용을 요약한다.

   ⓢ 반응하기 : 피드백을 통해 의사소통을 점검한다.

예제 4

다음은 면접스터디 중 일어난 대화이다. 민아의 고민을 해소하기 위한 조언으로 가장 적절한 것은?

> 지섭 : 민아씨, 어디 아파요? 표정이 안 좋아 보여요.
>
> 민아 : 제가 원서 넣은 공단이 내일 면접이어서요. 그동안 스터디를 통해서 면접 연습을 많이 했는데도 벌써부터 긴장이 되네요.
>
> 지섭 : 민아씨는 자기 의견도 명확히 피력할 줄 알고 조리 있게 설명을 잘 하시니 걱정 안해서도 될 것 같아요. 아, 손에 꽉 쥐고 계신 건 뭔가요?
>
> 민아 : 아, 제가 예상 답변을 정리해서 모아둔거에요. 내용은 거의 외웠는데 이렇게 쥐고 있지 않으면 불안해서
>
> 지섭 : 그 정도로 준비를 철저히 하셨으면 걱정할 이유 없을 것 같아요.
>
> 민아 : 그래도 압박면접이거나 예상치 못한 질문이 들어오면 어떻게 하죠?
>
> 지섭 : _____

① 시선을 적절히 처리하면서 부드러운 어투로 말하는 연습을 해보는 건 어때요?
② 공식적인 자리인 만큼 옷차림을 신경 쓰는 게 좋을 것 같아요.
③ 당황하지 말고 질문자의 의도를 잘 파악해서 침착하게 대답하면 되지 않을까요?
④ 예상 질문에 대한 답변을 좀 더 정확하게 외워보는 건 어떨까요?

[출제의도]
상대방이 하는 말을 듣고 질문 의도에 따라 올바르게 답하는 능력을 측정하는 문항이다.

[해설]
민아는 압박질문이나 예상치 못한 질문에 대해 걱정을 하고 있으므로 침착하게 대응하라고 조언을 해주는 것이 좋다.

답 ③

---

(4) 의사표현능력

① 의사표현의 개념과 종류

　㉠ 개념 : 화자가 자신의 생각과 감정을 청자에게 음성언어나 신체언어로 표현하는 행위이다.

　㉡ 종류

　　• 공식적 말하기 : 사전에 준비된 내용을 대중을 대상으로 말하는 것으로 연설, 토의, 토론 등이 있다.

　　• 의례적 말하기 : 사회·문화적 행사에서와 같이 절차에 따라 하는 말하기로 식사, 주례, 회의 등이 있다.

　　• 친교적 말하기 : 친근한 사람들 사이에서 자연스럽게 주고받는 대화 등을 말한다.

② 의사표현의 방해요인

　㉠ **연단공포증** : 연단에 섰을 때 가슴이 두근거리거나 땀이 나고 얼굴이 달아오르는 등의 현상으로 충분한 분석과 준비, 더 많은 말하기 기회 등을 통해 극복할 수 있다.

ⓛ 말 : 말의 장단, 고저, 발음, 속도, 쉼 등을 포함한다.

ⓒ 음성 : 목소리와 관련된 것으로 음색, 고저, 명료도, 완급 등을 의미한다.

ⓔ 몸짓 : 비언어적 요소로 화자의 외모, 표정, 동작 등이다.

ⓜ 유머 : 말하기 상황에 따른 적절한 유머를 구사할 수 있어야 한다.

③ 상황과 대상에 따른 의사표현법

ⓖ 잘못을 지적할 때 : 모호한 표현을 삼가고 확실하게 지적하며, 당장 꾸짖고 있는 내용에만 한정한다.

ⓛ 칭찬할 때 : 자칫 아부로 여겨질 수 있으므로 센스 있는 칭찬이 필요하다.

ⓒ 부탁할 때 : 먼저 상대방의 사정을 듣고 응하기 쉽게 구체적으로 부탁하며 거절을 당해도 싫은 내색을 하지 않는다.

ⓔ 요구를 거절할 때 : 먼저 사과하고 응해줄 수 없는 이유를 설명한다.

ⓜ 명령할 때 : 강압적인 말투보다는 '○○을 이렇게 해주는 것이 어떻겠습니까?'와 같은 식으로 부드럽게 표현하는 것이 효과적이다.

ⓗ 설득할 때 : 일방적으로 강요하기보다는 먼저 양보해서 이익을 공유하겠다는 의지를 보여주는 것이 좋다.

ⓢ 충고할 때 : 충고는 가장 최후의 방법이다. 반드시 충고가 필요한 상황이라면 예화를 들어 비유적으로 깨우쳐주는 것이 바람직하다.

ⓞ 질책할 때 : 샌드위치 화법(칭찬의 말 + 질책의 말 + 격려의 말)을 사용하여 청자의 반발을 최소화 한다.

┃ 예제 5

당신은 팀장님께 업무 지시내용을 수행하고 결과물을 보고드렸다. 하지만 팀장님께서는 "최대리 업무를 이렇게 처리하면 어떡하나? 누락된 부분이 있지 않은가."라고 말하였다. 이에 대해 당신이 행할 수 있는 가장 부적절한 대처 자세는?

① "죄송합니다. 제가 잘 모르는 부분이라 이수혁 과장님께 부탁을 했는데 과장님께서 실수를 하신 것 같습니다."

② "주의를 기울이지 못해 죄송합니다. 어느 부분을 수정보완하면 될까요?"

③ "지시하신 내용을 제가 충분히 이해하지 못하였습니다. 내용을 다시 한 번 여쭤보아도 되겠습니까?"

④ "부족한 내용을 보완하는 자료를 취합하기 위해서 하루정도가 더 소요될 것 같습니다. 언제까지 재작성하여 드리면 될까요?"

[출제의도]
상사가 잘못을 지적하는 상황에서 어떻게 대처해야 하는지를 묻는 문항이다.

[해설]
상사가 부탁한 지시사항을 다른 사람에게 부탁하는 것은 옳지 못하며 설사 그렇다고 해도 그 일의 과오에 대해 책임을 전가하는 것은 지양해야 할 자세이다.

답 ①

④ 원활한 의사표현을 위한 지침

    ㉠ 올바른 화법을 위해 독서를 하라.

    ㉡ 좋은 청중이 되라.

    ㉢ 칭찬을 아끼지 마라.

    ㉣ 공감하고, 긍정적으로 보이게 하라.

    ㉤ 겸손은 최고의 미덕임을 잊지 마라.

    ㉥ 과감하게 공개하라.

    ㉦ 뒷말을 숨기지 마라.

    ㉧ 첫마디 말을 준비하라.

    ㉨ 이성과 감성의 조화를 꾀하라.

    ㉩ 대화의 룰을 지켜라.

    ㉪ 문장을 완전하게 말하라.

⑤ 설득력 있는 의사표현을 위한 지침

    ㉠ 'Yes'를 유도하여 미리 설득 분위기를 조성하라.

    ㉡ 대비 효과로 분발심을 불러 일으켜라.

    ㉢ 침묵을 지키는 사람의 참여도를 높여라.

    ㉣ 여운을 남기는 말로 상대방의 감정을 누그러뜨려라.

    ㉤ 하던 말을 갑자기 멈춤으로써 상대방의 주의를 끌어라.

    ㉥ 호칭을 바꿔서 심리적 간격을 좁혀라.

    ㉦ 끄집어 말하여 자존심을 건드려라.

    ㉧ 정보전달 공식을 이용하여 설득하라.

    ㉨ 상대방의 불평이 가져올 결과를 강조하라.

    ㉩ 권위 있는 사람의 말이나 작품을 인용하라.

    ㉪ 약점을 보여 주어 심리적 거리를 좁혀라.

    ㉫ 이상과 현실의 구체적 차이를 확인시켜라.

    ㉬ 자신의 잘못도 솔직하게 인정하라.

    ㉭ 집단의 요구를 거절하려면 개개인의 의견을 물어라.

    ⓐ 동조 심리를 이용하여 설득하라.

    ⓑ 지금까지의 노고를 치하한 뒤 새로운 요구를 하라.

    ⓒ 담당자가 대변자 역할을 하도록 하여 윗사람을 설득하게 하라.

    ⓓ 겉치레 양보로 기선을 제압하라.

    ⓔ 변명의 여지를 만들어 주고 설득하라.

    ⓕ 혼자 말하는 척하면서 상대의 잘못을 지적하라.

(5) 기초외국어능력

① 기초외국어능력의 개념과 필요성
  ㉠ 개념 : 기초외국어능력은 외국어로 된 간단한 자료를 이해하거나, 외국인과의 전화응대와 간단한 대화 등 외국인의 의사표현을 이해하고, 자신의 의사를 기초외국어로 표현할 수 있는 능력이다.
  ㉡ 필요성 : 국제화·세계화 시대에 다른 나라와의 무역을 위해 우리의 언어가 아닌 국제적인 통용어를 사용하거나 그들의 언어로 의사소통을 해야 하는 경우가 생길 수 있다.

② 외국인과의 의사소통에서 피해야 할 행동
  ㉠ 상대를 볼 때 흘겨보거나, 노려보거나, 아예 보지 않는 행동
  ㉡ 팔이나 다리를 꼬는 행동
  ㉢ 표정이 없는 것
  ㉣ 다리를 흔들거나 펜을 돌리는 행동
  ㉤ 맞장구를 치지 않거나 고개를 끄덕이지 않는 행동
  ㉥ 생각 없이 메모하는 행동
  ㉦ 자료만 들여다보는 행동
  ㉧ 바르지 못한 자세로 앉는 행동
  ㉨ 한숨, 하품, 신음소리를 내는 행동
  ㉩ 다른 일을 하며 듣는 행동
  ㉪ 상대방에게 이름이나 호칭을 어떻게 부를지 묻지 않고 마음대로 부르는 행동

③ 기초외국어능력 향상을 위한 공부법
  ㉠ 외국어공부의 목적부터 정하라.
  ㉡ 매일 30분씩 눈과 손과 입에 밸 정도로 반복하라.
  ㉢ 실수를 두려워하지 말고 기회가 있을 때마다 외국어로 말하라.
  ㉣ 외국어 잡지나 원서와 친해져라.
  ㉤ 소홀해지지 않도록 라이벌을 정하고 공부하라.
  ㉥ 업무와 관련된 주요 용어의 외국어는 꼭 알아두자.
  ㉦ 출퇴근 시간에 외국어 방송을 보거나, 듣는 것만으로도 귀가 트인다.
  ㉧ 어린이가 단어를 배우듯 외국어 단어를 암기할 때 그림카드를 사용해 보라.
  ㉨ 가능하면 외국인 친구를 사귀고 대화를 자주 나눠 보라.

01 출제예상문제

1 다음은 인천국제공항공사의 주요 사업 및 사업별 핵심 활동내용을 정리한 것이다. 밑줄 친 부분이 한자로 바르게 표기된 것은?

▣ 주요 사업
• 현재의 사업영역
– 인천국제공항의 ㉠건설/및 관리/운영
– 주변지역개발, 부대사업 및 기타 국가위탁사업
– 공항건설 및, 관리/ 운영에 관한 연구조사
• 미래의 사업영역
– 인천국제공항의 건설운영을 ㉡기반으로 하는 사업영역
– 주변지역개발 및 ㉢부대사업관련 인프라 구축산업
– 해외공항의 건설·관리·운영 및 그 주변지역 개발사업

▣ 사업별 핵심 활동내용
• 공항건설분야
– 토목, 건축, 전기, 전자, 통신등 전 기술영역을 ㉣망라하는 복합공정적 시설 구축
– 부지조성, 설계, 공사, 감리 등 시공과정
• 공항운영분야
– 여객 및 화물㉤수송 수요의 처리
– 공항 시설물의 유지관리
– 공항 이용자에 대한 각종 부대서비스 제공 및 그에 따른 영업활동

---

① ㉠ – 建設
② ㉡ – 羈絆
③ ㉢ – 部隊
④ ㉣ – 望羅
⑤ ㉤ – 輸送

 ⑤ **輸送**(보낼 수, 보낼 송) : 기차나 자동차, 배, 항공기 따위로 사람이나 물건을 실어 옮김
① **建設**→**建設**(세울 건, 베풀 설) : 건물, 설비, 시설 따위를 새로 만들어 세움
② **羈絆**→**基盤**(터 기, 소반 반) : 기초가 되는 바탕 또는 사물의 토대
③ **部隊**→**附帶**(붙을 부, 띠 대) : 기본이 되는 것에 곁달아 덧붙임
④ **望羅**→**網羅**(그물 망, 그물 라) : 물고기나 새를 잡는 그물이라는 뜻으로, 널리 받아들여 모두 포함함을 이르는 말

2 다음은 인천공항 안내로봇인 '에어스타'를 소개하는 보도자료의 일부이다. '에어스타'에 대해 잘 못 이해한 것은?

"에어스타, 타이페이 가는 항공편은 어디에서 체크인해?"

"네, 타이페이 가는 항공편은 L카운터입니다. 저를 따라오시면 카운터까지 안내해드리겠습니다."

이처럼 영화 속에서나 볼 수 있었던 미래의 모습인 사람과 로봇이 대화하고, 로봇이 안내 및 에스코트를 하는 장면이 인천공항에서 현실로 다가왔다. '에어스타'는 자율주행, 음성인식 기능과 인공지능 등 각종 첨단 ICT 기술이 접목된 안내로봇으로, 인천공항공사가 작년에 시범적으로 도입했던 1세대 지능형 로봇 운영 경험을 바탕으로 하여 디자인부터 내장센서까지 모두 새롭게 개발한 2세대 로봇이다.

앞으로 여객들은 공항 곳곳에 돌아다니는 에어스타에게 말을 걸거나 터치스크린 조작, 바코드 인식 등을 통해 공항 시설물에 대한 정보를 안내받을 수 있게 된다.

출국 시 에어스타에게 항공편을 말하면 올바른 체크인 카운터의 위치를 즉시 알려주고, 원하는 경우 직접 앞장서서 목적지까지 에스코트해주는 서비스를 제공한다. 물론 터치스크린에 편명을 입력해도 역시 길 안내가 가능하다. 이와 함께 출국장 혼잡도 정보를 실시간으로 제공하고 보안검색절차와 기내반입 물품을 알려주며, 여객이 포기하는 금지물품을 회수하는 기능도 갖췄다.

면세지역에서는 면세점의 위치를 알려주고, 탑승권 바코드를 인식해 실시간 탑승정보와 탑승 게이트 위치를 알려줌으로써 여객들이 더욱 쉽고 빠르게 탑승구를 찾게 해줘 항공기 정시탑승에도 도움을 줄 예정이다.

입국장에서는 수하물 태그의 바코드를 인식하면 수하물수취대의 위치를 안내하고, 대중교통 이용 정보까지 제공해 공항에서 빠져나와 목적지까지 편리하게 도착할 수 있도록 도와준다.

이러한 안내 기능 이외에도 에어스타에는 탑재된 카메라로 여객 기념사진을 촬영하여 이메일, 문자 등으로 전송해주는 기능도 추가되어 여객들에게 공항에서의 추억을 남길 수 있는 즐거운 경험을 제공할 예정이다.

① 에어스타는 말을 걸거나 터치스크린 조작을 통해 공항 시설물에 대한 정보를 안내받을 수 있다.

② 에어스타는 출국장 혼잡도 정보를 실시간으로 제공하며 보안검색절차와 기내반입 물품에 대해 알려준다.

③ 에어스타를 통해 면세점에서 갖추고 있는 물품 정보 및 재고 수량 등도 쉽게 검색할 수 있다.

④ 에어스타는 공항 내 안내는 물론, 공항을 빠져나와 목적지까지의 대중교통 이용 정보까지 알려준다.

⑤ 공항에서 에어스타로 기념사진을 촬영하면 이메일이나 문자를 통해 사진을 전송받을 수 있다.

Answer → 1.⑤ 2.③

③ 면세지역에서는 면세점의 위치를 알려주는 기능에 대해서는 언급되어 있지만, 면세점에서 갖추고 있는 물품 정보 및 재고 수량을 검색할 수 있다는 정보는 언급되지 않았다.

3 다음 기사를 읽고 사건이 시간 순으로 바르게 나열된 것을 고르면?

- 인천공항, 마침내 중동의 하늘길을 열다 -

　지난 4월 인천국제공항공사가 수주한 쿠웨이트공항 위탁운영사업이 운영준비 및 시험운영을 시작으로 본격적인 궤도에 오를 전망이다. 인천국제공항공사는 공사가 위탁운영하게 될 쿠웨이트국제공항 제4터미널의 준공행사가 현지시각 7월 4일 오전(한국시각 4일 오후) 쿠웨이트공항 제4터미널 면세구역 내 별도행사장에서 열렸다고 밝혔다.

　쿠웨이트 정부가 야심차게 준비한 쿠웨이트공항 제4터미널이 완공됨에 따라 위탁운영자인 인천공항공사는 쿠웨이트공항의 본격적인 운영준비에 들어갈 계획이다. 공사는 성공적인 과업수행을 위해 지난 5월부터 시험운영, 터미널운영, 시설 유지·보수 등 공사의 분야별 전문가 20여 명을 현지에 파견하고 공사 내 해외사업전문가로 구성된 별도의 T/F팀을 신설해 현지 과업수행을 완벽히 지원하고 있다. 앞으로 상업시설 입찰, 시험운영 등 운영준비에 만전을 기해 오는 8월 쿠웨이트공항 제4터미널의 성공적인 개장을 완수한다는 계획이다. 인천공항공사는 개장 이후 5년간 쿠웨이트공항 제4터미널의 운영 및 유지보수를 전담한다.

　한편, 쿠웨이트국제공항은 쿠웨이트 정부 지분 100%의 국영공항으로 지난해 1,200만 명의 여객을 처리한 중동지역 대표 공항이다. 쿠웨이트 정부는 늘어나는 항공수요에 대응하기 위하여 약 1,870억 원(1억 7천만 달러)을 투입해 제4터미널 건설을 추진했으며 터키 건설사 CENGIZ가 시공을 맡아 7월 4일 준공에 이르렀다.

　제4터미널의 완공을 앞두고 터미널 위탁운영 사업자를 선정하기 위해, 쿠웨이트 정부는 지난 2월 인천공항, 프랑스 ADP, 독일 Fraport, 터키 TAV, 아일랜드 더블린 공항공사 등을 대상으로 지명경쟁입찰을 발주했다. 인천국제공항공사는 세계 유수의 선진 공항 운영사와 치열한 경쟁 끝에 지난 4월 22일 운영사업자로 최종 선정되었으며 5월 8일에는 발주처인 쿠웨이트 민간항공청(DGCA)과 위탁운영 계약을 체결했다.

2018.07.10 김○○ 기자

　㉠ 제4터미널 위탁운영 사업자 선정 지명경쟁입찰 발주
　㉡ 제4터미널 개장
　㉢ 제4터미널 준공
　㉣ 제4터미널 유지보수 종료
　㉤ 쿠웨이트 민강항공청과 위탁운영 계약 체결

① ㉠ - ㉢ - ㉺ - ㉡ - ㉣

② ㉠ - ㉺ - ㉢ - ㉡ - ㉣

③ ㉺ - ㉢ - ㉠ - ㉣ - ㉡

④ ㉺ - ㉢ - ㉣ - ㉠ - ㉡

⑤ ㉢ - ㉺ - ㉣ - ㉡ - ㉠

 ㉠ 제4터미널 위탁운영 사업자 선정 지명경쟁입찰 발주 : 2월

㉺ 쿠웨이트 민강항공청과 위탁운영 계약 체결 : 5월 8일

㉢ 제4터미널 준공 : 7월 4일

㉡ 제4터미널 개장 : 8월

㉣ 제4터미널 유지보수 종료 : 개장 후 5년

Answer 3.②

4 다음은 유인입국심사에 대한 설명이다. 옳지 않은 것은?

◈ 유인입국심사 안내
- 입국심사는 국경에서 허가받는 행위로 내외국인 분리심사를 원칙으로 하고 있습니다.
- 외국인(등록외국인 제외)은 입국신고서를 작성하여야 하며, 등록대상인 외국인은 입국일로부터 90일 이내 관할 출입국관리사무소에 외국인 등록을 하여야 합니다.
- 단체사증을 소지한 중국 단체여행객은 입국신고서를 작성하지 않으셔도 됩니다.(청소년 수학여행객은 제외)
- 대한민국 여권을 위·변조하여 입국을 시도하는 외국인이 급증하고 있으므로 다소 불편하시더라도 입국심사관의 얼굴 대조, 질문 등에 적극 협조하여 주시기 바랍니다.
- 외국인 사증(비자) 관련 사항은 법무부 출입국 관리국으로 문의하시기 바랍니다.

◈ 입국신고서 제출 생략
내국인과 90일 이상 장기체류 할 목적으로 출입국사무소에 외국인 등록을 마친 외국인의 경우 입국신고서를 작성하실 필요가 없습니다.

◈ 심사절차

STEP 01	기내에서 입국신고서를 작성하지 않은 외국인은 심사 전 입국신고서를 작성해 주세요.
STEP 02	내국인과 외국인 심사 대기공간이 분리되어 있으니, 줄을 설 때 주의해 주세요. ※ 내국인은 파란선, 외국인은 빨간선으로 입장
STEP 03	심사대 앞 차단문이 열리면 입장해 주세요.
STEP 04	내국인은 여권을, 외국인은 입국신고서와 여권을 심사관에게 제시하고, 심사가 끝나면 심사대를 통과해 주세요. ※ 17세 이상의 외국인은 지문 및 얼굴 정보를 제공해야 합니다.

① 등록대상인 외국인은 입국일로부터 90일 이내 관할 출입국관리사무소에 외국인 등록을 하여야 한다.

② 중국 청소년 수학여행객은 단체사증을 소지하였더라도 입국신고서를 작성해야 한다.

③ 모든 외국인은 지문 및 얼굴 정보를 제공해야 한다.

④ 입국심사를 하려는 내국인은 파란선으로 입장해야 한다.

⑤ 외국인 사증(비자) 관련 사항은 법무부 출입국 관리국으로 문의해야 한다.

(Tip) ③ 지문 및 얼굴 정보 제공은 17세 이상의 외국인에 해당한다.

5 A사에 다니는 甲은 해외출장을 준비하면서 항공보안검색에 대한 자료를 보고 같이 출장을 가는 乙에게 설명해 주었다. 다음 중 甲이 잘못 설명한 것은?

목적	항공기 이용승객의 안전하고 편안한 여행과 항공기안전운항을 위하여 위험성 있는 물건들을 탐지 및 수색하기 위해 보안검색을 실시함
검색대상	모든 승객 및 휴대수하물
확인사항	무기류, 폭발물 등 위해물품 소지여부
검색장비	문형금속탐지장비, 휴대용금속탐지장비, 폭발물탐지기, 엑스선 검색장비(X-Ray Equipment) 등
검색절차	Step.01	신분증(국제선은 여권), 탑승권을 출국장 진입전 보안검색요원에게 보여주세요.
	Step.02	보안검색을 받기 전에 반입금지 위해물품 또는 액체류 물질을 소지하고 있는 경우 보안 검색 요원 또는 안내요원에게 알려주세요.
	Step.03	휴대물품(가방, 핸드백, 코트, 노트북 등)을 엑스레이 검색대 벨트 위에 올려놓으세요. TIP! 휴대폰, 지갑은 가방에 미리 넣으시고 검색대 벨트 위에 올리시면 도난 및 분실을 예방할 수 있습니다.
	Step.04	소지품(휴대폰, 지갑, 열쇠, 동전 등)은 엑스레이 검색을 위해 바구니에 넣어 주세요. Step.04 소지품(휴대폰, 지갑, 열쇠, 동전 등)은 엑스레이 검색을 위해 바구니에 넣어 주세요. TIP! 보안등급 상향 시 신발과 외투를 벗는 보안검색이 실시됩니다.
	Step.05	문형금속탐지기 통과 후 보안 검색요원이 검색을 실시합니다.

① 항공보안검색은 항공기안전운항을 위해 위험성 있는 물건들을 탐지하기 위한 거래.

② 모든 승객 및 휴대수하물은 물론 위탁수하물도 항공보안검색의 대상이 돼.

③ 국제선은 보안검색요원에게 신분증 대신 여권을 보여줘야 해.

④ 소지품은 엑스레이 검색을 위해 바구니에 넣어야 해.

⑤ 보안등급 상향 시 보안검색 때 신발과 외투를 벗어야 한다는군.

(Tip) ② 항공보안검색의 대상은 모든 승객 및 휴대수하물이다.

6   다음은 항공보안 자율신고제도의 FAQ이다. 잘못 이해한 사람은?

Q 누가 신고하나요?

A 누구든지 신고할 수 있습니다.
- 승객(공항이용자) : 여행 중에 항공보안에 관한 불편사항 및 제도개선에 필요한 내용 등을 신고해 주세요.
- 보안업무 종사자 : 업무 수행 중에 항공보안 위해요인 및 항공보안을 해칠 우려가 있는 사항 등을 신고해 주세요.
- 일반업무 종사자 : 공항 및 항공기 안팎에서 업무 수행 중에 항공보안 분야에 도움이 될 사항 등을 신고해 주세요.

Q 무엇을 신고하나요?

A 항공보안 관련 내용은 무엇이든지 가능합니다.
- 항공기내 반입금지 물품이 보호구역(보안검색대 통과 이후 구역) 또는 항공기 안으로 반입된 경우
- 승객과 승객이 소지한 휴대물품 등에 대해 보안검색이 미흡하게 실시된 경우
- 상주직원과 그 직원이 소지한 휴대물품 등에 대해 보안검색이 미흡하게 실시된 경우
- 검색 받은 승객과 받지 않은 승객이 섞이는 경우
- X-ray 및 폭발물흔적탐지장비 등 보안장비가 정상적으로 작동이 되지 않은 상태로 검색이 된 경우
- 공항운영자의 허가를 받지 아니하고 보호구역에 진입한 경우
- 항공기 안에서의 소란 · 흡연 · 폭언 · 폭행 · 성희롱 등 불법행위가 발생된 경우
- 항공보안 기준 위반사항을 인지하거나 국민불편 해소 및 제도개선이 필요한 경우

Q 신고자의 비밀은 보장되나요?

A 「항공보안법」 제33의2에 따라 다음과 같이 신고자와 신고내용이 철저히 보호됩니다.
- 누구든지 자율신고 내용 등을 이유로 신고자에게 불이익한 조치를 하는 경우 1천만 원 이하 과태료 부과
- 신고자의 의사에 반하여 개인정보를 공개할 수 없으며, 신고내용은 보안사고 예방 및 항공보안 확보 목적 이외의 용도로 사용금지

Q 신고한 내용은 어디에 활용되나요?

A 신고내용은 위험분석 및 평가와 개선대책 마련을 통해 국가항공보안 수준을 향상시키는데 활용됩니다.

Q 마시던 음료수는 보안검색대를 통과할 수 있나요?

A 국제선을 이용하실 때에는 100ml 이하 용기에 한해 투명지퍼백(1L)에 담아야 반입이 가능합니다.

① 甲 : 공항직원이 아니라도 공항이용자라면 누구든지 신고가 가능하군.

② 乙 : 기내에서 담배를 피우는 사람을 발견하면 신고해야겠네.

③ 丙 : 직원이 소지한 휴대물품 등에 대해 보안 검색이 미흡했다면 신고해야겠군.

④ 丁 : 자율신고자에게 불이익한 조치를 하면 1천만 원 이하의 과태료에 처해질 수 있군.

⑤ 戊 : 500ml 물병에 물이 100ml 이하로 남았을 경우 1L 투명지퍼백에 담으면 국제선에 반입이 가능하네.

(Tip)　⑤ 100ml 이하 용기에 한함으로 500ml 물병에 들어있는 물은 국제선 반입이 불가능하다.

7 다음은 항공위험물 중 일부 위험성이 적은 위험물에 대해서 소량에 한하여 여행객이 휴대 또는 위탁수하물로 운반할 수 있도록 예외적으로 허용하고 있는 사항에 대한 안내문이다. 다음 중 위탁수하물로 운반할 수 없는 것은?

■ 소비재

물품 또는 물건	위탁수하물	기내휴대	몸에 소지
• 리튬배터리가 장착된 전자장비(카메라, 휴대전화, 노트북 등) − 리튬메탈배터리 : 리튬 함량 2그램 이하 − 리튬이온배터리 : 100와트시(Wh) 이하	○	○	○
• 전자담배 − 리튬메탈배터리 : 리튬 함량 2그램 이하 − 리튬이온배터리 : 100와트시(Wh) 이하	×	○	○
• 드라이아이스 − 1인당 2.5kg까지 − 상하기 쉬운 물품을 포장·운송하기 위해서 사용되는 것에 한함	○	○	×
• 스포츠용 또는 가정용 에어로졸 − 개당 0.5리터 이하(총 4캔까지 허용)	○	×	×
• 소형라이터 − 1인당 1개	×	×	○

■ 의료용품

물품 또는 물건	위탁수하물	기내휴대	몸에 소지
• 의료용 산소 실린더 또는 공기 실린더 − 실린더당 총 질량이 5kg 이하 ※ 항공사 승인 필요	○	○	○
액체산소가 들어있는 장치	×	×	×
• 리튬배터리가 장착된 휴대용 의료 전자장비 − 리튬메탈배터리 : 리튬 함량 2그램 이하 − 리튬이온배터리 : 100와트시(Wh) 이하	○	○	○
• 전동 휠체어 등 이동보조장비(습식 배터리) ※ 항공사 승인 필요	○	×	×
• 휴대용 의료전자장비용 여분(보조) 배터리 − 리튬메탈배터리 : 리튬 함량 2그램 이하 − 리튬이온배터리 : 100와트시(Wh) 이하	×	○	○

① 100와트시(Wh) 이하 리튬이온배터리 전자담배

② 개당 0.5리터 이하의 스포츠용 에어로졸 2캔

③ 냉동식품을 포장·운송하기 위해 사용된 드라이아이스 2kg

④ 항공사 승인을 받은 실린더당 총 질량이 5kg 이하인 의료인 공기 실린더

⑤ 항공사 승인을 받은 전동 휠체어

 배터리가 규정에 맞는 전자담배는 기내휴대 또는 몸에 소지할 수 있으나 위탁수하물로는 운반할 수 없다.

8   다음은 서울역 도심공항터미널 이용에 대한 안내이다. 이를 보고 잘못 이해한 것은?

〈서울역 도심공항터미널 이용 안내〉

서울역 도심공항터미널에서는 공항이용에 필요한 탑승수속과 출국심사를 마치고 편안하게 인천공항까지 가실 수 있도록 서비스를 제공합니다.

■ 서울역 도심공항터미널 이용 시 장점
• 얼리체크인 가능! 출국 당일 원하는 시간에 방문하여 사전 탑승수속 가능(단, 인천공항 항공기 출발 3시간 전, 대한항공의 경우 3시간 20분전 마감)
• 수하물 위탁하고 짐 없이 편안하게 직통열차 타고 인천공항으로 이동
• 도심공항터미널에서 출국심사 완료 시 인천공항 전용 출국통로를 이용하여 빠르고 편리하게 출국장으로 이동

■ 미국노선 출국수속 이용안내
미국 교통보안청(TSA)의 항공보안 강화조치에 따라 일부 항공사의 미국(괌, 사이판 포함) 노선 탑승수속이 아래와 같이 변경되오니, 이용에 참고하시기 바랍니다.

탑승수속 잠정 중단	탑승수속 가능
대한항공/티웨이항공/이스타항공	아시아나항공/제주항공

■ 서비스 이용안내

구분	주요내용
위치	• 공항철도 서울역 지하 2층
제공서비스	• 탑승수속, 수하물 위탁, 출국심사 – 이용범위 : 당일 인천공항 출발 국제선 항공편
이용대상	• 직통열차 이용고객 – 직통열차 승차권 구입 후 도심공항터미널 이용 가능
이용시간	• 탑승수속 : 오전 5시 20분~오후 7시 – 탑승수속 마감 : 항공기 출발 3시간 전, 대한항공의 경우 3시간 20분 전 마감 • 출국심사 : 오전 7시~오후 7시
이용예시	• 인천공항 오후 5시 출발 항공기의 경우, 당일 오전 5시 20분부터 오후 2시 전까지 탑승수속 가능
제외대상	• 항공권 구매, 대형수화물 위탁서비스(길이 155cm 이상)

■ 전용 출국통로 이용
서울역 도심공항터미널에서 탑승수속과 출국심사까지 완료한 고객은 인천국제공항 3층 출국장의 전용 출국통로 이용

① 도심공항터미널을 이용할 경우, 수하물을 위탁하고 짐 없이 인천공항으로 이동할 수 있다.
② 미국노선의 경우 이스타항공 이용 고객은 도심공항터미널에서 탑승수속을 할 수 없다.
③ 직통열차 승차권을 구입한 후 도심공항터미널을 이용할 수 있다.
④ 인천공항에서 오후 7시 출발 대한항공 항공기의 경우, 당일 오전 5시 20분부터 오후 2시 40분 전까지 탑승수속이 가능하다.
⑤ 도심공항터미널에서 탑승수속과 출국심사까지 완료한 고객은 전용 출국통로를 이용해야 한다.

 ④ 대한항공의 경우 항공기 출발 3시간 20분 전에 탑승수속을 마감하므로 인천공항에서 오후 7시 출발 대한항공 항공기의 경우, 당일 오전 5시 20분부터 오후 3시 40분 전까지 탑승수속이 가능하다.

○○국의 항공기 식별코드는 '(현재상태부호)(특수임무부호)(기본임무부호)(항공기종류부호) - (설계번호)(개량형부호)'와 같이 최대 6개 부분(앞부분 4개, 뒷부분 2개)으로 구성된다.

항공기종류부호는 특수 항공기에만 붙이는 부호로, G는 글라이더, H는 헬리콥터, Q는 무인항공기, S는 우주선, V는 수직단거리이착륙기에 붙인다. 항공기종류부호가 생략된 항공기는 일반 비행기이다.

모든 항공기 식별코드는 기본임무부호나 특수임무부호 중 적어도 하나를 꼭 포함하고 있다. 기본임무부호는 항공기가 기본적으로 수행하는 임무를 나타내는 부호이다. A는 지상공격기, B는 폭격기, C는 수송기, E는 전자전기, F는 전투기, K는 공중급유기, L은 레이저탑재항공기, O는 관측기, P는 해상초계기, R은 정찰기, T는 훈련기, U는 다목적기에 붙인다.

특수임무부호는 항공기가 개량을 거쳐 기본임무와 다른 임무를 수행할 때 붙이는 부호이다. 부호에 사용되는 알파벳과 그 의미는 기본임무부호와 동일하다. 항공기가 기본임무와 특수임무를 모두 수행할 수 있을 때에는 두 부호를 모두 표시하며, 개량으로 인하여 더 이상 기본임무를 수행하지 못하게 된 경우에는 특수임무부호만을 표시한다.

현재상태부호는 현재 정상적으로 사용되고 있지 않은 항공기에만 붙이는 부호이다. G는 영구보존처리된 항공기, J와 N은 테스트를 위해 사용되고 있는 항공기에 붙이는 부호이다. J는 테스트 종료 후 정상적으로 사용될 항공기에 붙이는 부호이며, N은 개량을 많이 거쳤기 때문에 이후에도 정상적으로 사용될 계획이 없는 항공기에 붙이는 부호이다.

설계번호는 항공기가 특정그룹 내에서 몇 번째로 설계되었는지를 나타낸다. 1~100번은 일반 비행기, 101~200번은 글라이더 및 헬리콥터, 201~250번은 무인항공기, 251~300번은 우주선 및 수직단거리이착륙기에 붙인다. 예를 들어 107번은 글라이더와 헬리콥터 중 7번째로 설계된 항공기라는 뜻이다.

개량형부호는 한 모델의 항공기가 몇 차례 개량되었는지를 보여주는 부호이다. 개량하지 않은 최초의 모델은 항상 A를 부여받으며, 이후에는 개량될 때마다 알파벳 순서대로 부호가 붙게 된다.

9 윗글을 근거로 판단할 때, 〈보기〉에서 항공기 식별코드 중 앞부분 코드로 구성 가능한 것을 모두 고르면?

> ㉠ KK   ㉡ GBCV
> ㉢ CAH   ㉣ R

① ㉠   ② ㉠, ㉡
③ ㉡, ㉢   ④ ㉡, ㉢, ㉣
⑤ ㉠, ㉡, ㉢, ㉣

 항공기 식별코드의 앞부분은 (현재상태부호)(특수임무부호)(기본임무부호)(항공기종류부호)로 구성된다.
㉠ K는 (현재상태부호)와 (항공기종류부호)에 해당하지 않으므로 (특수임무부호)와 (기본임무부호)인데, 특수임무는 항공기가 개량을 거쳐 기본임무와 다른 임무를 수행할 때 붙이는 부호이므로 같은 기본임무와 같은 임무를 수행할 때에는 붙이지 않는다.
㉡ G(현재상태부호) → 영구보존처리된 항공기 B(특수임무부호) → 폭격기 C(기본임무부호) → 수송기 V(항공기종류부호) → 수직단거리이착륙기
㉢ C(특수임무부호) → 수송기 A(기본임무부호) → 지상공격기 H(항공기종류부호) → 헬리콥터
㉣ R은 (기본임무부호)이거나 개량으로 인하여 더 이상 기본임무를 수행하지 못하게 된 경우의 (특수임무부호)이다.

10 윗글을 근거로 판단할 때, '현재 정상적으로 사용 중인 개량하지 않은 일반 비행기'의 식별코드 형식으로 옳은 것은?

① (기본임무부호) – (설계번호)
② (기본임무부호) – (개량형부호)
③ (기본임무부호) – (설계번호)(개량형부호)
④ (현재상태부호)(특수임무부호) – (설계번호)(개량형부호)
⑤ (현재상태부호) – (기본임무부호) – (설계번호)

 현재 정상적으로 사용 중이므로 (현재상태부호)가 붙지 않으며, 일반 비행기이므로 (항공기종류부호)도 붙지 않는다. 따라서 식별코드 앞부분에는 (기본임무부호)에 특수임무를 수행한다면 (특수임무부호)가 붙고, 뒷부분에는 1~100번 사이의 (설계번호)와 (개량형부호) A가 붙는다.

Answer 9.④ 10.③

11 다음은 ○○문화회관 전시기획팀의 주간회의록이다. 자료에 대한 내용으로 옳은 것은?

<table>
<tr><td colspan="6" style="text-align:center">주 간 회 의 록</td></tr>
<tr><td>회의일시</td><td>2018. 7. 2(월)</td><td>부서</td><td>전시기획팀</td><td>작성자</td><td>사원 甲</td></tr>
<tr><td>참 석 자</td><td colspan="5">戊 팀장, 丁 대리, 丙 사원, 乙 사원</td></tr>
<tr><td rowspan="2">회의안건</td><td colspan="5">1. 개인 주간 스케줄 및 업무 점검</td></tr>
<tr><td colspan="5">2. 2018년 하반기 전시 일정 조정</td></tr>
<tr><td rowspan="2">회의내용</td><td colspan="4" style="text-align:center">내용</td><td style="text-align:center">비고</td></tr>
<tr><td colspan="4">

1. 개인 주간 스케줄 및 업무 점검
- 戊 팀장 : 하반기 전시 참여 기관 미팅, 외부 전시장 섭외
- 丁 대리 : 하반기 전시 브로슈어 작업, 브로슈어 인쇄 업체 선정
- 丙 사원 : 홈페이지 전시 일정 업데이트
- 乙 사원 : 2018년 상반기 전시 만족도 조사

2. 2018년 하반기 전시 일정 조정
- 하반기 전시 기간 : 9~11월, 총 3개월
- 전시 참여 기관 : A~I 총 9팀
- 관내 전시장 6팀, 외부 전시장 3팀
- 전시 일정 : 관내 2팀, 외부 1팀으로 3회 진행

기간＼장소	관내 전시장	외부 전시장
9월	A, B	C
10월	D, E	F
11월	G, H	I

</td><td>

- 7월 7일 AM 10:00 외부 전시장 사전답사 (戊 팀장, 丁 대리)

- 회의 종료 후, 전시 참여 기관에 일정 안내 (7월 4일까지 변경 요청 없을 시 그대로 확정)

</td></tr>
<tr><td rowspan="3">결정사항</td><td colspan="2" style="text-align:center">내용</td><td style="text-align:center">작업자</td><td colspan="2" style="text-align:center">진행일정</td></tr>
<tr><td colspan="2">브로슈어 표지 이미지 샘플조사</td><td>丙 사원</td><td colspan="2">2018. 7. 2~2018. 7. 3</td></tr>
<tr><td colspan="2">상반기 전시 만족도 설문조사</td><td>乙 사원</td><td colspan="2">2018. 7. 2~2018. 7. 5</td></tr>
<tr><td>특이사항</td><td colspan="5">

다음 회의 일정 : 7월 9일
- 2018년 상반기 전시 만족도 확인
- 브로슈어 표지 결정, 내지 1차 시안 논의

</td></tr>
</table>

① 이번 주 금요일 외부 전시장 사전 답사에는 戊 팀장과 丁 대리만 참석한다.

② 丙 사원은 이번 주에 홈페이지 전시 일정 업데이트만 하면 된다.

③ 乙 사원은 월요일부터 화요일까지 '브로슈어 표지 이미지 샘플조사'를 하기로 결정되었다.

④ 7월 4일까지 전시 참여 기관에서 별도의 연락이 없었다면, H팀의 전시는 2018년 11월 관내 전시장에 볼 수 있다.

⑤ 2018년 하반기 전시는 ○○문화회관 관내 전시장에서만 열릴 예정이다.

① 외부 전시장 사전 답사일인 7월 7일은 토요일이다.
② 丙 사원은 개인 주간 스케줄인 '홈페이지 전시 일정 업데이트' 외에 7월 2일부터 7월 3일까지 '브로슈어 표지 이미지 샘플조사'를 하기로 결정되었다.
③ 乙 사원은 7월 2일부터 7월 5일까지 '상반기 전시 만족도 조사'를 하기로 결정되었다.
⑤ 2018년 하반기 전시는 관내 전시장과 외부 전시장에서 열릴 예정이다.

12 다음 밑줄 친 단어의 의미와 동일하게 쓰인 것을 고르시오.

> 김동연 경제부총리 겸 기획재정부 장관은 26일 최근 노동이슈 관련 "다음 주부터 시행되는 노동시간 단축 관련 올해 말까지 계도기간을 설정해 단속보다는 제도 정착에 초점을 두고 추진할 것"이라고 밝혔다.
> 김동연 부총리는 이날 정부서울청사에서 노동현안 관련 경제현안간담회를 주재하고 "7월부터 노동시간 단축제도가 시행되는 모든 기업에 대해 시정조치 기간을 최장 6개월로 늘리고, 고소·고발 등 법적인 문제의 처리 과정에서도 사업주의 단축 노력이 충분히 참작될 수 있도록 하겠다."라며 이같이 말했다.
> 김 부총리는 "노동시간 단축 시행 실태를 면밀히 조사해 탄력 근로단위기간 확대 등 제도개선 방안도 조속히 마련하겠다."라며 "불가피한 경우 특별 연장근로를 인가받아 활용할 수 있도록 구체적인 방안을 강구할 것"이라고 밝혔다.

① 우리는 10년 만에 넓은 평수로 늘려 이사했다.

② 그 집은 알뜰한 며느리가 들어오더니 금세 재산을 늘려 부자가 되었다.

③ 적군은 세력을 늘린 후 다시 침범하였다.

④ 대학은 학생들의 건의를 받아들여 쉬는 시간을 늘리는 방안을 추진 중이다.

⑤ 실력을 늘려서 다음에 다시 도전해 봐야겠다.

밑줄 친 '늘리고'는 '시간이나 기간이 길어지다.'의 뜻으로 쓰였다. 따라서 이와 의미가 동일하게 쓰인 것은 ④이다.
① 물체의 넓이, 부피 따위를 본디보다 커지게 하다.
② 살림이 넉넉해지다.
③ 힘이나 기운, 세력 따위가 이전보다 큰 상태가 되다.
⑤ 재주나 능력 따위를 나아지게 하다.

Answer☞ 11.④ 12.④

13 다음 글에 나타난 글쓴이의 생각으로 적절하지 않은 것은?

21세기는 각자의 개성이 존중되는 다원성의 시대이다. 역사 분야에서도 역사를 바라보는 관점에 따라 다양한 역사 서술들이 이루어지고 있다. 이렇게 역사 서술이 다양해질수록 역사 서술에 대한 가치 판단의 요구는 증대될 수밖에 없다. 그렇다면 이 시대의 역사 서술은 어떤 기준으로 평가되어야 할까?

역사 서술 방법 중에 가장 널리 알려진 것은 근대 역사가들이 표방한 객관적인 역사 서술 방법일 것이다. 이들에게 역사란 과거의 사실을 어떤 주관도 개입시키지 않은 채 객관적으로만 서술하는 것이다. 하지만 역사가는 특정한 국가와 계층에 속해 있고 이에 따라 특정한 이념과 가치관을 가지므로 객관적일 수 없다. 역사가의 주관적 관점은 사료를 선별하는 과정에서부터 이미 개입되기 시작하며 사건의 해석과 평가라는 역사 서술에 지속적으로 영향을 주게 된다. 따라서 역사 서술에 역사가의 주관은 개입될 수밖에 없으므로 완전히 객관적인 역사 서술은 불가능한 일이다.

이러한 역사 서술의 주관성 때문에 역사가 저마다의 관점에 따른 다양한 역사 서술이 존재하게 된다. 이에 따라 우리는 다양한 역사 서술 속에서 우리에게 가치 있는 역사 서술이 무엇인지를 판단할 필요가 있다. 역사학자 카(E. H. Carr)는 역사 서술에 대해 '역사는 과거와 현재의 대화이다.'라는 말을 남겼다. 이 말은 현재를 거울삼아 과거를 통찰하고 과거를 거울삼아 현재를 바라보며 더 나은 미래를 창출하는 것으로 해석할 수 있다. 이러한 견해에 의하면 역사 서술의 가치는 과거와 현재의 합리적인 소통 가능성에 따라 판단될 수 있다.

과거와 현재의 합리적 소통 가능성은 역사 서술의 사실성, 타당성, 진정성 등을 준거로 판단할 수 있다. 이 기준을 지키지 못한 역사 서술은 과거나 현재를 왜곡할 우려가 있으며, 결과적으로 미래를 올바르게 바라보지 못하게 만드는 원인이 될 수 있다. 이를테면 수많은 반증 사례가 있음에도 자신의 관점에 부합하는 사료만을 편파적으로 선택한 역사 서술은 '사실성'의 측면에서 신뢰받기 어렵다. 사료를 배열하고 이야기를 구성하는 과정이 지나치게 자의적이라면 '타당성'의 측면에서 비판받을 것이다. 또한 사료의 선택과 해석의 방향이 과거의 잘못을 미화하기 위한 것이라면 '진정성'의 측면에서도 가치를 인정받지 못하게 될 것이다.

요컨대 역사가의 주관이 다양하고 그에 따른 역사 서술도 다양할 수밖에 없다면 그 속에서 가치 있는 역사 서술을 가려낼 필요가 있다. '사실성, 타당성, 진정성'에 바탕을 둔 합리적 소통 가능성으로 역사 서술을 평가하는 것은 역사를 통해 미래를 위한 혜안을 얻는 한 가지 방법이 될 것이다.

① 역사 서술에서 완전한 객관성의 실현은 불가능하다.
② 역사 서술들이 다양해질수록 가치 판단 요구는 증대된다.
③ 역사가를 둘러싼 환경은 역사 서술 관점 형성에 영향을 준다.
④ 역사 서술의 사실성을 높이려면 자신의 관점에 어긋난 사료는 버려야 한다.
⑤ 역사 서술의 진정성을 인정받으려면 사료의 선택과 해석이 과거의 잘못을 미화하기 위한 방향으로 전개되어서는 안 된다.

네 번째 문단에서 '수많은 반증 사례가 있음에도 자신의 관점에 부합하는 사료만을 편파적으로 선택한 역사 서술은 '사실성'의 측면에서 신뢰받기 어렵다.'고 언급하고 있다. 따라서 ④는 글쓴이의 생각으로 적절하지 않다.
①③ 두 번째 문단 ② 첫 번째 문단 ⑤ 네 번째 문단

14 다음은 K방송국 신입사원 甲이 모니터링 업무를 하던 중 문제가 될 수 있는 보도 자료들을 수집한 것이다. 다음 중 그 문제의 성격이 다른 하나는?

> (가) 2004년 성매매특별법이 도입되었다. 한 지방경찰청의 범죄통계에 따르면 특별법 도입 직후 한 달 동안 성폭력 범죄 신고 및 강간사건의 수치가 지난 5년 동안의 월 평균보다 약간 높게 나타났다. 성범죄 수치는 계절과 주기별로 다르게 나타난다. K방송국은 이 통계에 근거해 "성매매특별법 시행 이후 성범죄 급속히 늘어"라는 제목의 기사를 내었다.
>
> (나) 1994~1996년 사이 항공 사고로 인한 사망자가 적은 해에는 10명 미만, 많은 해에는 200~300명 발생하였다. 같은 기간 산업재해로 인한 사망자는 매년 5,000명 이상, 상해자는 700만 명 가량 발생하였다. 이 시기 K방송국은 항공 사고에 대한 보도를 50편 가량 발표했다. 반면, 위험한 장비와 관련한 안전사고, 비위생적 노동조건으로 인한 질병 등 산업재해로 인한 사망사건에 대한 보도는 거의 없었다.
>
> (다) 1996~1997년 사이 통계를 보면 미국 사회 전체에서 폭력사건으로 인한 사망자 수는 5,400명이었다. 이 가운데 학교에서 발생한 폭력사건으로 인한 사망자 수는 19명이었으며 10개 공립학교에서 발생했다. 이로부터 K방송국은 "시한폭탄 같은 10대들"이라는 제하에 헤드라인 기사로 청소년 폭력문제를 다루었고, 뉴스 프로그램을 통해 청소년들의 흉악한 행동이 미국 전역의 학교와 도시에서 만연하고 있다고 보도했다.
>
> (라) 1990~1997년 사이 교통사고로 인한 사망자 25만 명 중 난폭 운전에 의해 사망한 사람은 218명이었다. 그리고 같은 시기 부상을 당한 2,000만 명의 자동차 운전자들 가운데 난폭 운전자에 의해 사고를 당했다고 추정되는 사람은 전체 부상자의 0.1% 미만이었다. 이에 대해 K방송국은 "교통사고의 주범 난폭운전"이란 제하에 난폭운전으로 인한 인명피해가 최근 전국적으로 넘쳐나고 있다고 보도했다.
>
> (마) 1996년 한 연구기관에서 미국사회의 질병에 관한 통계 조사를 실시했다. 그 결과에 따르면 미국인 가운데 비만에 걸린 사람은 190만 명으로 미국인 전체 성인 중 약 1.5%를 차지했다. 이로부터 K방송국은 미국 성인의 대부분이 비만에 걸려 있으며 앞으로 비만이 미국사회의 가장 심각한 사회문제가 될 것이라는 내용의 기사를 실었다.

① (가) ② (나)
③ (다) ④ (라)
⑤ (마)

Answer 13.④ 14.②

(가), (다), (라), (마)는 통계 조사 등의 결과를 과대 해석하여 보도하였다는 공통적인 문제가 있다. 반면 (나)의 경우는 같은 기간 훨씬 더 많이 발생한 산업재해 사망사건에 대해서는 거의 보도하지 않으면서, 상대적으로 적은 항공 사고에 대해서는 많은 보도를 발표하였다는 점에서 문제를 제기할 수 있다.

15 다음 글은 합리적 의사결정을 위해 필요한 절차적 조건 중의 하나에 관한 설명이다. 다음 보기 중 이 조건을 위배한 것끼리 묶은 것은?

> 합리적 의사결정을 위해서는 정해진 절차를 충실히 따르는 것이 필요하다. 고도로 복잡하고 불확실하나 문제상황 속에서 결정의 절차가 합리적이기 위해서는 다음과 같은 조건이 충족되어야 한다.
>
> 〈조건〉
> 정책결정 절차에서 논의되었던 모든 내용이 결정절차에 참여하지 않은 다른 사람들에게 투명하게 공개되어야 한다. 그렇지 않으면 이성적 토론이 무력해지고 객관적 증거나 논리 대신 강압이나 회유 등의 방법으로 결론이 도출되기 쉽기 때문이다.

> 〈보기〉
> ㉠ 심의에 참여한 분들의 프라이버시 보호를 위해 오늘 회의의 결론만 간략히 알려드리겠습니다.
> ㉡ 시간이 촉박하니 회의 참석자 중에서 부장급 이상만 발언하도록 합시다.
> ㉢ 오늘 논의하는 안건은 매우 민감한 사안이니만큼 비참석자에게는 그 내용을 알리지 않을 것입니다. 그러니 회의자료 및 메모한 내용도 두고 가시기 바랍니다.
> ㉣ 우리가 외부에 자문을 구한 박사님은 이 분야의 최고 전문가이기 때문에 참석자 간의 별도 토론 없이 박사님의 의견을 그대로 채택하도록 합시다.
> ㉤ 오늘 안건은 매우 첨예한 이해관계가 걸려 있으니 상대방에 대한 반론은 자제해주시고 자신의 주장만 말씀해주시기 바랍니다.

① ㉠, ㉡   ② ㉠, ㉢

③ ㉢, ㉣   ④ ㉢, ㉤

⑤ ㉣, ㉤

합리적 의사결정의 조건으로 회의에서 논의된 내용이 투명하게 공개되어야 한다는 조건을 명시하고 있으나, ㉠과 ㉢에서는 비공개주의를 원칙으로 하고 있기 때문에 조건에 위배된다.

16 다음은 어느 회사의 인턴 채용공고문의 일부이다. 인사를 담당하고 있는 한과장은 공고문을 올리기 전에 최종적으로 점검하려고 한다. 잘못 쓰인 부분은 몇 개인가?

인턴근무 개요
- 체용인원 : 00명
- 근무조건 : 월급 140만 원(교통비 포함, 40h/주 근무) 및 4대 보험
  ※ 채용 후 공사의 필요에 따라 근무시간은 조정될 수 있음
- 근무기간 : 4개월

지원서 작성 및 증빙서류 제출
- 접수마감일에는 다수의 동시접속 등으로 인하여 접수가 이루어지지 않을 수 있음에 유의하시고, 반드시 '접수처리 결과'를 확인하시기 바랍니다.
- 원활한 접수진행을 위하여 사징파일 및 자격사항, 어학성적의 관련 일자 등 필요사항은 사전에 확인·준비하시기 바랍니다.
- 서류전형은 지원자가 입력한 내용만으로 합격자 사정을 하며, 각종 증빙서류는 필기시험 합격자에 한하여 추후 접수합니다.
- 원본 제출이 곤란한 서류의 경우 원본제시 후 사본을 제출하셔야 합니다.
- 지원서 접수시 입력착오 등으로 인한 불합격이나 손해에 대한 모든 책임은 지원자 본인에게 있습니다.

---

① 1개
② 2개
③ 3개
④ 4개
⑤ 5개

 Tip 체용인원 → 채용인원
사징파일 → 사진파일

｜17~18｜ 다음은 어느 공항의 〈교통약자 공항이용안내〉의 일부이다. 이를 읽고 물음에 답하시오.

패스트트랙

- Fast Track을 이용하려면 교통약자[보행장애인, 7세 미만 유소아, 80세 이상 고령자, 임산부, 항공사 병약승객(휠체어, 항공침대, 의료용 산소 등 필요여객)]는 본인이 이용하는 항공사의 체크인카운터에서 이용대상자임을 확인 받고 'Fast Track Pass'를 받아 Fast Track 전용출국장인 출국장 1번, 6번 출국장입구에서 여권과 함께 제시하면 됩니다.

  ※ 동반인은 3인까지 함께 이용할 수 있습니다.
- 인천공항 동편 전용출국통로(Fast Track, 1번 출국장), 오전7시 ~ 오후7시까지 운영 중이며, 운영상의 미비점을 보완하여 정식운영(동·서편, 전 시간 개장)을 개시할 예정에 있습니다.

휠체어 및 유모차 대여

공항 내 모든 안내데스크에서 휠체어 및 유모차를 필요로 하는 분께 무료로 대여하여 드리고 있습니다.

장애인 전용 화장실

- 여객터미널 내 화장실마다 최소 1실의 장애인 전용화장실이 있습니다.
- 장애인분들의 이용 편의를 위하여 넓은 출입구와 내부공간, 버튼식자동문, 비상벨, 센서작동 물내림 시설을 설치하였으며 항상 깨끗하게 관리하여 편안한 공간이 될 수 있도록 하고 있습니다.

주차대행 서비스

- 공항에서 허가된 주차대행 서비스(유료)를 이용하시면 보다 편리하고 안전하게 차량을 주차하실 수 있습니다.
- 경차, 장애인, 국가유공자의 경우 할인된 금액으로 서비스를 이용하실 수 있습니다.

장애인 주차 요금 할인

주차장 출구의 유인부스를 이용하는 장애인 차량은 장애인증을 확인 후 일반주차요금의 50%를 할인하여 드리고 있습니다.

휠체어 리프트 서비스

- 장기주차장에서 여객터미널까지의 이동이 불편한 장애인, 노약자 등 교통약자의 이용 편의 증진을 위해 무료 이동 서비스를 제공하여 드리고 있습니다.
- 여객터미널↔장기주차장, 여객터미널↔화물터미널행의 모든 셔틀버스에 휠체어 탑승리프트를 설치, 편안하고 안전하게 모시고 있습니다.

17 다음 교통약자를 위한 서비스 중 무료로 이용할 수 있는 서비스만으로 묶인 것은?

① 주차대행 서비스, 장애인 전용 화장실 이용

② 장애인 차량 주차, 휠체어 및 유모차 대여

③ 휠체어 및 유모차 대여, 휠체어 리프트 서비스

④ 휠체어 및 유모차 대여, 주차대행 서비스

⑤ 휠체어 리프트 서비스, 주차대행 서비스

 ①④⑤ 주차대행 서비스가 유료이다.
② 장애인 차량은 장애인증 확인 후 일반주차요금의 50%가 할인된다.

18 Fast Track 이용 가능한 교통약자가 아닌 사람은?

① 80세 이상 고령자

② 임산부

③ 보행장애인

④ 8세 아동

⑤ 항공사 병약승객

 Fast Track 이용 가능한 교통약자는 보행장애인, 7세 미만 유소아, 80세 이상 고령자, 임산부, 항공사 병약승객이다.

Answer 17.③ 18.④

19 다음 글을 통해 추론할 수 있는 것은?

'핸드오버'란 이동단말기가 이동함에 따라 기존 기지국에서 이탈하여 새로운 기지국으로 넘어갈 때 통화가 끊기지 않도록 통화 신호를 새로운 기지국으로 넘겨주는 것을 말한다. 이런 핸드오버는 이동단말기, 기지국, 이동전화교환국 사이의 유무선 연결을 바탕으로 실행된다. 이동단말기가 기지국에 가까워지면 그 둘 사이의 신호가 점점 강해지는데 반해, 이동단말기와 기지국이 멀어지면 그 둘 사이의 신호는 점점 약해진다. 이 신호의 세기가 특정값 이하로 떨어지게 되면 핸드오버가 명령되어 이동단말기와 새로운 기지국 간의 통화 채널이 형성된다. 이 과정에서 이동전화교환국과 기지국 간 연결에 문제가 발생하면 핸드오버가 실패하게 된다.

핸드오버는 이동단말기와 기지국 간 통화 채널 형성 순서에 따라 '형성 전 단절 방식'과 '단절 전 형성 방식'으로 구분될 수 있다. FDMA와 TDMA에서는 형성 전 단절 방식을, CDMA에서는 단절 전 형성 방식을 사용한다. 형성 전 단절 방식은 이동단말기와 새로운 기지국 간의 통화 채널이 형성되기 전에 기존 기지국과의 통화 채널을 단절하는 것을 말한다. 이와 반대로 단절 전 형성 방식은 이동단말기와 기존 기지국 간의 통화 채널이 단절되기 전에 새로운 기지국과의 통화 채널을 형성하는 방식이다. 이런 핸드오버 방식의 차이는 각 기지국이 사용하는 주파수 간 차이에서 비롯된다. 만약 각 기지국이 다른 주파수를 사용하고 있다면, 이동단말기는 기존 기지국과의 통화 채널을 미리 단절한 뒤 새로운 기지국에 맞는 주파수를 할당 받은 후 통화 채널을 형성해야 한다. 그러나 각 기지국이 같은 주파수를 사용하고 있다면, 그런 주파수 조정이 필요 없으며 새로운 통화 채널을 형성하고 나서 기존 통화 채널을 단절할 수 있다.

① 단절 전 형성 방식의 각 기지국은 서로 다른 주파수를 사용한다.
② 형성 전 단절 방식은 단절 전 형성 방식보다 더 빨리 핸드오버를 명령할 수 있다.
③ 이동단말기와 기존 기지국 간의 통화 채널이 단절되면 핸드오버가 성공한다.
④ CDMA에서는 하나의 이동단말기가 두 기지국과 동시에 통화 채널을 형성할 수 있지만 FDMA에서는 그렇지 않다.
⑤ 이동단말기 A와 기지국 간 신호 세기가 이동단말기 B와 기지국 간 신호 세기보다 더 작다면 이동단말기 A에서는 핸드오버가 명령되지만 이동단말기 B에서는 핸드오버가 명령되지 않는다.

 ① 단절 전 형성 방식은 이동단말기와 기존 기지국 간의 통화 채널이 단절되기 전에 새로운 기지국과의 통화 채널을 형성하는 방식이다.
각 기지국이 같은 주파수를 사용하고 있다면, 그런 주파수 조정이 필요 없으며 새로운 통화 채널을 형성하고 나서 기존 통화 채널을 단절할 수 있다.
② 신호의 세기가 특정값 이하로 떨어지게 되면 핸드오버가 명령되어 이동단말기와 새로운 기지국 간의 통화 채널이 형성된다. 형성 전 단절 방식과 단절 전 형성 방식의 차이와는 상관 없다.

③ 새로운 기지국 간의 통화 채널이 형성되어야 함도 포함되어야 한다.
⑤ 핸드오버는 신호 세기가 특정값 이하로 떨어질 때 발생하는 것이지 이동단말기와 기지국 간 상대적 신호 세기와는 관계가 없다.

20 다음은 '전교생을 대상으로 무료급식을 시행해야 하는가?'라는 주제로 철수와 영수가 토론을 하고 있다. 보기 중 옳지 않은 것은?

> 철수 : 무료급식은 급식비를 낼 형편이 없는 학생들을 위해서 마련되어야 하는데 지금 대부분의 학교에서는 이 아이들뿐만 아니라 형편이 넉넉한 아이들까지도 모두 대상으로 삼고 있으니 이는 문제가 있다고 봐.
> 영수 : 하지만 누구는 무료로 급식을 먹고 누구는 돈을 내고 급식을 먹는다면 이는 형평성에 어긋난다고 생각해. 그래서 난 이왕 무료급식을 할 거라면 전교생에게 동등하게 그 혜택이 돌아가야 한다고 봐.
> 철수 : 음… 돈이 없는 사람은 무료로 급식을 먹고 돈이 있는 사람은 돈을 내고 급식을 먹는 것이 과연 형평성에 어긋난다고 할 수 있을까? 형평성이란 국어사전을 찾아보면 형평을 이루는 성질을 말하잖아. 여기서 형평이란 균형이 맞음. 또는 그런 상태를 말하는 것이고. 그러니까 형평이란 다시 말하면…
> 영수 : 아, 그래 네가 무슨 말을 하려고 하는지 알겠어. 그런데 나는 어차피 무료급식을 할 거라면 전교생이 다 같이 무료급식을 했으면 좋겠다는 거야. 그래야 서로 불화도 생기지 않으니까. 그리고 누구는 무료로 먹고 누구는 돈을 내고 먹을 거라면 난 차라리 무료급식을 안 하는 것이 낫다고 생각해.

① 위 토론에서 철수는 주제에서 벗어난 말을 하고 있다.
② 영수는 상대방의 말을 자르고 자기주장만을 말하고 있다.
③ 영수는 자신의 주장이 뚜렷하지 않다.
④ 위 토론의 주제는 애매모호하므로 주제를 수정해야 한다.
⑤ 토론자는 자신의 주장을 뒷받침할 객관적 근거를 제시해야 한다.

(Tip) 토론의 주제는 찬성과 반대로 뚜렷하게 나뉘어 질 수 있는 주제가 좋다. 위 토론의 주제는 찬성(전교생을 대상으로 무료급식을 시행해야 한다.)과 반대(전교생을 대상으로 무료급식을 시행해서는 안 된다.)로 뚜렷하게 나뉘어지므로 옳은 주제라 할 수 있다.

Answer↪ 19.④ 20.④

21 다음은 □□기관 A 사원이 작성한 '도농(都農)교류 활성화 방안'이라는 보고서의 개요이다. 본론
Ⅰ을 바탕으로 구성한 본론Ⅱ의 항목들로 적절하지 않은 것은?

A. 서론
  1. 도시와 농촌의 현재 상황과 미래 전망
  2. 생산적이고 쾌적한 농촌 만들기를 위한 도농교류의 필요성

B. 본론Ⅰ : 현재 실시되고 있는 도농교류제도의 문제점
  1. 행정적 차원
    1) 소규모의 일회성 사업 난립
    2) 지속적이고 안정적인 예산 확보 미비
    3) □□기관 내 일원화된 추진체계 미흡
  2. 소통적 차원
    1) 도시민들의 농촌에 대한 부정적 인식
    2) 농민들의 시장상황에 대한 정보 부족

C. 본론Ⅱ : 도농교류 활성화를 위한 추진과제

D. 결론

① 지역별 브랜드화 전략을 통한 농촌 이미지 제고
② 도농교류사업 추진 건수에 따른 예산 배정
③ 1사1촌(1社1村) 운동과 같은 교류 프로그램 활성화
④ 도농교류 책임기관으로서 □□기관 산하에 도농교류센터 신설
⑤ 농촌 기초지자체와 대도시 자치구의 연계사업을 위한 장기적 지원금 확보

 도농교류사업 추진 건수에 따라 예산을 배정할 경우, 소규모의 일회성 사업이 난립하게 된
다. 또한 지속적이고 안정적인 예산 확보도 어렵다.
  ① 본론Ⅰ-2-1) 도시민들의 농촌에 대한 부정적 인식을 개선하기 위한 과제로 적절하다.
  ③ 본론Ⅰ-1-1) 소규모의 일회성 사업 난립에 대한 개선책으로 적절하다.
  ④ 본론Ⅰ-1-3) □□기관 내 일원화된 추진체계 미흡을 해결하기 위한 과제로 적절하다.
  ⑤ 본론Ⅰ-1-2) 지속적이고 안정적인 예산 확보 미비에 대한 해결책으로 적절하다.

22 다음은 총무팀의 업무분장표이다. 이를 보고 업무내용을 바르게 이해한 것을 고르면?

구분	담당	업무내용	비고
주요 업무	팀장	• 팀원들의 전반적인 관리 및 연간 계획 설정 • 업무분장, 감독, 근무평정 등 업무관리 • 타부서 및 거래처와의 관계유지 및 위원회의 참석	
	과장	• 보고서 작성 및 근무일지 취합 보고 • 비품 및 시설의 전반적인 관리	
기타 업무	사원	• 주간보고서, 일일보고서 작성 • 사무실 정리 및 관리 • 종이, 시트지, 코팅지, 복사지 등 지류정리 및 관리	
	사원	• 주간보고서, 일일보고서 작성 • 차량 및 행사지원	

① 비품 및 시설의 전반적 관리는 기타업무에 해당한다.

② 차량 및 행사지원은 주요업무에 해당한다.

③ 업무분장에 관한 사안은 과장의 주요업무 중 하나이다.

④ 팀 연간 계획의 설정은 과장에게 위임 가능하다.

⑤ 사원들은 일일보고서 및 주간보고서를 작성해야 한다.

 ① 비품 및 시설의 전반적인 관리는 주요업무에 해당한다.
② 차량 및 행사지원은 기타업무에 해당한다.
③ 업무분장에 관한 사안은 팀장의 권한이다.
④ 팀 연간 계획의 설정이 위임가능하다는 내용은 제시되어 있지 않다.

23 다음은 「개인정보 보호법」과 관련한 사법 행위의 내용을 설명하는 글이다. 다음 글을 참고할 때, '공표' 조치에 대한 올바른 설명이 아닌 것은?

> 「개인정보 보호법」 위반과 관련한 행정처분의 종류에는 처분 강도에 따라 과태료, 과징금, 시정조치, 개선권고, 징계권고, 공표 등이 있다. 이 중, 공표는 행정질서 위반이 심하여 공공에 경종을 울릴 필요가 있는 경우 명단을 공표하여 사회적 낙인을 찍히게 함으로써 경각심을 주는 제재 수단이다.
>
> 「개인정보 보호법」 위반행위가 은폐·조작, 과태료 1천만 원 이상, 유출 등 다음 7가지 공표기준에 해당하는 경우, 위반행위자, 위반행위 내용, 행정처분 내용 및 결과를 포함하여 개인정보 보호위원회의 심의·의결을 거쳐 공표한다.
>
> > ※ **공표기준**
> > 1. 1회 과태료 부과 총 금액이 1천만 원 이상이거나 과징금 부과를 받은 경우
> > 2. 유출·침해사고의 피해자 수가 10만 명 이상인 경우
> > 3. 다른 위반행위를 은폐·조작하기 위하여 위반한 경우
> > 4. 유출·침해로 재산상 손실 등 2차 피해가 발생하였거나 불법적인 매매 또는 건강정보 등 민감 정보의 침해로 사회적 비난이 높은 경우
> > 5. 위반행위 시점을 기준으로 위반 상태가 6개월 이상 지속된 경우
> > 6. 행정처분 시점을 기준으로 최근 3년 내 과징금, 과태료 부과 또는 시정조치 명령을 2회 이상 받은 경우
> > 7. 위반행위 관련 검사 및 자료제출 요구 등을 거부·방해하거나 시정조치 명령을 이행하지 않음으로써 이에 대하여 과태료 부과를 받은 경우
>
> 공표절차는 과태료 및 과징금을 최종 처분할 때 ① 대상자에게 공표 사실을 사전 통보, ② 소명자료 또는 의견 수렴 후 개인정보보호위원회 송부, ③ 개인정보보호위원회 심의·의결, ④ 홈페이지 공표 순으로 진행된다.
>
> 공표는 행정안전부장관의 처분 권한이지만 개인정보보호위원회의 심의·의결을 거치게 함으로써 「개인정보 보호법」 위반자에 대한 행정청의 제재가 자의적이지 않고 공정하게 행사되도록 조절해 주는 장치를 마련하였다.

① 공표는 「개인정보 보호법」 위반에 대한 가장 무거운 행정 조치이다.

② 행정안전부장관이 공표를 결정한다고 해서 반드시 최종 공표 조치가 취해져야 하는 것은 아니다.

③ 공표 조치가 내려진 대상자는 공표와 더불어 반드시 1천만 원 이상의 과태료를 납부하여야 한다.

④ 공표 조치를 받는 대상자는 사전에 이를 통보받게 된다.

⑤ 반복적이거나 지속적인 위반 행위에 대한 제재는 공표 조치의 취지에 포함된다.

 1천만 원 이상의 과태료가 내려지게 되면 공표 조치의 대상이 되나, 모든 공표 조치 대상자들이 과태료를 1천만 원 이상 납부해야 하는 것은 아니다. 과태료 금액에 의한 공표 대상자 이외에도 공표 대상에 포함될 경우가 있으므로 반드시 1천만 원 이상의 과태료가 공표 대상자에게 부과된다고 볼 수는 없다.

① 행정처분의 종류를 처분 강도에 따라 구분하였으며, 이에 따라 가장 무거운 조치가 공표인 것으로 판단할 수 있다.

24~26 다음에 제시된 9개의 단어 중 관련된 3개의 단어를 통해 유추할 수 있는 것을 고르시오.

24

> 1월, 어린이, 학교, 여름, 크리스마스, 바다, 선물, 친구, 불교

① 생일　　　　　　　　　　　② 겨울
③ 산타클로스　　　　　　　　　④ 썰매
⑤ 연꽃

 어린이, 크리스마스, 선물을 통해 산타클로스를 유추할 수 있다.
산타클로스는 어린이들의 수호성인인 성 니콜라스의 별칭으로, 크리스마스이브에 착한 어린이들에게 선물을 나눠준다는 전설로 널리 알려져 있다.

25

> 텀블러, 탁구, 마이크, 정치, 고양이, 코인, 나무, 스피커, 중간고사

① 등산　　　　　　　　　　　② 학교
③ 운동장　　　　　　　　　　　④ 노래방
⑤ 영화관

 마이크, 코인, 스피커를 통해 노래방을 유추할 수 있다.
코인 노래방은 곡당 요금을 지불하고 노래를 부를 수 있도록 만든 곳으로, 특히 청소년 사이에서 인기가 있다. 노래방에는 마이크와 스피커가 있다.

26

> 미국, 강남, 문재인, 도서관, 투표, 제주도, 관광, 과일, 5년

① 대통령　　　　　　　　　　　② 트럼프
③ 비타민　　　　　　　　　　　④ 프랑스
⑤ 어린왕자

 문재인, 투표, 5년을 통해 대통령을 유추할 수 있다.
문재인은 우리나라의 19대 대통령이며, 대통령은 선거를 통해 투표로 선출한다. 대통령의 임기는 5년이다.

27 다음 글을 바탕으로 볼 때 만족감이 가장 클 것으로 기대되는 사례는?

> 우리의 경제 활동을 들여다보면 가끔 이해하기 어려운 현상을 만날 때가 있다. 예컨대, 똑같이 백만 원을 벌었는데도 어떤 사람은 만족하고 어떤 사람은 만족하지 못한다. 또 한 번도 당첨된 적이 없는데도 복권을 사는 데 많은 돈을 쓰는 사람들이 있다. 왜 그럴까? 지금부터 '준거점'과 '손실회피성'이라는 개념을 통해 이러한 현상의 원인을 이해해 보자.
>
> 먼저 다음 예를 살펴보자. A의 용돈은 만 원, B의 용돈은 천 원이다. 그런데 용돈에 변화가 생겨서 A의 용돈은 만천 원이 되고, B의 용돈은 이천 원이 되었다. 이때 둘 중에 누가 더 만족할까? 객관적인 기준으로 본다면 A는 B보다 여전히 더 많은 용돈을 받으므로 A가 더 만족해야 한다. 그러나 용돈이 천 원 오른 것에 대해 A는 원래 용돈인 만 원을 기준으로, B는 천 원을 기준으로 그 가치를 느낄 것이므로 실제로는 B가 더 만족할 것이다. 이렇게 경제적인 이익이나 손실의 가치를 판단할 때 작동하는 내적인 기준을 경제 이론에서는 '준거점'이라고 한다. 사람들은 이러한 준거점에 의존하여 이익과 손실의 가치를 판단한다.
>
> 그런데 사람들은 똑같은 금액의 이익과 손실이 있을 때, 이익으로 인한 기쁨보다 손실로 인한 고통을 더 크게 느낀다. 즉, 백만 원이 생겼을 때 느끼는 기쁨보다 백만 원을 잃었을 때 느끼는 슬픔을 더 크게 느낀다는 것이다. 이러한 심리적 특성으로 인해 사람들은 경제 활동을 할 때 손실이 일어나는 것을 회피하려는 경향이 있다. 이것을 '손실회피성'이라고 한다.
>
> 손실회피성은 주식에 투자하는 사람들의 행동에서 쉽게 찾아 볼 수 있다. 주식에 십만 원을 투자했는데 오만 원을 잃은 사람이 있다고 가정하자. 그가 그 시점에서 주식 투자를 그만 두면 그는 확실히 오만 원의 손실을 입는다. 그러나 주식 투자를 계속하면 이미 잃은 오만 원은 확실한 손실이 아닐 수 있다. 왜냐하면 주식 투자를 계속 할 경우 잃은 돈을 다시 벌 수 있는 가능성이 있기 때문이다. 이러한 상황에서 사람들은 확실한 손실보다는 불확실한 손실을 선택하여 자신이 입을 손실을 회피하려고 한다.

① 인턴사원 A는 급여가 백만 원에서 백십만 원으로 인상되었다.
② 아르바이트생 B는 오십만 원의 급여를 받다가 이달부터 육십만 원을 받게 되었다.
③ 신입사원 C는 연봉 이천오백만 원을 받았는데 올해부터 삼천오백만 원을 받았다.
④ 인턴사원 D는 백만 원씩 받던 급여를 이달부터 이백만 원씩 받았다.
⑤ 학생 E는 용돈으로 십만 원을 받다가 이달부터 십오만 원을 받게 되었다.

 준거점에 근거하여 만족감이 큰 순으로 나열하면 D > E > C > B > A이다.
　④ 인턴사원 D의 준거점은 백만 원으로 준거점 대비 100% 인상되었다.
　① 인턴사원 A의 준거점은 백만 원으로 준거점 대비 10% 인상되었다.
　② 아르바이트생 B의 준거점은 오십만 원으로 준거점 대비 20% 인상되었다.
　③ 신입사원 C의 준거점은 이천오백만 원으로 준거점 대비 40% 인상되었다.
　⑤ 학생 E의 준거점은 십만 원으로 준거점 대비 50% 인상되었다.

Answer ☞ 　24.③　25.④　26.①　27.④

다음은 회의 내용의 일부이다. 물음에 답하시오.

김 팀장 : 네, 그렇군요. 수돗물 정책에 대한 이 과장님의 의견은 잘 들었습니다. 그런데 이 과장님 의견에 대해 박 부장님께서 반대 의견이 있다고 하셨는데, 박 부장님 어떤 내용이신가요?

박 부장 : 네, 사실 굉장히 답답합니다. 공단 폐수 방류 사건 이후에 17년간 네 번에 걸친 종합 대책이 마련됐고, 상당히 많은 예산이 투입된 것으로 알고 있습니다. 그런데도 상수도 사업을 민영화하겠다는 것은 결국 수돗물 정책이 실패했다는 걸 스스로 인정하는 게 아닌가 싶습니다. 그리고 민영화만 되면 모든 문제가 해결되는 것처럼 말씀하시는데요, 현실을 너무 안이하게 보고 계신다는 생각이 듭니다.

김 팀장 : 말씀 중에 죄송합니다만, 제 생각에도 수돗물 사업이 민영화되면 좀 더 효율적이고 전문적으로 운영될 것 같은데요.

박 부장 : 그렇지 않습니다. 전 우리 정부가 수돗물 사업과 관련하여 충분히 전문성을 갖추고 있다고 봅니다. 현장에서 근무하시는 분들의 기술 수준도 세계적이고요. 그리고 효율성 문제는요, 저희가 알아본 바에 의하면 시설 가동률이 50% 정도에 그치고 있고, 누수율도 15%나 된다는데, 이런 것들은 시설 보수나 철저한 관리를 통해 충분히 해결할 수 있다고 봅니다. 게다가 현재 상태로 민영화가 된다면 또 다른 문제가 생길 수 있습니다. 무엇보다 수돗물 가격의 인상을 피할 수 없다고 보는데요. 물 산업 강국이라는 프랑스도 민영화 이후에 물 값이 150%나 인상되었습니다. 우리에게도 같은 일이 일어나지 않으리라는 보장이 있습니까?

김 팀장 : 이 과장님, 박 부장님의 의견에 대해 어떻게 생각하십니까?

이 과장 : 민영화할 경우 아무래도 어느 정도 가격 인상 요인이 있겠습니다만 정부와 잘 협조하면 인상 폭을 최소화할 수 있으리라고 봅니다. 무엇보다도 수돗물 사업을 민간 기업이 운영하게 된다면 수질도 개선될 것이고, 여러 가지 면에서 더욱 질 좋은 서비스를 받을 수 있을 겁니다.

---

28 김 팀장과 박 부장의 발언으로 볼 때, 이 과장이 이전에 말했을 내용으로 가장 적절한 것은?

① 민영화를 통해 수돗물의 가격을 안정시킬 수 있다.

② 효율성을 높이기 위해 수돗물 사업을 민영화해야 한다.

③ 수돗물 사업의 전문성을 위해 기술 교육을 강화할 필요가 있다.

④ 종합적인 대책 마련을 통해 효율적인 수돗물 공급을 달성해야 한다.

⑤ 수질 개선을 위해 수돗물 사업을 공영화해야 한다.

 박 부장이 두 번째 발언에 '그리고 효율성 문제는요, 저희가 알아본 바에 의하면 시설 가동률이 50% 정도에 그치고 있고, 누수율도 15%나 된다는데, 이런 것들은 시설 보수나 철저한 관리를 통해 충분히 해결할 수 있다고 봅니다.'를 통해 앞에서 이 과장이 효율성 문제를 들어 수돗물 사업 민영화를 주장했다는 것을 유추할 수 있다.

29 주어진 회의에 대한 분석으로 적절하지 않은 것은?

① 김 팀장은 박 부장과 이 과장 사이에서 중립적인 자세를 취하고 있다.

② 박 부장은 이 과장의 의견에 반대하고 있다.

③ 박 부장은 구체적인 사례와 수치 등을 들어 이 과장의 의견을 비판하고 있다.

④ 이 과장은 수돗물 사업을 민영화하면 가격 인상이 될 수도 있다고 보고 있다.

⑤ 이 과장은 수돗물 사업 민영화로 받을 수 있는 질 좋은 서비스에 대해 구체적으로 제시하고 있지 않다.

 ① "제 생각에도 수돗물 사업이 민영화되면 좀 더 효율적이고 전문적으로 운영될 것 같은데요."라고 한 김 팀장의 두 번째 발언으로 볼 때 김 팀장은 이 과장의 의견에 동의하고 있다.

30 다음 글의 밑줄 친 부분을 고쳐 쓰기 위한 방안으로 적절하지 않은 것은?

> 봉사는 자발적으로 이루어지는 것이므로 원칙적으로 아무런 보상이 주어지지 않는다. ㉠그리고 적절한 칭찬이 주어지면 자발적 봉사자들의 경우에도 더욱 적극적으로 활동하게 된다고 한다. ㉡그러나 이러한 칭찬 대신 일정액의 보상을 제공하면 어떻게 될까? ㉢오히려 봉사자들의 동기는 약화된다고 한다. ㉣나는 여름방학 동안에 봉사활동을 많이 해 왔다. 왜냐하면 봉사에 대해 주어지는 금전적 보상은 봉사자들에게 그릇된 메시지를 전달하기 때문이다. 봉사에 보수가 주어지면 봉사자들은 다른 봉사자들도 무보수로는 일하지 않는다고 생각할 것이고 언제나 보수를 기대하게 된다. 보수를 기대하게 되면 그것은 봉사라고 하기 어렵다. ㉤즉, 자발적 봉사가 사라진 자리를 이익이 남는 거래가 차지하고 만다.

① ㉠은 앞의 문장과는 상반된 내용이므로 '하지만'으로 고쳐 쓴다.

② ㉡에서 만일의 상황을 가정하므로 '그러나'는 '만일'로 고쳐 쓴다.

③ ㉢'오히려'는 뒤 내용이 일반적 예상과는 다른 결과가 될 것임을 암시하는데, 이는 적절하므로 그대로 둔다.

④ ㉣은 글의 내용과는 관련 없는 부분이므로 삭제한다.

⑤ ㉤의 '즉'은 '예를 들면'으로 고쳐 쓴다.

 ⑤ '즉'은 옳게 쓰여진 것으로 고쳐 쓰면 안 된다.

Answer ➔ 28.② 29.① 30.⑤

02 문제해결능력

1 문제와 문제해결

(1) 문제의 정의와 분류

① 정의 … 문제란 업무를 수행함에 있어서 답을 요구하는 질문이나 의논하여 해결해야 되는 사항이다.

② 문제의 분류

구분	창의적 문제	분석적 문제
문제제시 방법	현재 문제가 없더라도 보다 나은 방법을 찾기 위한 문제 탐구→문제 자체가 명확하지 않음	현재의 문제점이나 미래의 문제로 예견될 것에 대한 문제 탐구→문제 자체가 명확함
해결방법	창의력에 의한 많은 아이디어의 작성을 통해 해결	분석, 논리, 귀납과 같은 논리적 방법을 통해 해결
해답 수	해답의 수가 많으며, 많은 답 가운데 보다 나은 것을 선택	답의 수가 적으며 한정되어 있음
주요특징	주관적, 직관적, 감각적, 정성적, 개별적, 특수성	객관적, 논리적, 정량적, 이성적, 일반적, 공통성

(2) 업무수행과정에서 발생하는 문제 유형

① 발생형 문제(보이는 문제) … 현재 직면하여 해결하기 위해 고민하는 문제이다. 원인이 내재되어 있기 때문에 원인지향적인 문제라고도 한다.
 ㉠ 일탈문제 : 어떤 기준을 일탈함으로써 생기는 문제
 ㉡ 미달문제 : 어떤 기준에 미달하여 생기는 문제

② 탐색형 문제(찾는 문제) … 현재의 상황을 개선하거나 효율을 높이기 위한 문제이다. 방치할 경우 큰 손실이 따르거나 해결할 수 없는 문제로 나타나게 된다.
 ㉠ 잠재문제 : 문제가 잠재되어 있어 인식하지 못하다가 확대되어 해결이 어려운 문제
 ㉡ 예측문제 : 현재로는 문제가 없으나 현 상태의 진행 상황을 예측하여 찾아야 앞으로 일어날 수 있는 문제가 보이는 문제
 ㉢ 발견문제 : 현재로서는 담당 업무에 문제가 없으나 선진기업의 업무 방법 등 보다 좋은 제도나 기법을 발견하여 개선시킬 수 있는 문제

③ 설정형 문제(미래 문제) … 장래의 경영전략을 생각하는 것으로 앞으로 어떻게 할 것인가 하는 문제이다. 문제해결에 창조적인 노력이 요구되어 창조적 문제라고도 한다.

| 예제 1

D회사 신입사원으로 입사한 귀하는 신입사원 교육에서 업무수행과정에서 발생하는 문제 유형 중 설정형 문제를 하나씩 찾아오라는 지시를 받았다. 이에 대해 귀하는 교육받은 내용을 다시 복습하려고 한다. 설정형 문제에 해당하는 것은?

① 현재 직면하여 해결하기 위해 고민하는 문제
② 현재의 상황을 개선하거나 효율을 높이기 위한 문제
③ 앞으로 어떻게 할 것인가 하는 문제
④ 원인이 내재되어 있는 원인지향적인 문제

[출제의도]
업무수행 중 문제가 발생하였을 때 문제 유형을 구분하는 능력을 측정하는 문항이다.
[해설]
업무수행과정에서 발생하는 문제 유형으로는 발생형 문제, 탐색형 문제, 설정형 문제가 있으며 ①④는 발생형 문제이며 ②는 탐색형 문제, ③이 설정형 문제이다.

답 ③

---

(3) 문제해결

① 정의 … 목표와 현상을 분석하고 이 결과를 토대로 과제를 도출하여 최적의 해결책을 찾아 실행 · 평가해 가는 활동이다.

② 문제해결에 필요한 기본적 사고
   ㉠ 전략적 사고 : 문제와 해결방안이 상위 시스템과 어떻게 연결되어 있는지를 생각한다.
   ㉡ 분석적 사고 : 전체를 각각의 요소로 나누어 그 의미를 도출하고 우선순위를 부여하여 구체적인 문제해결방법을 실행한다.
   ㉢ 발상의 전환 : 인식의 틀을 전환하여 새로운 관점으로 바라보는 사고를 지향한다.
   ㉣ 내 · 외부자원의 활용 : 기술, 재료, 사람 등 필요한 자원을 효과적으로 활용한다.

③ 문제해결의 장애요소
   ㉠ 문제를 철저하게 분석하지 않는 경우
   ㉡ 고정관념에 얽매이는 경우
   ㉢ 쉽게 떠오르는 단순한 정보에 의지하는 경우
   ㉣ 너무 많은 자료를 수집하려고 노력하는 경우

④ 문제해결방법
  ㉠ 소프트 어프로치 : 문제해결을 위해서 직접적인 표현보다는 무언가를 시사하거나 암시를 통하여 의사를 전달하여 문제해결을 도모하고자 한다.
  ㉡ 하드 어프로치 : 상이한 문화적 토양을 가지고 있는 구성원을 가정하고, 서로의 생각을 직설적으로 주장하고 논쟁이나 협상을 통해 서로의 의견을 조정해 가는 방법이다.
  ㉢ 퍼실리테이션(facilitation) : 촉진을 의미하며 어떤 그룹이나 집단이 의사결정을 잘 하도록 도와주는 일을 의미한다.

2 문제해결능력을 구성하는 하위능력

(1) 사고력

① 창의적 사고 … 개인이 가지고 있는 경험과 지식을 통해 새로운 가치 있는 아이디어를 산출하는 사고능력이다.
  ㉠ 창의적 사고의 특징
    • 정보와 정보의 조합
    • 사회나 개인에게 새로운 가치 창출
    • 창조적인 가능성

예제 2

M사 홍보팀에서 근무하고 있는 귀하는 입사 5년차로 창의적인 기획안을 제출하기로 유명하다. S부장은 이번 신입사원 교육 때 귀하에게 창의적인 사고란 무엇인지 교육을 맡아달라고 부탁하였다. 창의적인 사고에 대한 귀하의 설명으로 옳지 않은 것은?

① 창의적인 사고는 새롭고 유용한 아이디어를 생산해 내는 정신적인 과정이다.
② 창의적인 사고는 특별한 사람들만이 할 수 있는 대단한 능력이다.
③ 창의적인 사고는 기존의 정보들을 특정한 요구조건에 맞거나 유용하도록 새롭게 조합시킨 것이다.
④ 창의적인 사고는 통상적인 것이 아니라 기발하거나, 신기하며 독창적인 것이다.

[출제의도]
창의적 사고에 대한 개념을 정확히 파악하고 있는지를 묻는 문항이다.
[해설]
흔히 사람들은 창의적인 사고에 대해 특별한 사람들만이 할 수 있는 대단한 능력이라고 생각하지만 그리 대단한 능력이 아니며 이미 알고 있는 경험과 지식을 해체하여 다시 새로운 정보로 결합하여 가치 있는 아이디어를 산출하는 사고라고 할 수 있다.

답 ②

ⓛ 발산적 사고 : 창의적 사고를 위해 필요한 것으로 자유연상법, 강제연상법, 비교발상법 등을 통해 개발할 수 있다.

구분	내용
자유연상법	생각나는 대로 자유롭게 발상 ex) 브레인스토밍
강제연상법	각종 힌트에 강제적으로 연결 지어 발상 ex) 체크리스트
비교발상법	주제의 본질과 닮은 것을 힌트로 발상 ex) NM법, Synectics

Point 》 브레인스토밍
  ㉠ 진행방법
  • 주제를 구체적이고 명확하게 정한다.
  • 구성원의 얼굴을 볼 수 있는 좌석 배치와 큰 용지를 준비한다.
  • 구성원들의 다양한 의견을 도출할 수 있는 사람을 리더로 선출한다.
  • 구성원은 다양한 분야의 사람들로 5~8명 정도로 구성한다.
  • 발언은 누구나 자유롭게 할 수 있도록 하며, 모든 발언 내용을 기록한다.
  • 아이디어에 대한 평가는 비판해서는 안 된다.
  ㉡ 4대 원칙
  • 비판엄금(Support) : 평가 단계 이전에 결코 비판이나 판단을 해서는 안 되며 평가는 나중까지 유보한다.
  • 자유분방(Silly) : 무엇이든 자유롭게 말하고 이런 바보 같은 소리를 해서는 안 된다는 등의 생각은 하지 않아야 한다.
  • 질보다 양(Speed) : 질에는 관계없이 가능한 많은 아이디어들을 생성해내도록 격려한다.
  • 결합과 개선(Synergy) : 다른 사람의 아이디어에 자극되어 보다 좋은 생각이 떠오르고, 서로 조합하면 재미있는 아이디어가 될 것 같은 생각이 들면 즉시 조합시킨다.

② 논리적 사고 … 사고의 전개에 있어 전후의 관계가 일치하고 있는가를 살피고 아이디어를 평가하는 사고능력이다.
  ㉠ 논리적 사고를 위한 5가지 요소 : 생각하는 습관, 상대 논리의 구조화, 구체적인 생각, 타인에 대한 이해, 설득
  ㉡ 논리적 사고 개발 방법
  • 피라미드 구조 : 하위의 사실이나 현상부터 사고하여 상위의 주장을 만들어가는 방법
  • so what기법 : '그래서 무엇이지?'하고 자문자답하여 주어진 정보로부터 가치 있는 정보를 이끌어 내는 사고 기법

③ 비판적 사고 … 어떤 주제나 주장에 대해서 적극적으로 분석하고 종합하며 평가하는 능동적인 사고이다.
  ㉠ 비판적 사고 개발 태도 : 비판적 사고를 개발하기 위해서는 지적 호기심, 객관성, 개방성, 융통성, 지적 회의성, 지적 정직성, 체계성, 지속성, 결단성, 다른 관점에 대한 존중과 같은 태도가 요구된다.

ⓛ 비판적 사고를 위한 태도

　• 문제의식 : 비판적인 사고를 위해서는 가장 먼저 필요한 것은 바로 문제의식이다. 자신이 지니고 있는 문제와 목적을 확실하고 정확하게 파악하는 것이 비판적인 사고의 시작이다.

　• 고정관념 타파 : 지각의 폭을 넓히는 일은 정보에 대한 개방성을 가지고 편견을 갖지 않는 것으로 고정관념을 타파하는 일이 중요하다.

(2) 문제처리능력과 문제해결절차

① 문제처리능력 … 목표와 현상을 분석하고 이를 토대로 문제를 도출하여 최적의 해결책을 찾아 실행·평가하는 능력이다.

② 문제해결절차 … 문제 인식 → 문제 도출 → 원인 분석 → 해결안 개발 → 실행 및 평가

　ⓖ 문제 인식 : 문제해결과정 중 'waht'을 결정하는 단계로 환경 분석 → 주요 과제 도출 → 과제 선정의 절차를 통해 수행된다.

　• 3C 분석 : 환경 분석 방법의 하나로 사업환경을 구성하고 있는 요소인 자사(Company), 경쟁사(Competitor), 고객(Customer)을 분석하는 것이다.

예제 3

L사에서 주력 상품으로 밀고 있는 TV의 판매 이익이 감소하고 있는 상황에서 귀하는 B부장으로부터 3C분석을 통해 해결방안을 강구해 오라는 지시를 받았다. 다음 중 3C에 해당하지 않는 것은?

① Customer　　　　　　② Company
③ Competitor　　　　　④ Content

[출제의도]
3C의 개념과 구성요소를 정확히 숙지하고 있는지를 측정하는 문항이다.
[해설]
3C 분석에서 사업 환경을 구성하고 있는 요소인 자사(Company), 경쟁사(Competitor), 고객을 3C(Customer)라고 한다. 3C 분석에서 고객 분석에서는 '고객은 자사의 상품·서비스에 만족하고 있는지를, 자사 분석에서는 '자사가 세운 달성목표와 현상 간에 차이가 없는지를 경쟁사 분석에서는 '경쟁기업의 우수한 점과 자사의 현상과 차이가 없는지에 대한 질문을 통해서 환경을 분석하게 된다.

답 ④

- SWOT 분석 : 기업내부의 강점과 약점, 외부환경의 기회와 위협요인을 분석 · 평가하여 문제해결 방안을 개발하는 방법이다.

		내부환경요인	
		강점(Strengths)	약점(Weaknesses)
외부환경요인	기회 (Opportunities)	SO 내부강점과 외부기회 요인을 극대화	WO 외부기회를 이용하여 내부약점을 강점으로 전환
	위협 (Threat)	ST 외부위협을 최소화하기 위해 내부강점을 극대화	WT 내부약점과 외부위협을 최소화

ⓒ 문제 도출 : 선정된 문제를 분석하여 해결해야 할 것이 무엇인지를 명확히 하는 단계로, 문제 구조 파악 → 핵심 문제 선정 단계를 거쳐 수행된다.
  - Logic Tree : 문제의 원인을 파고들거나 해결책을 구체화할 때 제한된 시간 안에서 넓이와 깊이를 추구하는데 도움이 되는 기술로 주요 과제를 나무모양으로 분해 · 정리하는 기술이다.
ⓒ 원인 분석 : 문제 도출 후 파악된 핵심 문제에 대한 분석을 통해 근본 원인을 찾는 단계로 Issue 분석 → Data 분석 → 원인 파악의 절차로 진행된다.
ⓔ 해결안 개발 : 원인이 밝혀지면 이를 효과적으로 해결할 수 있는 다양한 해결안을 개발하고 최선의 해결안을 선택하는 것이 필요하다.
ⓜ 실행 및 평가 : 해결안 개발을 통해 만들어진 실행계획을 실제 상황에 적용하는 활동으로 실행계획 수립 → 실행 → Follow-up의 절차로 진행된다.

예제 4

C사는 최근 국내 매출이 지속적으로 하락하고 있어 사내 분위기가 심상치 않다. 이에 대해 Y부장은 이 문제를 극복하고자 문제처리 팀을 구성하여 해결방안을 모색하도록 지시하였다. 문제처리 팀의 문제해결 절차를 올바른 순서로 나열한 것은?

① 문제 인식 → 원인 분석 → 해결안 개발 → 문제 도출 → 실행 및 평가
② 문제 도출 → 문제 인식 → 해결안 개발 → 원인 분석 → 실행 및 평가
③ 문제 인식 → 원인 분석 → 문제 도출 → 해결안 개발 → 실행 및 평가
④ 문제 인식 → 문제 도출 → 원인 분석 → 해결안 개발 → 실행 및 평가

[출제의도]
실제 업무 상황에서 문제가 일어났을 때 해결 절차를 알고 있는지를 측정하는 문항이다.
[해설]
일반적인 문제해결절차는 '문제 인식 → 문제 도출 → 원인 분석 → 해결안 개발 → 실행 및 평가'로 이루어진다.

답 ④

출제예상문제

1 다음은 주식회사 서원각의 경영 개선 방안을 모색하기 위한 회의 내용이다. 이 회의 결과에 따라 강화해야 할 경영 부문 활동으로 가장 적절한 것은?

> 간부 A : 매출 부진을 해결하기 위한 방안은 어떤 것이 있을까요?
> 사원 B : 판매를 촉진하는 새로운 방법을 강구해야 합니다.
> 사원 C : 유통 경로를 변경하여 소비자에게 상품이 노출되는 빈도를 높여야 합니다.
> 간부 A : 그럼, 판매 촉진 방법을 강구하고 유통 경로 변경을 추진해 보세요.

① 생산 관리 활동
② 회계 관리 활동
③ 재무 관리 활동
④ 마케팅 관리 활동
⑤ 인사 관리 활동

> **Tip** 새로운 판매 촉진 활동의 강화와 유통 경로를 변경하기 위해서는 마케팅 관리 활동을 강화하여야 한다.

96 » PART Ⅲ. 직업기초능력평가

2 다음 글을 근거로 판단할 때, ㉠에 해당하는 값은? (단, 소수점 이하 반올림)

> 한 남자가 도심 거리에서 강도를 당했다. 그는 그 강도가 흑인이라고 주장했다. 그러나 사건을 담당한 재판부가 당시와 유사한 조건을 갖추고 현장을 재연했을 때, 피해자가 강도의 인종을 정확하게 인식한 비율이 80% 정도밖에 되지 않았다. 강도가 정말로 흑인일 확률은 얼마일까?
>
> 물론 많은 사람들이 그 확률은 80%라고 말할 것이다. 그러나 실제 확률은 이보다 상당히 낮을 수 있다. 인구가 1,000명인 도시를 예로 들어 생각해보자. 이 도시 인구의 90%는 백인이고 10%만이 흑인이다. 또한 강도짓을 할 가능성은 두 인종 모두 10%로 동일하며, 피해자가 백인을 흑인으로 잘못 보거나 흑인을 백인으로 잘못 볼 가능성은 20%로 똑같다고 가정한다. 이 같은 전제가 주어졌을 때, 실제 흑인강도 10명 가운데 (   )명만 정확히 흑인으로 인식될 수 있으며, 실제 백인강도 90명 중 (   )명은 흑인으로 오인된다. 따라서 흑인으로 인식된 (   )명 가운데 (   )명만이 흑인이므로, 피해자가 범인이 흑인이라는 진술을 했을 때 그가 실제로 흑인에게 강도를 당했을 확률은 겨우 (   )분의 (   ), 즉 약 ㉠%에 불과하다.

① 18   ② 21

③ 26   ④ 31

⑤ 33

 각 괄호에 들어갈 수를 순서대로 채워보면, '실제 흑인강도 10명 가운데 8명만 정확히 흑인으로 인식될 수 있으며, 실제 백인강도 90명 중 18명은 흑인으로 오인된다. 따라서 흑인으로 인식된 26명 가운데 8명만이 흑인이므로, 피해자가 범인이 흑인이라는 진술을 했을 때 그가 실제로 흑인에게 강도를 당했을 확률은 겨우 26분의 8, 즉 약 31%에 불과하다.'이므로 따라서 ㉠에 들어갈 값은 31이다.

3 이해당사자들이 대화와 논쟁을 통해서 서로를 설득하여 문제를 해결하는 것을 협상이라고 한다. 다음 중 협상의 예로 볼 수 없는 것은?

① 남편은 외식을 하자고 하나 아내는 생활비의 부족으로 인하여 외식을 거부하였다. 이에 남편은 아내에게 돈을 너무 생각한다고 나무라지만 아내는 집에서 고기를 굽고 맥주를 한 잔 하면서 외식을 하는 분위기를 내자고 제안하였다. 남편은 이에 흔쾌히 승낙하였다.

② K씨는 3월이 다가오자 연봉협상에 큰 기대를 갖고 있다. 그러나 회사 사정이 어려워지면서 사장은 연봉을 올려줄 수 없는 상황이다. 이러한 상황에서 K씨는 자신이 바라는 수준의 임금을 회사의 경제력과 자신의 목표 등을 감안하여 적정선을 맞추어 사장에게 제시하였더니 K씨는 원하는 연봉을 받을 수 있게 되었다.

③ U씨는 아내와 함께 주말에 영화를 보기로 하였다. 그런데 주말에 갑자기 장모님이 올라 오셔서 극장에 갈 수 없는 상황이 되었다. 이에 아내는 영화는 다음에 보고 오늘은 장모님과 시간을 보내자고 하였다. U씨는 영화를 못 보는 것이 아쉬워 장모님을 쌀쌀맞게 대했다.

④ W씨는 자녀의 용돈문제로 고민이다. 하나 밖에 없는 딸이지만 자신이 생각하기에 그렇게 많은 용돈은 필요가 없을 듯하다. 그러나 딸아이는 계속적으로 용돈을 올려달라고 시위 중이다. 퇴근 후 지친 몸을 이끌고 집으로 온 W씨에게 딸아이는 어깨도 주물러 주고, 애교도 떨며 W씨의 기분을 좋게 만들었다. 결국 W씨는 딸의 용돈을 올려주었다.

⑤ J씨와 P씨는 같이 해외여행을 가기로 했다. J씨는 프랑스와 영국을 여행하고 싶어 했고 P씨는 독일과 이탈리아를 여행하고 싶어 했다. P씨와 J씨에게 각자 여행하고 싶은 국가를 하나씩만 정하자고 제안하였고 J씨가 이를 받아들임으로써 J씨와 P씨는 프랑스와 독일을 여행하기로 최종 결정하였다.

 협상이란 것은 갈등상태에 있는 이해당사자들이 대화와 논쟁을 통하여 서로를 설득하여 문제를 해결하는 정보전달과정이자 의사결정과정이다. 위의 ①②④⑤는 우리가 흔히 일상생활에서 겪을 수 있는 협상의 예를 보여주고 있다.

4 다음 제시문을 읽고 바르게 추론한 것을 〈보기〉에서 모두 고른 것은?

A회사에서는 1,500명의 소속직원들이 마실 생수를 구입하기로 하였다. 모든 조건이 동일한 두 개의 생수회사가 최종 경쟁을 하게 되었다. 구입 담당자는 직원들에게 시음하게 하여 직원들이 가장 좋아하는 생수를 선정하고자 하였다. 다음과 같은 절차를 통하여 구입 담당자가 시음회를 주관하였다.
• 직원들로부터 더 많이 선택 받은 생수회사를 최종적으로 선정한다.
• 생수 시음회 참여를 원하는 직원을 대상으로 신청자를 접수하고 그 중 남자 15명과 여자 15명을 무작위로 선정하였다.
• 두 개의 컵을 마련하여 하나는 1로 표기하고 다른 하나는 2로 표기하여 회사이름을 가렸다.
• 참가직원들은 1번 컵의 생수를 마신 후 2번 컵의 생수를 마시고 둘 중 어느 쪽을 선호하는지 표시하였다.

〈보기〉
㉠ 참가자들이 특정 번호를 선호할 가능성을 고려하지 못하였다.
㉡ 참가자가 무작위로 선정되었으므로 전체 직원에 대한 대표성이 확보되었다.
㉢ 참가자의 절반은 2번 컵을 먼저 마시고 1번 컵을 나중에 마시도록 했어야 한다.
㉣ 우리나라의 남녀 비율이 50대 50이므로 남자직원과 여자직원을 동수로 뽑은 것은 적절하였다.

① ㉠㉡
② ㉠㉢
③ ㉠㉣
④ ㉡㉢
⑤ ㉡㉣

㉡ 참가자는 무작위로 선정한 것이 아니라 시음회의 참여를 원하는 직원을 대상으로 선정하였기 때문에 전체 직원에 대한 대표성이 확보되었다고 보기는 어렵다.
㉣ 대표성을 확보하기 위해서는 우리나라의 남녀 비율이 아닌 A회사의 남녀 비율을 고려하여 선정하는 것이 더 적절하다.

5 갑, 을, 병, 정, 무 다섯 사람은 일요일부터 목요일까지 5일 동안 각각 이틀 이상 아르바이트를 한다. 다음 조건을 모두 충족시켜야 할 때, 다음 중 항상 옳지 않은 것은?

> ㉠ 가장 적은 수가 아르바이트를 하는 요일은 수요일뿐이다.
> ㉡ 갑은 3일 이상 아르바이트를 하는데 병이 아르바이트를 하는 날에는 쉰다.
> ㉢ 을과 정 두 사람만이 아르바이트 일수가 같다.
> ㉣ 병은 평일에만 아르바이트를 하며, 연속으로 이틀 동안만 한다.
> ㉤ 무는 갑이나 병이 아르바이트를 하는 요일에 항상 아르바이트를 한다.

① 어느 요일이든 아르바이트 인원수는 확정된다.

② 갑과 을, 병과 무의 아르바이트 일수를 합한 값은 같다.

③ 두 사람만이 아르바이트를 하는 요일이 확정된다.

④ 어떤 요일이든 아르바이트를 하는 인원수는 짝수이다.

⑤ 수요일에는 2명, 나머지 요일에는 4명으로 인원수는 확정된다.

 아르바이트 일수가 갑은 3일, 병은 2일임을 알 수 있다.
무는 갑이나 병이 아르바이트를 하는 날 항상 함께 한다고 했으므로 5일 내내 아르바이트를 하게 된다.
을과 정은 일, 월, 화, 목 4일간 아르바이트를 하게 된다.
①⑤ 수요일에는 2명, 나머지 요일에는 4명으로 인원수는 확정된다.
② 갑은 3일, 을은 4일, 병은 2일, 무는 5일이므로 갑과 을, 병과 무의 아르바이트 일수를 합한 값은 7로 같다.
③ 병에 따라 갑이 아르바이트를 하는 요일이 달라지므로 아르바이트 하는 요일이 확정되는 사람은 세 명이다.
④ 일별 인원수는 4명 또는 2명으로 모두 짝수이다.

6 다음 글의 내용이 참일 때 최종 선정되는 단체는 어디인가?

> 문화체육관광부는 우수 문화예술 단체 A, B, C, D, E 중 한 곳을 선정하여 지원하려
> 한다. 문화체육관광부의 금번 선정 방침은 다음 두 가지이다. 첫째, 어떤 형태로든 지원을
> 받고 있는 단체는 최종 후보가 될 수 없다. 둘째, 최종 선정 시 올림픽 관련 단체를 엔터
> 테인먼트 사업(드라마, 영화, 가요) 단체보다 우선한다.
>
> A 단체는 자유무역협정을 체결한 필리핀에 드라마 콘텐츠를 수출하고 있지만 올림픽과
> 관련한 사업은 하지 않는다. B 단체는 올림픽의 개막식 행사를, C 단체는 올림픽의 폐막
> 식 행사를 각각 주관하는 단체이다. E 단체는 오랫동안 한국 음식문화를 세계에 보급해
> 온 단체이다. A와 C 단체 중 적어도 한 단체가 최종 후보가 되지 못한다면, 대신 B와 E
> 중 적어도 한 단체는 최종 후보가 된다. 반면 게임 개발로 각광을 받는 단체인 D가 최종
> 후보가 된다면, 한국과 자유무역협정을 체결한 국가와 교역을 하는 단체는 모두 최종 후
> 보가 될 수 없다.
>
> 후보 단체들 중 가장 적은 부가가치를 창출한 단체는 최종 후보가 될 수 없고, 최종 선
> 정은 최종 후보가 된 단체 중에서만 이루어진다.
>
> 문화체육관광부의 조사 결과, 올림픽의 개막식 행사를 주관하는 모든 단체는 이미 보건
> 복지부로부터 지원을 받고 있다. 그리고 위 문화예술 단체 가운데 한국 음식문화 보급과
> 관련된 단체의 부가가치 창출이 가장 저조하였다.

① A   ② B
③ C   ④ D
⑤ E

 ① A 단체는 자유무역협정을 체결한 필리핀에 드라마 콘텐츠를 수출하고 있지만 올림픽과
　　관련된 사업은 하지 않는다. 최종 선정 시 올림픽 관련 단체를 엔터테인먼트 사업 단체
　　보다 우선하므로 B, C와 같이 최종 후보가 된다면 A는 선정될 수 없다.
② 올림픽의 개막식 행사를 주관하는 모든 단체는 이미 보건복지부로부터 지원을 받고 있
　　다. B 단체는 올림픽의 개막식 행사를 주관하는 단체이다. → B 단체는 선정될 수 없다.
③ A와 C 단체 중 적어도 한 단체가 최종 후보가 되지 못한다면, 대신 B와 E 중 적어도
　　한 단체는 최종 후보가 된다. 보기 ②⑤를 통해 B, E 단체는 후보가 될 수 없다. 후보
　　는 A와 C가 된다.
④ D가 최종 후보가 된다면, 한국과 자유무역협정을 체결한 국가와 교역을 하는 단체는 모
　　두 최종 후보가 될 수 없다. D가 최종 후보가 되면 A가 될 수 없고 A가 된다면 D는 될
　　수 없다.
⑤ 후보 단체들 중 가장 적은 부가가치를 창출한 단체는 최종 후보가 될 수 없고, 한국 음
　　식문화 보급과 관련된 단체의 부가가치 창출이 가장 저조하였다. E 단체는 오랫동안 한
　　국 음식문화를 세계에 보급해 온 단체이다. → E 단체는 선정될 수 없다.

Answer 5.③ 6.③

7   다음 글과 상황을 근거로 판단할 때, A국 각 지역에 설치될 것으로 예상되는 풍력발전기 모델명을 바르게 짝지은 것은?

> 풍력발전기는 회전축의 방향에 따라 수평축 풍력발전기와 수직축 풍력발전기로 구분된다. 수평축 풍력발전기는 구조가 간단하고 설치가 용이하며 에너지 변환효율이 우수하다. 하지만 바람의 방향에 영향을 많이 받기 때문에 바람의 방향이 일정한 지역에만 설치가 가능하다. 수직축 풍력발전기는 바람의 방향에 영향을 받지 않아 바람의 방향이 일정하지 않은 지역에도 설치가 가능하며, 이로 인해 사막이나 평원에도 설치가 가능하다. 하지만 부품이 비싸고 수평축 풍력발전기에 비해 에너지 변환효율이 떨어진다는 단점이 있다. B사는 현재 4가지 모델의 풍력발전기를 생산하고 있다. 각 풍력발전기는 정격 풍속이 최대 발전량에 도달하며, 가동이 시작되면 최소 발전량 이상의 전기를 생산한다. 각 발전기의 특성은 아래와 같다.
>
> | 모델명 | U-50 | U-57 | U-88 | U-93 |
> |---|---|---|---|---|
> | 시간당 최대 발전량(kW) | 100 | 100 | 750 | 2,000 |
> | 시간당 최소 발전량(kW) | 20 | 20 | 150 | 400 |
> | 발전기 높이(m) | 50 | 68 | 80 | 84.7 |
> | 회전축 방향 | 수직 | 수평 | 수직 | 수평 |

> 〈상황〉
>
> A국은 B사의 풍력발전기를 X, Y, Z지역에 각 1기씩 설치할 계획이다. X지역은 산악지대로 바람의 방향이 일정하며, 최소 150kW 이상의 시간당 발전량이 필요하다. Y지역은 평원지대로 바람의 방향이 일정하지 않으며, 철새보호를 위해 발전기 높이는 70m 이하가 되어야 한다. Z지역은 사막지대로 바람의 방향이 일정하지 않으며, 주민 편의를 위해 정격 풍속에서 600kW 이상의 시간당 발전량이 필요하다. 복수의 모델이 각 지역의 조건을 충족할 경우, 에너지 변환효율을 높이기 위해 수평축 모델을 설치하기로 한다.

X지역	Y지역	Z지역		X지역	Y지역	Z지역
① U-88	U-50	U-88		② U-88	U-57	U-93
③ U-93	U-50	U-88		④ U-93	U-50	U-93
⑤ U-93	U-50	U-57				

ⓐ X지역 : 바람의 방향이 일정하므로 수직·수평축 모두 사용할 수 있고, 최소 150kW 이상의 시간당 발전량이 필요하므로 U-88과 U-93 중 하나를 설치해야 한다. 에너지 변환효율을 높이기 위해 수평축 모델인 U-93을 설치한다.

ⓑ Y지역 : 수직축 모델만 사용 가능하며, 높이가 70m 이하인 U-50만 설치 가능하다.

ⓒ Z지역 : 수직축 모델만 사용 가능하며, 정격 풍속이 600kW 이상의 시간당 발전량을 갖는 U-88만 설치 가능하다.

8 다음은 할랄식품 시장 진출 활성화에 대한 문제점과 그 대응방안이다. 각 문제점에 대한 대응방안을 가장 적절히 연결한 것은?

〈문제점〉

㉠ 할랄식품 시장 진출을 노력하고 있지만 아직 부족한 것이 많은 실정이다. 기업들이 국내 유일의 할랄식품 인증기관인 한국이슬람교중앙회(KMF ; Korea Muslim Federation)에서 할랄인증을 받아 시장 진출을 진행하고 있으나 공신력이 있는가에 대한 점이 문제되고 있으며 '할랄인증제'에 대해서 정확한 정보 수집에 어려움이 있다.

㉡ 가공식품 수출에만 관심을 쏟을 것이 아니라 우리나라에 여행하는 관광객들도 신경을 써야 한다. 한국 문화를 좋아해서 한국을 찾아오는 이슬람 문화권 관광객들이 할랄식품에 대한 정보를 얻기가 어려운 실정이다.

〈대응방안〉

A : 할랄식품 산업발전 과제에 무슬림 관광객에 대한 대책을 포함시키도록 하며 국내 식품업체가 생산하는 할랄식품 목록을 이슬람 문화권에서 온 관광객들에게 제공한다.

B : 관계 기관과 협력하여 한국인 인증기관인 KMF가 공신력을 갖춤과 동시에 경쟁력을 높일 수 있도록 하고, 세계 각국에 KMF를 알려 KMF가 많은 국가에서 영향력을 행사할 수 있도록 한다.

C : 영세한 중소기업들이 할랄인증을 받기 위한 비용과 절차에 대한 부담을 줄일 수 있도록 할랄식품 인증비용을 지원하고 인증매뉴얼을 제공한다.

---

① ㉠-A, ㉡-B
② ㉠-A, ㉡-C
③ ㉠-B, ㉡-A
④ ㉠-B, ㉡-C
⑤ ㉠-C, ㉡-B

㉠ : KMF의 공신력을 문제점으로 지적하고 있으므로 KMF의 경쟁력과 공신력을 높여야 한다는 B가 대안이다.

㉡ : 한국을 찾아오는 이슬람 문화권 관광객들이 할랄식품에 대한 정보를 얻기가 어렵다고 했으므로 할랄식품 목록을 이슬람 문화권에서 온 관광객들에게 제공한다는 A가 대안이다.

Answer⟶ 7.③ 8.③

┃ 9~10 ┃ 다음 글은 어린이집 입소기준에 대한 규정이다. 다음 글을 읽고 물음에 답하시오.

어린이집 입소기준
• 어린이집의 장은 당해시설에 결원이 생겼을 때마다 '명부 작성방법' 및 '입소 우선순위'를 기준으로 작성된 명부의 선 순위자를 우선 입소조치 한다.

명부작성방법
• 동일 입소신청자가 1 · 2순위 항목에 중복 해당되는 경우, 해당 항목별 점수를 합하여 점수가 높은 순으로 명부를 작성함
• 1순위 항목당 100점, 2순위 항목당 50점 산정
 – 다만, 2순위 항목만 있는 경우 점수합계가 1순위 항목이 있는 자보다 같거나 높더라도 1순위 항목이 있는 자보다 우선순위가 될 수 없으며, 1순위 항목점수가 동일한 경우에 한하여 2순위 항목에 해당될 경우 추가합산 가능함
• 영유아가 2자녀 이상 가구가 동일 순위일 경우 다자녀가구 자녀가 우선입소
• 대기자 명부 조정은 매분기 시작 월 1일을 기준으로 함

입소 우선순위
• 1순위
 – 국민기초생활보장법에 따른 수급자
 – 국민기초생활보장법 제24조의 규정에 의한 차상위계층의 자녀
 – 장애인 중 보건복지부령이 정하는 장애 등급 이상에 해당하는 자의 자녀
 – 아동복지시설에서 생활 중인 영유아
 – 다문화가족의 영유아
 – 자녀가 3명 이상인 가구 또는 영유아가 2자녀 가구의 영유아
 – 산업단지 입주기업체 및 지원기관 근로자의 자녀로서 산업 단지에 설치된 어린이집을 이용하는 영유아
• 2순위
 – 한부모 가족의 영유아
 – 조손 가족의 영유아
 – 입양된 영유아

9 어린이집에 근무하는 A씨가 점수합계를 내보니, 두 영유아가 1순위 항목에서 동일한 점수를 얻었다. 이 경우에는 어떻게 해야 하는가?

① 두 영유아 모두 입소조치 한다.

② 다자녀가구 자녀를 우선 입소조치 한다.

③ 한부모 가족의 영유아를 우선 입소조치 한다.

④ 2순위 항목에 해당될 경우 1순위 항목에 추가합산 한다.

⑤ 두 영유아 모두 입소조치 하지 않는다.

 명부작성방법에서 1순위 항목점수가 동일한 경우에 한하여 2순위 항목에 해당될 경우 추가합산 가능하다고 나와 있다.

10 다음에 주어진 영유아들의 입소순위로 높은 것부터 나열한 것은?

> ㉠ 혈족으로는 할머니가 유일하나, 현재는 아동복지시설에서 생활 중인 영유아
> ㉡ 아버지를 여의고 어머니가 근무하는 산업단지에 설치된 어린이집을 동생과 함께 이용하는 영유아
> ㉢ 동남아에서 건너온 어머니와 가장 높은 장애 등급을 가진 한국인 아버지가 국민기초생활보장법에 의한 차상위 계층에 해당되는 영유아

① ㉠ - ㉡ - ㉢   ② ㉡ - ㉠ - ㉢

③ ㉡ - ㉢ - ㉠   ④ ㉢ - ㉠ - ㉡

⑤ ㉢ - ㉡ - ㉠

Tip ㉢ 300점
㉡ 250점
㉠ 150점

Answer➙ 9.④ 10.⑤

11 다음은 국제협력의 개념정의와 목표를 설명한 것이다. 각국의 국제협력 정책과 목표를 가장 적절히 연결한 것을 고르면?

> 국제협력은 국가 간 및 국가와 국제기관 간의 모든 유·무상 자본협력, 교역협력, 기술·인력협력, 사회문화협력 등 국제사회에서 발생하는 다양한 형태의 교류를 총체적으로 지칭하는 개념이다.
>
> UN은 다음과 같은 8가지 목표들로 구성된 새천년개발목표를 선언하였다. 새천년개발목표의 선언은 개발도상국의 빈곤문제가 개발도상국 자체만의 문제가 아니라 지구촌 전체의 문제라고 규정하면서 지구촌 모든 국가들의 적극적인 참여를 요청하는 계기가 되었다.
>
> • 목표1 : 극심한 빈곤과 기아의 근절
> • 목표2 : 초등교육 의무화 달성
> • 목표3 : 성 평등 촉진과 여성권의 향상
> • 목표4 : 아동사망률 감소
> • 목표5 : 모자보건 향상
> • 목표6 : 후천성 면역 결핍증(AIDS), 말라리아 등 질병 퇴치
> • 목표7 : 환경의 지속가능성 보장
> • 목표8 : 개발을 위한 글로벌 파트너십 조성

> 〈국가별 국제협력 정책〉
> • A국 : 개발도상국에 도로건설 지원사업을 실시하면서 야생동물들의 서식지 파괴를 최소화 하고자 하였다.
> • B국 : 빈곤국가인 Z국에 메르스 바이러스로 인한 감염 환자가 급증하자 의료진을 파견하고 재정을 지원하였다.
> • C국 : 빈곤국가인 Y국에 대한 발전소 건립 지원사업의 중복문제를 해소하기 위해 국가 간 협력 네트워크에 참여하였다.

① A국 - 목표3   ② A국 - 목표5
③ B국 - 목표1   ④ C국 - 목표7
⑤ C국 - 목표8

    ㉠ A국 : 야생동물의 서식지 파괴를 최소화하였으므로 '환경의 지속가능성 보장'(목표7)에 해당한다.
    ㉡ B국 : 메르스 바이러스 감염에 대해 의료진 파견과 재정지원을 하였으므로 '후천성 면역 결핍증(AIDS), 말라리아 등 질병 퇴치'(목표6)에 해당한다.
    ㉢ C국 : 국가 간 협력 네트워크에 참여한 것은 '개발을 위한 글로벌 파트너십 조성(목표8)'에 해당한다.

│12~16│ 다음의 조건이 모두 참일 때, 반드시 참인 것을 고르시오.

12

> • A마을에 사는 어떤 사람은 채식주의자이다.
> • A마을에 사는 어떤 사람도 농사를 짓지 않는 사람은 없다.

① A마을에 사는 모든 사람은 채식주의자이다.

② 농사를 짓는 모든 사람은 채식주의자이다.

③ 농사를 짓는 어떤 사람은 채식주의자이다.

④ A마을에 사는 어떤 사람은 농사를 짓지 않는다.

⑤ 채식주의자는 모두 농사를 짓는다.

 A마을에 사는 어떤 사람도 농사를 짓지 않는 사람은 없다는 것은 A마을의 모든 사람이 농사를 짓는다는 것과 같은 말이므로 '농사를 짓는 어떤 사람은 채식주의자이다'는 반드시 참이다.

13

> • 팝송을 좋아하는 사람은 음악을 좋아한다.
> • 재즈를 좋아하는 사람은 음악을 좋아한다.

① 음악을 좋아하는 사람은 팝송도 재즈도 좋아한다.

② 팝송을 좋아하는 사람은 재즈를 좋아하지 않는다.

③ 팝송을 좋아하는 사람은 음악 또는 재즈를 좋아하지 않는다.

④ 음악을 좋아하지 않는 사람은 팝송도 재즈도 좋아하지 않는다.

⑤ 팝송을 좋아하고 재즈를 좋아하지 않는 사람은 음악을 좋아한다.

 각각 대우를 구하면 '음악을 좋아하지 않는 사람은 팝송을 좋아하지 않는다', '음악을 좋아하지 않는 사람은 재즈를 좋아하지 않는다'이다. 따라서 ④는 항상 옳다.

Answer ⟶ 11.⑤ 12.③ 13.④

14

> • 경제가 어려워진다면 긴축정책이 시행된다.
> • 물가가 오른다면 긴축정책을 시행하지 않는다.
> • 경제가 어려워지거나 부동산이 폭락한다.
> • 부동산이 폭락한 것은 아니다.

① 물가가 오른다.

② 경제가 어렵지 않다.

③ 물가가 오르지 않는다.

④ 긴축정책을 하지 않는다.

⑤ 부동산은 폭락할 수 있다.

 경제가 어려워지거나 부동산이 폭락한다고 했는데 부동산이 폭락한 것은 아니므로, 경제가
어려워진다. 두 번째 조건의 대우에 의하면 긴축정책을 시행하면 물가가 오르지 않는다.
즉, 경제가 어려워진다면 긴축정책이 시행되고, 긴축정책을 시행하면 물가가 오르지 않는다.

15

> • 모든 글쟁이는 안경을 쓴다.
> • 안경을 쓴 어떤 사람은 머리가 좋다.

① 안경을 쓴 모든 사람은 글쟁이다.

② 안경을 쓴 모든 사람은 머리가 좋다.

③ 안경을 쓰지 않은 사람은 글쟁이가 아니다.

④ 안경을 쓰지 않은 사람은 머리가 좋지 않다.

⑤ 머리가 좋지 않은 사람은 안경을 쓰지 않았다.

 ③ 첫 번째 사실의 대우이므로 반드시 참이다.

16

> • A는 수영을 못하지만 B보다 달리기를 잘한다.
> • B는 C보다 수영을 잘한다.
> • D는 C보다 수영을 못하지만 A보다 달리기를 잘한다.

① C는 달리기를 못한다.

② A가 수영을 가장 못한다.

③ D는 B보다 달리기를 잘한다.

④ 수영을 가장 잘하는 사람은 C이다.

⑤ D는 B보다 수영을 잘한다.

 잘하는 순서
  ㉠ 수영 : B>C>D
  ㉡ 달리기 : D>A>B

17 지하철 10호선은 총 6개의 주요 정거장을 경유한다. 주어진 조건이 다음과 같을 경우, C가 4번째 정거장일 때, E 바로 전의 정거장이 될 수 있는 것은?

> • 지하철 10호선은 순환한다.
> • 주요 정거장을 각각 A, B, C, D, E, F라고 한다.
> • E는 3번째 정거장이다.
> • B는 6번째 정거장이다.
> • D는 F의 바로 전 정거장이다.
> • C는 A의 바로 전 정거장이다.

① F   ② E

③ D   ④ B

⑤ A

 C가 4번째 정거장이므로 표를 완성하면 다음과 같다.

순서	1	2	3	4	5	6
정거장	D	F	E	C	A	B

따라서 E 바로 전의 정거장은 F이다.

18 경찰서에서 목격자 세 사람이 범인에 관하여 다음과 같이 진술하였다.

> A : 은이가 범인이거나 영철이가 범인입니다.
> B : 영철이가 범인이거나 숙이가 범인입니다.
> C : 은이가 범인이 아니거나 또는 숙이가 범인이 아닙니다.

경찰에서는 이미 이 사건이 한 사람의 단독 범행인 것을 알고 있었다. 그리고 한 진술은 거짓이고 나머지 두 진술은 참이라는 것이 나중에 밝혀졌다. 그러나 안타깝게도 어느 진술이 거짓인지는 밝혀지지 않았다면 다음 중 반드시 거짓인 것은?

① 은이가 범인이다.

② 영철이가 범인이다.

③ 숙이가 범인이다.

④ 숙이는 범인이 아니다.

⑤ 은이가 범인이 아니면 영철이도 범인이 아니다.

 은이만 범인이면 목격자 A 참, 목격자 B 거짓, 목격자 C 참
영철이만 범인이면 목격자 A 참, 목격자 B 참, 목격자 C 참
숙이만 범인이면 목격자 A 거짓, 목격자 B 참, 목격자 C 참

19 민경이는 다음 주 중에 열릴 세미나의 요일을 잊어버려 팀원들에게 물어봤더니 한 사람을 제외한 모든 사람들이 거짓말로 대답해 주었다. 세미나가 열리는 요일은 무슨 요일인가?

> 미진 : 세미나는 월요일 또는 수요일에 열릴 거야.
> 가영 : 세미나는 수요일이야.
> 민호 : 저번 달에 열린 세미나도 금요일이었잖아. 이번 세미나도 금요일이야.
> 태민 : 나도 잘 모르겠는걸. 하지만 목, 금은 아니었어.
> 수진 : 세미나 다음 날은 토요일이라 쉴 수 있잖아요.

① 월요일   ② 화요일

③ 수요일   ④ 목요일

⑤ 금요일

 ㉠ 미진의 말이 참이면 태민의 말도 참이므로 미진의 말은 거짓이다.
    → 세미나는 월요일, 수요일 둘 다 아니다.
㉡ 가영의 말이 참이면 미진과 태민의 말도 참이므로 가영의 말은 거짓이다.

ⓒ 민호의 말이 참이면 수진의 말도 참이고, 수진의 말이 참이면 민호의 말도 참이다. 따라서 민호와 수진의 말은 거짓이다.
→ 세미나는 금요일이 아니다.
∴ 진실을 말하고 있는 사람은 태민이고, 세미나가 열리는 요일은 화요일이다.

20 다음으로부터 추론한 것으로 옳은 것만을 〈보기〉에서 모두 고른 것은?

경비업체 SEOWON은 보안 점검을 위탁받은 한 건물 내에서 20개의 점검 지점을 지정하여 관리하고 있다. 보안 담당자는 다음 〈규칙〉에 따라 20개 점검 지점을 방문하여 이상 여부를 기록한다.

〈규칙〉
• 첫 번째 점검에서는 1번 지점에서 출발하여 20번 지점까지 차례로 모든 지점을 방문한다.
• 두 번째 점검에서는 2번 지점에서 출발하여 한 개 지점씩 건너뛰고 점검한다. 즉 2번 지점, 4번 지점, …, 20번 지점까지 방문한다.
• 세 번째 점검에서는 3번 지점에서 출발하여 두 개 지점씩 건너뛰고 점검한다. 즉 3번 지점, 6번 지점, …, 18번 지점까지 방문한다.
• 이런 식으로 방문이 이루어지다가 20번째 점검에서 모든 점검이 완료된다.

〈보기〉
ⓐ 20번 지점은 총 6회 방문하게 된다.
ⓑ 2회만 방문한 지점은 총 8개이다.
ⓒ 한 지점을 최대 8회 방문할 수 있다.

① ⓐ   ② ⓒ
③ ⓐⓑ   ④ ⓑⓒ
⑤ ⓐⓑⓒ

ⓐ $20 = 2^2 \times 5^1 = (2+1)(1+1) = 3 \times 2 = 6$
20번 지점은 6번 방문한다.
ⓑ 2회만 방문한 지점은 1 ~ 20의 소수를 구하면 된다.
2, 3, 5, 7, 11, 13, 17, 19 → 8개
ⓒ 한 지점을 8번 방문하려면 최소 24개가 있어야 하는데 20개밖에 없으므로 성립될 수 없다.

Answer↪ 18.② 19.② 20.③

21 5명(A ~ E)이 다음 규칙에 따라 게임을 하고 있다. 4 → 1 → 1의 순서로 숫자가 호명되어 게임이 진행되었다면 네 번째 술래는?

> • A → B → C → D → E 순으로 반시계방향으로 동그랗게 앉아있다.
> • 한 명의 술래를 기준으로, 술래는 항상 숫자 3을 배정받고, 반시계방향으로 술래 다음 사람이 숫자 4를, 그 다음 사람이 숫자 5를, 술래 이전 사람이 숫자 2를, 그 이전 사람이 숫자 1을 배정받는다.
> • 술래는 1 ~ 5의 숫자 중 하나를 호명하고, 호명된 숫자에 해당하는 사람이 다음 술래가 된다. 새로운 술래를 기준으로 다시 위의 조건에 따라 숫자가 배정되며 게임이 반복된다.
> • 첫 번째 술래는 A다.

① A   ② B

③ C   ④ D

⑤ E

(Tip) 조건에 따라 그림으로 나타내면 다음과 같다. 네 번째 술래는 C가 된다.

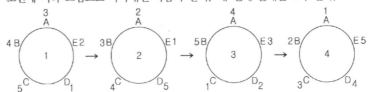

22 다음 조건에 따를 때, 거짓말을 하는 나쁜 사람을 모두 고르면?

> • 5명은 착한 사람이 아니면 나쁜 사람이며 중간적인 성향은 없다.
> • 5명 중 3명은 항상 진실만을 말하는 착한 사람이고, 2명은 항상 거짓말만 하는 나쁜 사람이다.
> • 5명의 진술은 다음과 같다.
> − 주영 : 나는 착한 사람이다.
> − 영철 : 주영이가 착한 사람이면, 창진이도 착한 사람이다.
> − 혜미 : 창진이가 나쁜 사람이면, 주영이도 나쁜 사람이다.
> − 창진 : 민준이가 착한 사람이면, 주영이도 착한 사람이다.
> − 민준 : 주영이는 나쁜 사람이다.

① 주영, 창진   ② 영철, 민준
③ 주영, 민준   ④ 창진, 혜미
⑤ 주영, 영철

 주영이와 민준이의 진술이 모순이므로 둘 중에 하나는 거짓말을 하고 있다.
　㉠ 주영이가 참말을 하고 민준이가 거짓말을 하는 경우 : 창진이의 진술은 민준이와 주영이가 동시에 착한 사람이 될 수 없으므로 거짓이다. 따라서 창진이가 나쁜 사람이면 주영이도 나쁜 사람이라는 혜미의 진술 또한 거짓이다. 따라서 2명이 거짓을 말한다는 조건에 모순된다.
　㉡ 주영이가 거짓말 하고 민준이가 참말을 하는 경우 : 창진이의 진술은 민준이와 주영이가 동시에 착한 사람이 될 수 없으므로 거짓이다. 따라서 창진이가 나쁜 사람이면 주영이도 나쁜 사람이라는 혜미의 진술은 참이 되고 영철의 진술 또한 참이 된다. 따라서 거짓말을 하는 나쁜 사람은 주영이와 창진이다.

23 다음은 특보의 종류 및 기준에 관한 자료이다. ㉠과 ㉡의 상황에 어울리는 특보를 올바르게 짝지은 것은?

<특보의 종류 및 기준>

종류	주의보	경보
강풍	육상에서 풍속 14m/s 이상 또는 순간풍속 20m/s 이상이 예상될 때. 다만, 산지는 풍속 17m/s 이상 또는 순간풍속 25m/s 이상이 예상될 때	육상에서 풍속 21m/s 이상 또는 순간풍속 26m/s 이상이 예상될 때. 다만, 산지는 풍속 24m/s 이상 또는 순간풍속 30m/s 이상이 예상될 때
호우	6시간 강우량이 70mm 이상 예상되거나 12시간 강우량이 110mm 이상 예상될 때	6시간 강우량이 110mm 이상 예상되거나 12시간 강우량이 180mm 이상 예상될 때
태풍	태풍으로 인하여 강풍, 풍랑, 호우 현상 등이 주의보 기준에 도달할 것으로 예상될 때	태풍으로 인하여 풍속이 17m/s 이상 또는 강우량이 100mm 이상 예상될 때. 다만, 예상되는 바람과 비의 정도에 따라 아래와 같이 세분한다.
폭염	6월~9월에 일최고기온이 33℃ 이상이고, 일최고열지수가 32℃ 이상인 상태가 2일 이상 지속될 것으로 예상될 때	6월~9월에 일최고기온이 35℃ 이상이고, 일최고열지수가 41℃ 이상인 상태가 2일 이상 지속될 것으로 예상될 때

태풍 경보 세분:

	3급	2급	1급
바람 (m/s)	17~24	25~32	33이상
비(mm)	100~249	250~399	400이상

㉠ 태풍이 남해안에 상륙하여 울산지역에 270mm의 비와 함께 풍속 26m/s의 바람이 예상된다.

㉡ 지리산에 오후 3시에서 오후 9시 사이에 약 130mm의 강우와 함께 순간풍속 28m/s가 예상된다.

	㉠	㉡
①	태풍경보 1급	호우주의보
②	태풍경보 2급	호우경보+강풍주의보
③	태풍주의보	강풍주의보
④	태풍경보 2급	호우경보+강풍경보
⑤	태풍경보 1급	강풍주의보

㉠ 태풍경보 표를 보면 알 수 있다. 비가 270mm이고 풍속 26m/s에 해당하는 경우는 태풍경보 2급이다.
㉡ 6시간 강우량이 130mm 이상 예상되므로 호우경보에 해당하며 산지의 경우 순간풍속 28m/s 이상이 예상되므로 강풍주의보에 해당한다.

24 다음 진술이 참이 되기 위해 꼭 필요한 전제를 〈보기〉에서 고르면?

> 반장은 반에서 인기가 많다.

〈보기〉
㉠ 머리가 좋은 친구 중 몇 명은 반에서 인기가 많다.
㉡ 얼굴이 예쁜 친구 중 몇 명은 반에서 인기가 많다.
㉢ 반장은 머리가 좋다.
㉣ 반장은 얼굴이 예쁘다.
㉤ 머리가 좋거나 얼굴이 예쁘면 반에서 인기가 많다.
㉥ 머리가 좋고 얼굴이 예쁘면 반에서 인기가 많다.

① ㉠㉢ ② ㉡㉣
③ ㉢㉥ ④ ㉣㉤
⑤ ㉣㉥

 반장은 머리가 좋다. 또는 반장은 얼굴이 예쁘다(㉢ 또는 ㉣).
머리가 좋거나 얼굴이 예쁘면 반에서 인기가 많다(㉤).
∴ 반장은 반에서 인기가 많다.
※ ㉥의 경우 머리도 좋고 얼굴도 예뻐야 반에서 인기가 많다는 의미이므로 주어진 진술이 반드시 참이 되지 않는다.

25 다음은 어느 레스토랑의 3C분석 결과이다. 이 결과를 토대로 하여 향후 해결해야 할 전략과제를 선택하고자 할 때 적절하지 않은 것은?

3C	상황 분석
고객 / 시장(Customer)	• 식생활의 서구화 • 유명브랜드와 기술제휴 지향 • 신세대 및 뉴패밀리 층의 출현 • 포장기술의 발달
경쟁 회사(Competitor)	• 자유로운 분위기와 저렴한 가격 • 전문 패밀리 레스토랑으로 차별화 • 많은 점포수 • 외국인 고용으로 인한 외국인 손님 배려
자사(company)	• 높은 가격대 • 안정적 자금 공급 • 업계 최고의 시장점유율 • 고객증가에 따른 즉각적 응대의 한계

① 원가 절감을 통한 가격 조정
② 유명브랜드와의 장기적인 기술제휴
③ 즉각적인 응대를 위한 인력 증대
④ 안정적인 자금 확보를 위한 자본구조 개선
⑤ 포장기술 발달을 통한 레스토랑 To Go 점포 확대

 '안정적 자금 공급'이 자사의 강점이기 때문에 '안정적인 자금 확보를 위한 자본구조 개선'은 향후 해결해야 할 과제에 속하지 않는다.

26 다음 글의 내용이 참이라고 할 때 반드시 참인 것만을 모두 고른 것은?

> 인간은 누구나 건전하고 생산적인 사회에서 타인과 함께 평화롭게 살아가길 원한다. 도덕적이고 문명화된 사회를 가능하게 하는 기본적인 사회 원리를 수용할 경우에만 인간은 생산적인 사회에서 평화롭게 살 수 있다. 기본적인 사회 원리를 수용한다면, 개인의 권리는 침해당하지 않는다. 인간의 본성에 의해 요구되는 인간 생존의 기본 조건, 즉 생각의 자유와 자신의 이성적 판단에 따라 행동할 수 있는 자유가 인정되지 않는다면, 개인의 권리는 침해당한다.
>
> 물리적 힘의 사용이 허용되는 경우에만 개인의 권리는 침해당한다. 어떤 사람이 다른 사람의 삶을 빼앗거나 그 사람의 의지에 반하는 것을 강요하기 위해서는 물리적 수단을 사용할 수밖에 없기 때문이다. 이성적인 수단인 토론이나 설득을 사용하여 다른 사람의 의견이나 행동에 영향을 미친다면, 개인의 권리는 침해당하지 않는다.
>
> 인간이 생산적인 사회에서 평화롭게 사는 것은 매우 중요하다. 왜냐하면 인간이 생산적인 사회에서 평화롭게 살 수 있을 경우에만 인간은 지식 교환의 가치를 사회로부터 얻을 수 있기 때문이다.

> ㉠ 생각의 자유와 자신의 이성적 판단에 따라 행동할 수 있는 자유가 인정될 경우에만 인간은 생산적인 사회에서 평화롭게 살 수 있다.
> ㉡ 물리적 힘이 사용되는 것이 허용되지 않는다면, 인간은 생산적 사회에서 평화롭게 살 수 있다.
> ㉢ 물리적 힘이 사용되는 것이 허용된다면, 생각의 자유와 자신의 이성적 판단에 따라 행동할 수 있는 자유가 인정되지 않는다.
> ㉣ 개인의 권리가 침해당한다면, 인간은 지식 교환의 가치를 사회로부터 얻을 수 없다.

① ㉠㉢
② ㉠㉣
③ ㉡㉢
④ ㉡㉣
⑤ ㉢㉣

 ㉡ 물리적인 힘이 사용되는 것이 허용되지 않는다면 개인의 권리를 침해당하지 않으며, 자유가 인정되지 않는다면, 개인의 권리는 침해당한다고 했으므로 자유가 인정됨을 알 수 있으나 생산적인 사회에서 평화롭게 살 수 있다와는 연결되지 않으므로 반드시 참이라고 볼 수 없다.
㉢ 물리적 힘의 사용이 허용되는 경우에만 개인의 권리는 침해당한다. 이성적인 수단인 토론이나 설득을 사용하여 다른 사람의 의견이나 행동에 영향을 미친다면, 개인의 권리는 침해당하지 않는다 라는 내용을 가지고 추론할 수 있는 내용이 아니다.

Answer ↪ 25.④ 26.②

27 다음 글의 내용이 참이라고 할 때 〈보기〉의 문장 중 반드시 참인 것만을 바르게 나열한 것은?

우리는 사람의 인상에 대해서 "선하게 생겼다." 또는 "독하게 생겼다."라는 판단을 할 뿐만 아니라 사람의 인상을 중요시한다. 오래 전부터 사람의 얼굴을 보고 그 사람의 길흉을 판단하는 관상의 원리가 있었다. 관상의 원리를 어떻게 받아들여야 할까?

관상의 원리가 받아들일 만하다면, 얼굴이 검붉은 사람은 육체적 고생을 하기 마련이다. 그런데 우리는 주위에서 얼굴이 검붉지만 육체적 고생을 하지 않고 편하게 살아가는 사람을 얼마든지 볼 수 있다. 관상의 원리가 받아들일 만하다면, 우리가 사람의 얼굴에 대해서 갖는 인상이란 한갓 선입견에 불과한 것이 아니다. 사람의 인상이 평생에 걸쳐 고정되어 있다고 할 수 있는 경우에만 관상의 원리는 받아들일 만하다. 또한 관상의 원리가 받아들일 만하지 않다면, 관상의 원리에 대한 과학적 근거를 찾으려는 노력은 헛된 것이다. 실제로 많은 사람들이 관상의 원리가 과학적 근거를 가질 것이라고 기대한다. 그런데 우리는 자주 관상가의 판단이 받아들일 만하다고 느끼고, 그런 느낌 때문에 관상의 원리가 과학적 근거를 가질 것이라고 기대하는 것이다. 관상의 원리가 실제로 과학적 근거를 갖는지의 여부는 논외로 하더라도, 관상의 원리에 대하여 과학적 근거가 있을 것이라고 기대하는 사람은 관상의 원리에 의존하는 것이 우리의 삶에 위안을 주는 필요조건 중의 하나라고 믿는다.

〈보기〉
㉠ 관상의 원리는 받아들일 만한 것이 아니다.
㉡ 우리가 사람의 얼굴에 대해서 갖는 인상이란 선입견에 불과하다.
㉢ 사람의 인상은 평생에 걸쳐 고정되어 있다고 할 수 있다.
㉣ 관상의 원리에 대한 과학적 근거를 찾으려는 노력은 헛된 것이다.
㉤ 관상의 원리가 과학적 근거를 갖는다고 기대하는 사람들은 우리가 관상의 원리에 의존하면 삶의 위안을 얻을 것이라고 믿는다.

① ㉠㉣　　　　　　　　　　　② ㉡㉤
③ ㉣㉤　　　　　　　　　　　④ ㉠㉡㉣
⑤ ㉡㉢㉤

 얼굴이 검붉은 사람은 육체적 고생을 한다고 하나 얼굴이 검붉은 사람이 편하게 사는 것을 보았다. → ㉠ 관상의 원리는 받아들일 만한 것이 아니다. – 참
선입견이 있으면 관상의 원리를 받아들일 만하다.
사람의 인상이 평생에 걸쳐 고정되어 있다고 할 수 있는 경우에만 관상의 원리를 받아들일 만하다.
관상의 원리가 받아들일 만하지 않다면 관상의 원리에 대한 과학적 근거를 찾으려는 노력은 헛된 것이다. → ㉣ 관상의 원리에 대한 과학적 근거를 찾으려는 노력은 헛된 것이다. – 참
㉤ 관상의 원리가 과학적 근거를 갖는다고 기대하는 사람들은 우리가 관상의 원리에 의존하면 삶의 위안을 얻을 것이라고 믿는다. → 관상의 원리에 대하여 과학적 근거가 있을 것이라고 기대하는 사람은 우리의 삶에 위안을 얻기 위해 관상의 원리에 의존한다고 믿는다.

28 다음 글에서 추론할 수 있는 내용만을 바르게 나열한 것은?

> 빌케와 블랙은 얼음이 녹는점에 있다 해도 이를 완전히 물로 녹이려면 상당히 많은 열이 필요함을 발견하였다. 당시 널리 퍼진 속설은 얼음이 녹는점에 이르면 즉시 녹는다는 것이었다. 빌케는 쌓여있는 눈에 뜨거운 물을 끼얹어 녹이는 과정에서 이 속설에 오류가 있음을 알게 되었다. 눈이 녹는점에 있음에도 불구하고 많은 양의 뜨거운 물은 눈을 조금밖에 녹이지 못했기 때문이다.
>
> 블랙은 1757년에 이 속설의 오류를 설명할 수 있는 실험을 수행하였다. 블랙은 따뜻한 방에 두 개의 플라스크 A와 B를 두었는데, A에는 얼음이, B에는 물이 담겨 있었다. 얼음과 물은 양이 같고 모두 같은 온도, 즉 얼음의 녹는점에 있었다. 시간이 지남에 따라 B에 있는 물의 온도는 계속해서 올라갔다. 하지만 A에서는 얼음이 녹으면서 생긴 물과 녹고 있는 얼음의 온도가 녹는점에서 일정하게 유지되었는데 이 상태는 얼음이 완전히 녹을 때까지 지속되었다. 얼음을 녹이는 데 필요한 열량은 같은 양의 물의 온도를 녹는점에서 화씨 140도까지 올릴 수 있는 정도의 열량과 같았다. 블랙은 이 열이 실제로 온도계에 변화를 주지 않기 때문에 이를 '잠열(潛熱)'이라 불렀다.

> ㉠ A의 온도계로는 잠열을 직접 측정할 수 없었다.
> ㉡ 얼음이 녹는점에 이르러도 완전히 녹지 않는 것은 잠열 때문이다.
> ㉢ A의 얼음이 완전히 물로 바뀔 때까지, A의 얼음물 온도는 일정하게 유지된다.

① ㉠

② ㉡

③ ㉠㉢

④ ㉡㉢

⑤ ㉠㉡㉢

 블랙은 이 열이 실제로 온도계에 변화를 주지 않기 때문에 이를 '잠열(潛熱)'이라 불렀다.
　→ ㉠ A의 온도계로는 잠열을 직접 측정할 수 없었다. - 참
눈이 녹는점에 있음에도 불구하고 많은 양의 뜨거운 물은 눈을 조금밖에 녹이지 못했다.
이는 잠열 때문이다.
　→ ㉡ 얼음이 녹는점에 이르러도 완전히 녹지 않는 것은 잠열 때문이다. - 참
A에서는 얼음이 녹으면서 생긴 물과 녹고 있는 얼음의 온도가 녹는점에서 일정하게 유지되었는데 이 상태는 얼음이 완전히 녹을 때까지 지속되었다.
　→ ㉢ A의 얼음이 완전히 물로 바뀔 때까지, A의 얼음물 온도는 일정하게 유지된다. - 참

Answer → 27.① 28.⑤

29 다음의 내용에 따라 두 번의 재배정을 한 결과, 병이 홍보팀에서 수습 중이다. 다른 신입사원과 최종 수습부서를 바르게 연결한 것은?

> 신입사원을 뽑아서 1년 동안의 수습 기간을 거치게 한 후, 정식사원으로 임명을 하는 한 회사가 있다. 그 회사는 올해 신입사원으로 2명의 여자 직원 갑과 을, 그리고 2명의 남자 직원 병과 정을 뽑았다. 처음 4개월의 수습기간 동안 갑은 기획팀에서, 을은 영업팀에서, 병은 총무팀에서, 정은 홍보팀에서 각각 근무하였다. 그 후 8개월 동안 두 번의 재배정을 통해서 신입사원들은 다른 부서에서도 수습 중이다. 재배정할 때마다 다음의 세 원칙 중 한 가지 원칙만 적용되었고, 같은 원칙은 다시 적용되지 않았다.

> 〈원칙〉
> 1. 기획팀에서 수습을 거친 사람과 총무팀에서 수습을 거친 사람은 서로 교체해야 하고, 영업팀에서 수습을 거친 사람과 홍보팀에서 수습을 거친 사람은 서로 교체한다.
> 2. 총무팀에서 수습을 거친 사람과 홍보팀에서 수습을 거친 사람만 서로 교체한다.
> 3. 여성 수습사원만 서로 교체한다.

① 갑 – 총무팀   ② 을 – 영업팀

③ 을 – 총무팀   ④ 정 – 영업팀

⑤ 정 – 총무팀

(Tip) 사원과 근무부서를 표로 나타내면

배정부서	기획팀	영업팀	총무팀	홍보팀
처음 배정 부서	갑	을	병	정
2번째 배정 부서				
3번째 배정 부서				병

㉠ 규칙 1을 2번째 배정에 적용하고 규칙 2를 3번째 배정에 적용하면
기획팀 ↔ 총무팀 / 영업팀 ↔ 홍보팀이므로
갑 ↔ 병 / 을 ↔ 정
규칙 2까지 적용하면 다음과 같다.

배정부서	기획팀	영업팀	총무팀	홍보팀
처음 배정 부서	갑	을	병	정
2번째 배정 부서	병	정	갑	을
3번째 배정 부서			을	갑

㉡ 규칙 3을 먼저 적용하고 규칙 2를 적용하면

배정부서	기획팀	영업팀	총무팀	홍보팀
처음 배정 부서	갑	을	병	정
2번째 배정 부서	을	갑	병	정
3번째 배정 부서	을	갑	정	병

30 (가)~(라)의 유형 구분에 사용되었을 두 가지 기준을 〈보기〉에서 고른 것으로 가장 적절한 것은?

> 한 범죄학자가 미성년자 대상 성범죄자의 프로파일을 작성하기 위해 성범죄자를 A 기준과 B 기준에 따라 네 유형으로 분류하였다.
>
> | A 기준 | B 기준 | |
> |---|---|---|
> | | (가) | (나) |
> | | (다) | (라) |
>
> (가) 유형은 퇴행성 성범죄자로, 평소에는 정상적으로 성인과 성적 교류를 하지만 실직이나 이혼 등과 같은 실패를 경험하는 경우에 어려움을 극복하는 기술이 부족하여 일시적으로 미성년 여자를 대상으로 성매매 등의 성적 접촉을 시도한다. 이들은 흔히 내향적이며 정상적인 결혼생활을 하고 있고 거주지가 일정하다.
>
> (나) 유형은 미성숙 성범죄자로, 피해자의 성별에 대한 선호를 보이지 않는다. 정신적, 심리적 문제를 가진 경우가 많고 주위 사람들로부터 따돌림을 당해서 대부분 홀로 생활한다. 이들의 범행은 주로 성폭행과 성추행의 형태로 나타나는데, 일시적이고 충동적인 면이 있다.
>
> (다) 유형은 고착성 성범죄자로, 선물이나 금전 등으로 미성년자의 환심을 사기 위해 장기간에 걸쳐 노력을 기울인다. 발달 과정의 한 시점에 고착되었기 때문에 10대 후반부터 미성년자를 성적 대상으로 삼는 행동을 보인다. 성인과의 대인관계를 어려워하며, 생활과 행동에서 유아적인 요소를 보이는 경우가 많다.
>
> (라) 유형은 가학성 성범죄자로, 공격적이고 반사회적인 성격을 가진다. 전과를 가진 경우가 많고, 피해자를 해치는 경우가 많으며, 공격적 행동을 통하여 성적 쾌감을 경험한다. 어린 미성년 남자를 반복적으로 범죄 대상으로 선택하는 경우가 많다.

> ⊙ 미성년자 선호 지속성 ⓛ 내향성
> ⓒ 공격성 ⓔ 성별 선호

① ⊙ⓛ ② ⊙ⓒ
③ ⓛⓒ ④ ⓛⓔ
⑤ ⓒⓔ

	⊙	ⓛ	ⓒ	ⓔ
(가)	×	○	×	○
(나)	×	○	○	×
(다)	○	알 수 없음	×	알 수 없음
(라)	○	알 수 없음	○	○

Answer 29.⑤ 30.②

03 자원관리능력

1 자원과 자원관리

(1) 자원

① 자원의 종류 … 시간, 돈, 물적자원, 인적자원

② 자원의 낭비요인 … 비계획적 행동, 편리성 추구, 자원에 대한 인식 부재, 노하우 부족

(2) 자원관리 기본 과정

① 필요한 자원의 종류와 양 확인

② 이용 가능한 자원 수집하기

③ 자원 활용 계획 세우기

④ 계획대로 수행하기

│ 예제 1

당신은 A출판사 교육훈련 담당자이다. 조직의 효율성을 높이기 위해 전사적인 시간관리에 대한 교육을 실시하기로 하였지만 바쁜 일정 상 직원들을 집합교육에 동원할 수 있는 시간은 제한적이다. 다음 중 귀하가 최우선의 교육 대상으로 삼아야 하는 것은 어느 부분인가?

구분	긴급한 일	긴급하지 않은 일
중요한 일	제1사분면	제2사분면
중요하지 않은 일	제3사분면	제4사분면

[출제의도]

주어진 일들을 중요도와 긴급도에 따른 시간관리 매트릭스에서 우선순위를 구분할 수 있는가를 측정하는 문항이다.

[해설]

교육훈련에서 최우선 교육대상으로 삼아야 하는 것은 긴급하지 않지만 중요한 일이다. 이를 긴급하지 않다고 해서 뒤로 미루다보면 급박하게 처리해야하는 업무가 증가하여 효율적인 시간관리가 어려워진다.

① 중요하고 긴급한 일로 위기사항이나 급박한 문제, 기간이 정해진 프로젝트 등이 해당되는 제1사분면
② 긴급하지는 않지만 중요한 일로 인간관계구축이나 새로운 기회의 발굴, 중장기 계획 등이 포함되는 제2사분면
③ 긴급하지만 중요하지 않은 일로 잠깐의 급한 질문, 일부 보고서, 눈 앞의 급박한 사항이 해당되는 제3사분면
④ 중요하지 않고 긴급하지 않은 일로 하찮은 일이나 시간낭비거리, 즐거운 활동 등이 포함되는 제4사분면

구분	긴급한 일	긴급하지 않은 일
중요한 일	위기사항, 급박한 문제, 기간이 정해진 프로젝트	인간관계구축, 새로운 기회의 발굴, 중장기계획
중요하지 않은 일	잠깐의 급한 질문, 일부 보고서, 눈앞의 급박한 사항	하찮은 일, 우편물, 전화, 시간낭비거리, 즐거운 활동

답 ②

2 자원관리능력을 구성하는 하위능력

(1) 시간관리능력

① 시간의 특성
  ㉠ 시간은 매일 주어지는 기적이다.
  ㉡ 시간은 똑같은 속도로 흐른다.
  ㉢ 시간의 흐름은 멈추게 할 수 없다.
  ㉣ 시간은 꾸거나 저축할 수 없다.
  ㉤ 시간은 사용하기에 따라 가치가 달라진다.

② 시간관리의 효과
  ㉠ 생산성 향상
  ㉡ 가격 인상
  ㉢ 위험 감소
  ㉣ 시장 점유율 증가

③ 시간계획

　㉠ 개념 : 시간 자원을 최대한 활용하기 위하여 가장 많이 반복되는 일에 가장 많은 시간을 분배하고, 최단시간에 최선의 목표를 달성하는 것을 의미한다.

　㉡ 60 : 40의 Rule

계획된 행동 (60%)	계획 외의 행동 (20%)	자발적 행동 (20%)
총 시간		

예제 2

유아용품 홍보팀의 사원 은이씨는 일산 킨텍스에서 열리는 유아용품박람회에 참여하고자 한다. 당일 회의 후 출발해야 하며 회의 종료 시간은 오후 3시이다.

장소	일시
일산 킨텍스 제2전시장	2016. 1. 20(금) PM 15:00~19:00 * 입장가능시간은 종료 2시간 전까지

오시는 길
지하철 : 4호선 대화역(도보 30분 거리)
버스 : 8109번, 8407번(도보 5분 거리)

• 회사에서 버스정류장 및 지하철역까지 소요시간

출발지	도착지		소요시간
회사	×× 정류장	도보	15분
		택시	5분
	지하철역	도보	30분
		택시	10분

• 일산 킨텍스 가는 길

교통편	출발지	도착지	소요시간
지하철	강남역	대화역	1시간 25분
버스	×× 정류장	일산 킨텍스 정류장	1시간 45분

위의 제시 상황을 보고 은이씨가 선택할 교통편으로 가장 적절한 것은?

① 도보 – 지하철　　　　② 도보 – 버스
③ 택시 – 지하철　　　　④ 택시 – 버스

[출제의도]
주어진 여러 시간정보를 수집하여 실제 업무 상황에서 시간자원을 어떻게 활용할 것인지 계획하고 할당하는 능력을 측정하는 문항이다.
[해설]
④ 택시로 버스정류장까지 이동해서 버스를 타고 가게 되면 택시(5분), 버스(1시간 45분), 도보(5분)으로 1시간 55분이 걸린다.
① 도보-지하철 : 도보(30분), 지하철(1시간 25분), 도보(30분)이므로 총 2시간 25분이 걸린다.
② 도보-버스 : 도보(15분), 버스(1시간 45분), 도보(5분)이므로 총 2시간 5분이 걸린다.
③ 택시-지하철 : 택시(10분), 지하철(1시간 25분), 도보(30분)이므로 총 2시간 5분이 걸린다.

답 ④

(2) 예산관리능력

① 예산과 예산관리

ㄱ 예산 : 필요한 비용을 미리 헤아려 계산하는 것이나 그 비용

ㄴ 예산관리 : 활동이나 사업에 소요되는 비용을 산정하고, 예산을 편성하는 것뿐만 아니라 예산을 통제하는 것 모두를 포함한다.

② 예산의 구성요소

비용	직접비용	재료비, 원료와 장비, 시설비, 여행(출장) 및 잡비, 인건비 등
	간접비용	보험료, 건물관리비, 광고비, 통신비, 사무비품비, 각종 공과금 등

③ 예산수립 과정 ··· 필요한 과업 및 활동 구명 → 우선순위 결정 → 예산 배정

예제 3

당신은 가을 체육대회에서 총무를 맡으라는 지시를 받았다. 다음과 같은 계획에 따라 예산을 진행하였으나 확보된 예산이 생각보다 적게 되어 불가피하게 비용항목을 줄여야 한다. 다음 중 귀하가 비용 항목을 없애기에 가장 적절한 것은 무엇인가?

〈○○산업공단 춘계 1차 워크숍〉

1. 해당부서 : 인사관리팀, 영업팀, 재무팀
2. 일　　정 : 2016년 4월 21일~23일(2박 3일)
3. 장　　소 : 강원도 속초 ○○연수원
4. 행사내용 : 바다열차탑승, 체육대회, 친교의 밤 행사, 기타

① 숙박비　　　　　　　　　② 식비
③ 교통비　　　　　　　　　④ 기념품비

[출제의도]
업무에 소요되는 예산 중 꼭 필요한 것과 예산을 감축해야할 때 삭제 또는 감축이 가능한 것을 구분해내는 능력을 묻는 문항이다.

[해설]
한정된 예산을 가지고 과업을 수행할 때에는 중요도를 기준으로 예산을 사용한다. 위와 같이 불가피하게 비용 항목을 줄여야 한다면 기본적인 항목인 숙박비, 식비, 교통비는 유지되어야 하기에 항목을 없애기 가장 적절한 정답은 ④번이 된다.

답 ④

(3) 물적관리능력

① 물적자원의 종류
  ㉠ **자연자원** : 자연상태 그대로의 자원 ex) 석탄, 석유 등
  ㉡ **인공자원** : 인위적으로 가공한 자원 ex) 시설, 장비 등

② **물적자원관리** … 물적자원을 효과적으로 관리할 경우 경쟁력 향상이 향상되어 과제 및 사업의 성공으로 이어지며, 관리가 부족할 경우 경제적 손실로 인해 과제 및 사업의 실패 가능성이 커진다.

③ 물적자원 활용의 방해요인
  ㉠ 보관 장소의 파악 문제
  ㉡ 훼손
  ㉢ 분실

④ 물적자원관리 과정

과정	내용
사용 물품과 보관 물품의 구분	• 반복 작업 방지 • 물품활용의 편리성
동일 및 유사 물품으로의 분류	• 동일성의 원칙 • 유사성의 원칙
물품 특성에 맞는 보관 장소 선정	• 물품의 형상 • 물품의 소재

예제 4

S호텔의 외식사업부 소속인 K씨는 예약일정 관리를 담당하고 있다. 아래의 예약일정과 정보를 보고 K씨의 판단으로 옳지 않은 것은?

〈S호텔 일식 뷔페 1월 ROOM 예약 일정〉

* 예약 : ROOM 이름(시작시간)

SUN	MON	TUE	WED	THU	FRI	SAT
					1	2
					백합(16)	장미(11) 백합(15)
3	4	5	6	7	8	9
라일락(15)	백향목(10) 백합(15)	장미(10) 백향목(17)	백합(11) 라일락(18)	백향목(15)		장미(10) 라일락(15)

ROOM 구분	수용가능인원	최소투입인력	연회장 이용시간
백합	20	3	2시간
장미	30	5	3시간
라일락	25	4	2시간
백향목	40	8	3시간

- 오후 9시에 모든 업무를 종료함
- 한 타임 끝난 후 1시간씩 세팅 및 정리
- 동 시간 대 서빙 투입인력은 총 10명을 넘을 수 없음

안녕하세요, 1월 첫째 주 또는 둘째 주에 신년회 행사를 위해 ROOM을 예약하려고 하는데요, 저희 동호회의 총 인원은 27명이고 오후 8시쯤 마무리하려고 합니다. 신정과 주말, 월요일은 피하고 싶습니다. 예약이 가능할까요?

① 인원을 고려했을 때 장미ROOM과 백향목ROOM이 적합하겠군.
② 만약 2명이 안 온다면 예약 가능한 ROOM이 늘어나겠구나.
③ 조건을 고려했을 때 예약 가능한 ROOM은 5일 장미ROOM뿐이겠구나.
④ 오후 5시부터 8시까지 가능한 ROOM을 찾아야해.

[출제의도]
주어진 정보와 일정표를 토대로 이용 가능한 물적자원을 확보하여 이를 정확하게 안내할 수 있는 능력을 측정하는 문항이다. 고객이 제공한 정보를 정확하게 파악하고 그 조건 안에서 가능한 자원을 제공할 수 있어야 한다.

[해설]
③ 조건을 고려했을 때 5일 장미 ROOM과 7일 장미ROOM이 예약 가능하다.
① 참석 인원이 27명이므로 30명 수용 가능한 장미ROOM과 40명 수용 가능한 백향목ROOM 두 곳이 적합하다.
② 만약 2명이 안 온다면 총 참석 인원 25명이므로 라일락ROOM, 장미ROOM, 백향목ROOM이 예약 가능하다.
④ 오후 8시에 마무리하려고 계획하고 있으므로 적절하다.

 답 ③

(4) 인적자원관리능력

① 인맥 … 가족, 친구, 직장동료 등 자신과 직접적인 관계에 있는 사람들인 핵심인맥과 핵심인맥들로부터 알게 된 파생인맥이 존재한다.

② 인적자원의 특성 … 능동성, 개발가능성, 전략적 자원

③ 인력배치의 원칙

　㉠ 적재적소주의 : 팀의 효율성을 높이기 위해 팀원의 능력이나 성격 등과 가장 적합한 위치에 배치하여 팀원 개개인의 능력을 최대로 발휘해 줄 것을 기대하는 것

　㉡ 능력주의 : 개인에게 능력을 발휘할 수 있는 기회와 장소를 부여하고 그 성과를 바르게 평가하며 평가된 능력과 실적에 대해 그에 상응하는 보상을 주는 원칙

　㉢ 균형주의 : 모든 팀원에 대한 적재적소를 고려

④ 인력배치의 유형

　㉠ 양적 배치 : 부문의 작업량과 조업도, 여유 또는 부족 인원을 감안하여 소요인원을 결정하여 배치하는 것

　㉡ 질적 배치 : 적재적소의 배치

　㉢ 적성 배치 : 팀원의 적성 및 흥미에 따라 배치하는 것

┃ 예제 5

최근 조직개편 및 연봉협상 과정에서 직원들의 불만이 높아지고 있다. 온갖 루머가 난무한 가운데 인사팀인 당신에게 사내 게시판의 직원 불만사항에 대한 진위여부를 파악하고 대안을 세우라는 팀장의 지시를 받았다. 다음 중 당신이 조치를 취해야 하는 직원은 누구인가?

① 사원 A는 팀장으로부터 업무 성과가 탁월하다는 평가를 받았는데도 조직개편으로 인한 부서 통합으로 인해 승진을 못한 것이 불만이다.

② 사원 B는 회사가 예년에 비해 높은 영업 이익을 얻었는데도 불구하고 연봉 인상에 인색한 것이 불만이다.

③ 사원 C는 회사가 급여 정책을 변경해서 고정급 비율을 낮추고 기본급과 인센티브를 지급하는 제도로 바꾼 것이 불만이다.

④ 사원 D는 입사 동기인 동료가 자신보다 업무 실적이 좋지 않고 불성실한 근무태도를 가지고 있는데, 팀장과의 친분으로 인해 자신보다 높은 평가를 받은 것이 불만이다.

[출제의도]
주어진 직원들의 정보를 통해 시급하게 진위여부를 가리고 조치하여 인력배치를 해야 하는 사항을 확인하는 문제이다.
[해설]
사원 A, B, C는 각각 조직 정책에 대한 불만이기에 논의를 통해 조직적으로 대처하는 것이 옳지만, 사원 D는 팀장의 독단적인 전횡에 대한 불만이기 때문에 조사하여 시급히 조치할 필요가 있다. 따라서 가장 적절한 답은 ④번이 된다.

답 ④

1 외국계 은행 서울지사에 근무하는 甲은 런던지사 乙, 시애틀지사 丙과 같은 프로젝트를 진행하면서 다음과 같이 영상업무회의를 진행하였다. 회의 시각은 런던을 기준으로 11월 1일 오전 9시라고 할 때, ㉠에 들어갈 일시는? (단 런던은 GMT+0, 서울은 GMT+9, 시애틀은 GMT−7을 표준시로 사용한다.)

甲 : 제가 프로젝트에서 맡은 업무는 오늘 오후 10시면 마칠 수 있습니다. 런던에서 받아서 1차 수정을 부탁드립니다.

乙 : 네, 저는 甲님께서 제시간에 끝내 주시면 다음날 오후 3시면 마칠 수 있습니다. 시애틀에서 받아서 마지막 수정을 부탁드립니다.

丙 : 알겠습니다. 저는 앞선 두 분이 제시간에 끝내 주신다면 서울을 기준으로 모레 오전 10시면 마칠 수 있습니다. 제가 업무를 마치면 프로젝트가 최종 마무리 되겠군요.

甲 : 잠깐, 다들 말씀하신 시각의 기준이 다른 것 같은데요? 저는 처음부터 런던을 기준으로 이해하고 말씀드렸습니다.

乙 : 저는 처음부터 시애틀을 기준으로 이해하고 말씀드렸는데요?

丙 : 저는 처음부터 서울을 기준으로 이해하고 말씀드렸습니다. 그렇다면 계획대로 진행될 때 서울을 기준으로 (㉠)에 프로젝트를 최종 마무리할 수 있겠네요.

甲, 乙 : 네, 맞습니다.

---

① 11월 2일 오후 3시
② 11월 2일 오후 11시
③ 11월 3일 오전 10시
④ 11월 3일 오후 3시
⑤ 11월 3일 오후 7시

 회의 시간이 런던을 기준으로 11월 1일 9시이므로, 이때 서울은 11월 1일 18시, 시애틀은 11월 1일 2시이다.
- 甲은 런던을 기준으로 말했으므로 甲이 프로젝트에서 맡은 업무를 마치는 시간은 런던 기준 11월 1일 22시로, 甲이 맡은 업무를 마치는 데 필요한 시간은 22 − 9 = 13시간이다.
- 乙은 시애틀을 기준으로 이해하고 말했으므로 乙이 말한 다음날 오후 3시는 시애틀 기준 11월 2일 15시이다. 乙은 甲이 시애틀을 기준으로 11월 1일 22시에 맡은 일을 끝내 줄 것이라고 생각하였으므로, 乙이 맡은 업무를 마치는 데 필요한 시간은 2 + 15 = 17시간이다.

Answer ⤷ 1.⑤

- 丙은 서울을 기준으로 말했으므로 丙이 말한 모레 오전 10시는 11월 3일 10시이다. 丙은 乙이 서울을 기준으로 11월 2일 15시에 맡은 일을 끝내 줄 것이라고 생각하였으므로, 丙이 맡은 업무를 마치는 데 필요한 시간은 9 + 10 = 19시간이다.

  따라서 계획대로 진행될 경우 甲, 乙, 丙이 맡은 업무를 끝내는 데 필요한 총 시간은 13 + 17 + 19 = 49시간으로, 2일하고 1시간이라고 할 수 있다. 이를 서울 기준으로 보면 11월 1일 18시에서 2일하고 1시간이 지난 후이므로, 11월 3일 19시이다.

┃2~3┃ 甲과 乙은 산양우유를 생산하여 판매하는 ○○목장에서 일한다. 다음을 바탕으로 물음에 답하시오.

- ○○목장은 A~D의 4개 구역으로 이루어져 있으며 산양들은 자유롭게 다른 구역을 넘나들 수 있지만 목장을 벗어나지 않는다.
- 甲과 乙은 산양을 잘 관리하기 위해 구역별 산양의 수를 파악하고 있어야 하는데, 산양들이 계속 구역을 넘나들기 때문에 산양의 수를 정확히 헤아리는 데 어려움을 겪고 있다.
- 고민 끝에 甲과 乙은 시간별로 산양의 수를 기록하되, 甲은 특정 시간 특정 구역의 산양의 수만을 기록하고, 乙은 산양이 구역을 넘나들 때마다 그 시간과 그때 이동한 산양의 수를 기록하기로 하였다.
- 甲과 乙이 같은 날 오전 9시부터 오전 10시 15분까지 작성한 기록표는 다음과 같으며, ㉠~㉣을 제외한 모든 기록은 정확하다.

甲의 기록표			乙의 기록표		
시간	구역	산양 수	시간	구역 이동	산양 수
09:10	A	17마리	09:08	B→A	3마리
09:22	D	21마리	09:15	B→D	2마리
09:30	B	8마리	09:18	C→A	5마리
09:45	C	11마리	09:32	D→C	1마리
09:58	D	㉠21마리	09:48	A→C	4마리
10:04	A	㉡18마리	09:50	D→B	1마리
10:10	B	㉢12마리	09:52	C→D	3마리
10:15	C	㉣10마리	10:05	C→B	2마리

- 구역 이동 외의 산양의 수 변화는 고려하지 않는다.

2 ⊙~ⓔ 중 옳게 기록된 것만을 고른 것은?

① ⊙, ⓛ   ② ⊙, ⓒ

③ ⓛ, ⓒ   ④ ⓛ, ⓔ

⑤ ⓒ, ⓔ

⊙ 09:22에 D구역에 있었던 산양 21마리에서 09:32에 C구역으로 1마리, 09:50에 B구역으로 1마리가 이동하였고 09:52에 C구역에서 3마리가 이동해 왔으므로 09:58에 D구역에 있는 산양은 21 − 1 − 1 + 3 = 22마리이다.

ⓛ 09:10에 A구역에 있었던 산양 17마리에서 09:18에 C구역에서 5마리가 이동해 왔고 09:48에 C구역으로 4마리가 이동하였으므로 10:04에 A구역에 있는 산양은 17 + 5 − 4 = 18마리이다.

ⓒ 09:30에 B구역에 있었던 산양 8마리에서 09:50에 D구역에서 1마리가 이동해 왔고, 10:05에 C구역에서 2마리가 이동해 왔으므로 10:10에 B구역에 있는 산양은 8 + 1 + 2 = 11마리이다.

ⓔ 09:45에 C구역에 있었던 11마리에서 09:48에 A구역에서 4마리가 이동해 왔고, 09:52에 D구역으로 3마리, 10:05에 B구역으로 2마리가 이동하였으므로 10:15에 C구역에 있는 산양은 11 + 4 − 3 − 2 = 10마리이다.

3 ○○목장에서 키우는 산양의 총 마리 수는?

① 58마리   ② 59마리

③ 60마리   ④ 61마리

⑤ 62마리

○○목장에서 키우는 산양의 총 마리 수는 22 + 18 + 11 + 10 = 61마리이다.

Answer ➡ 2.④   3.④

4 다음은 철수가 운영하는 회사에서 작성한 3월 지출내역이다. 여기에서 알 수 있는 판매비와 일반관리비의 총 합계 금액으로 옳은 것은?

3월 지출내역			
광고선전비	320,000원	직원들의 급여	3,600,000원
통신비	280,000원	접대비	1,100,000원
조세공과금	300,000원	대출이자	2,000,000원

① 3,600,000원

② 4,500,000원

③ 5,600,000원

④ 6,500,000원

⑤ 7,600,000원

 판매비와 일반관리비에는 광고선전비, 직원들의 급여, 통신비, 접대비, 조세공과금이 모두 포함되기 때문에 총 합계 금액은
320,000+3,600,000+280,000+1,100,000+300,000=5,600,000(원)이다.

┃5~6┃ 공장 주변지역의 농경수 오염에 책임이 있는 기업이 총 70억 원의 예산을 가지고 피해 현황 심사와 보상을 진행한다고 한다. 다음 글을 읽고 물음에 답하시오.

총 500건의 피해가 발생했고, 기업측에서는 실제 피해 현황을 심사하여 보상하기로 하였다. 심사에 소요되는 비용은 보상 예산에서 사용한다. 심사를 통해 좀 더 정확한 피해 규모를 파악할 수 있지만, 그에 따라 소요되는 비용 또한 증가하게 된다.

	1일째	2일째	3일째	4일째
일별 심사 비용 (억 원)	0.5	0.7	0.9	1.1
일별 보상대상 제외건수	50	45	40	35

• 보상금 총액=예산−심사 비용
• 표는 누적수치가 아닌, 하루에 소요되는 비용을 말함
• 일별 심사 비용은 매일 0.2억씩 증가하고 제외건수는 매일 5건씩 감소함
• 제외건수가 0이 되는 날, 심사를 중지하고 보상금을 지급함

5 기업측이 심사를 중지하는 날까지 소요되는 일별 심사 비용은 총 얼마인가?

① 15억 원

② 15.5억 원

③ 16억 원

④ 16.5억 원

⑤ 17억 원

 제외건수가 매일 5건씩 감소한다고 했으므로 11일째 되는 날 제외건수가 0이 되고 일별 심사 비용은 총 16.5억 원이 된다.

6 심사를 중지하고 총 500건에 대해서 보상을 한다고 할 때, 보상대상자가 받는 건당 평균 보상금은 대략 얼마인가?

① 약 1천만 원

② 약 2천만 원

③ 약 3천만 원

④ 약 4천만 원

⑤ 약 5천만 원

 (70억－16.5억)/500건＝1,070만 원

Answer┌→ 4.③ 5.④ 6.①

7 다음은 (주)서원기업의 재고 관리 사례이다. 금요일까지 부품 재고 수량이 남지 않게 완성품을 만들 수 있도록 월요일에 주문할 A∼C 부품 개수로 옳은 것은? (단, 주어진 조건 이외에는 고려하지 않는다)

<table>
<tr><td colspan="3" align="center">〈부품 재고 수량과 완성품 1개당 소요량〉</td></tr>
<tr><td align="center">부품명</td><td align="center">부품 재고 수량</td><td align="center">완성품 1개당 소요량</td></tr>
<tr><td align="center">A</td><td align="center">500</td><td align="center">10</td></tr>
<tr><td align="center">B</td><td align="center">120</td><td align="center">3</td></tr>
<tr><td align="center">C</td><td align="center">250</td><td align="center">5</td></tr>
</table>

<table>
<tr><td colspan="6" align="center">〈완성품 납품 수량〉</td></tr>
<tr><td>항목 ＼ 요일</td><td align="center">월</td><td align="center">화</td><td align="center">수</td><td align="center">목</td><td align="center">금</td></tr>
<tr><td>완성품 납품 개수</td><td align="center">없음</td><td align="center">30</td><td align="center">20</td><td align="center">30</td><td align="center">20</td></tr>
</table>

〈조건〉

1. 부품 주문은 월요일에 한 번 신청하며 화요일 작업 시작 전 입고된다.
2. 완성품은 부품 A, B, C를 모두 조립해야 한다.

	A	B	C
①	100	100	100
②	100	180	200
③	500	100	100
④	500	180	250
⑤	500	150	250

 완성품 납품 개수는 30＋20＋30＋20으로 총 100개이다. 완성품 1개당 부품 A는 10개가 필요하므로 총 1,000개가 필요하고, B는 300개, C는 500개가 필요하다. 이때 각 부품의 재고 수량에서 부품 A는 500개를 가지고 있으므로 필요한 1,000개에서 가지고 있는 500개를 빼면 500개의 부품을 주문해야 한다. 부품 B는 120개를 가지고 있으므로 필요한 300개에서 가지고 있는 120개를 빼면 180개를 주문해야 하며, 부품 C는 250개를 가지고 있으므로 필요한 500개에서 가지고 있는 250개를 빼면 250개를 주문해야 한다.

8 한국산업은 네트워크상의 여러 서버에 분산되어 있는 모든 문서 자원을 발생부터 소멸까지 통합관리해주는 문서관리시스템을 도입하였다. 이 문서관리시스템의 장점으로 가장 거리가 먼 것은?

① 결재과정의 불필요한 시간, 인력, 비용의 낭비를 줄인다.

② 문서의 검색이 신속하고 정확해진다.

③ 결재문서를 불러서 재가공할 수 있어 기안작성의 효율을 도모한다.

④ 지역적으로 떨어져 있는 경우 컴퓨터를 이용해서 원격 전자 회의를 가능하게 한다.

⑤ 문서들의 정보를 찾기에 용이하다.

 그룹웨어(groupware) … 기업 등의 구성원들이 컴퓨터로 연결된 작업장에서, 서로 협력하여 업무를 수행하는 그룹 작업을 지원하기 위한 소프트웨어나 소프트웨어를 포함하는 구조를 말한다.

9 다음 분석 자료를 바탕으로 창업을 진행할 때 사용할 전략으로 적절한 것만을 모두 고른 것은?

> [분석 자료]
> • 패션화, 스포츠화, 기능화, 특수화 등이 선호되고 있다.
> • 세계 신발 시장이 지속적으로 성장할 것으로 기대된다.
> • 소재 개발 및 제품 개발 분야의 기술 경쟁이 가속화되고 있다.
> • 나만의 스타일을 중시하며, 20 ~ 30대를 중심으로 명품이 유행하고 있다.

> ㉠ 지속적인 해외 마케팅 추진이 필요하다.
> ㉡ 저가 상품을 소품종 대량 생산 방식으로 생산한다.
> ㉢ 특정 소비자를 대상으로 하는 차별화 전략이 필요하다.
> ㉣ 유행 주기가 빠르게 변하므로 고객의 요구를 지속적으로 반영한다.

① ㉠㉡

② ㉠㉣

③ ㉡㉢

④ ㉠㉢㉣

⑤ ㉡㉢㉣

 분석 자료를 통한 창업 전략으로 지속적인 해외 마케팅, 특정 소비자를 대상으로 하는 차별화, 고객 요구의 지속적 반영 전략이 필요하다.
㉡ 부가가치가 높은 다양한 신발을 생산하여야 한다.

Answer⌐→ 7.④ 8.④ 9.④

10 다음은 어느 회사 내에 있는 연구모임 현황과 연구모임을 지원하는 계획에 대한 내용이다. 다음 조건에 따라 지원금을 가장 많이 받는 연구모임을 '우수연구모임'으로 선정하려고 할 때, A~E 중 '우수연구모임'으로 선정되는 모임은?

〈연구모임 현황〉

모임	상품개발 여부	구성원 수	연구 계획 사전평가결과	협업 인정 여부
A	×	6	중	×
B	×	8	상	○
C	○	7	중	×
D	×	9	하	×
E	○	5	상	×

〈지원계획〉

• 기본지원금

한 모임당 150만 원을 기본으로 지원한다. 단, 상품개발을 위한 모임의 경우는 200만 원을 지원한다.

• 추가지원금

연구 계획 사전평가결과에 따라, '상' 등급을 받은 모임에는 구성원 1인당 12만 원을, '중' 등급을 받은 모임에는 구성원 1인당 10만 원을, '하' 등급을 받은 모임에는 구성원 1인당 7만원을 추가로 지원한다.

• 협업 장려를 위해 협업이 인정되는 모임에는 위의 두 지원금을 합한 금액의 30%를 별도로 지원한다.

① A　　　　　　　　　　　　② B
③ C　　　　　　　　　　　　④ D
⑤ E

 우선 (기본지원금＋추가지원금)을 계산해보면 다음과 같다.
A : 150만＋(6×10만)＝210만 원
B : 150만＋(8×12만)＝246만 원
C : 200만＋(7×10만)＝270만 원
D : 150만＋(9×7만)＝213만 원
E : 200만＋(5×12만)＝260만 원
협업 장려를 위해 협업이 인정되는 모임에 위의 지원금의 30%를 별도로 지원한다고 했으므로 B모임은 246만 원의 30%를 더 지원받게 된다. 따라서 246만＋73만 8,000원＝319만 8,000원으로 B모임이 우수연구모임으로 선정된다.

11 다음 표는 우리나라 산업 분야별 시장 변화를 나타낸 것이다. (가)~(다)의 대책으로 적절한 것만을 모두 고른 것은?

	시장 변화	대책
신발	건강 및 인체에 적합한 제품의 수요 증대	(가)
섬유	소비자의 소득 증대에 따른 다양한 기호 변화	(나)
식품	1인 가구 증가에 따른 식품 소비 유형 변화	(다)

> ㉠ (가)는 첨단 소재를 활용한 고기능성 제품을 개발한다.
> ㉡ (나)는 한 가지 제품을 대량 생산할 수 있도록 역량을 집중한다.
> ㉢ (다)는 고객 소비 패턴에 맞도록 소포장 제품을 개발한다.

① ㉠
② ㉡
③ ㉠㉢
④ ㉡㉢
⑤ ㉠㉡㉢

 (가)(나) 첨단 소재를 활용한 고기능성 제품 및 소비자의 다양한 기호 변화에 따라 다품종 소량생산 체제를 갖추는 것이 필요하다.
(다) 1인 가구 증가에 따른 소포장 제품을 개발하여야 한다.

12 기획팀 N대리는 다음 달로 예정되어 있는 해외 출장 일정을 확정하려 한다. 다음에 제시된 글의 내용을 만족할 경우 N대리의 출장 일정에 대한 보기의 설명 중 옳은 것은?

> N대리는 다음 달 3박4일 간의 중국 출장이 계획되어 있다. 회사에서는 출발일과 복귀일에 업무 손실을 최소화할 수 있도록 가급적 평일에 복귀하도록 권장하고 있고, 출장 기간에 토요일과 일요일이 모두 포함되는 일정은 지양하도록 요구한다. 이번 출장은 기획팀에게 매우 중요한 문제를 해결할 수 있는 기회가 될 수 있어 팀장은 N대리의 복귀 바로 다음 날 출장 보고를 받고자 한다. 다음 달의 첫째 날은 금요일이며 마지막 주 수요일과 13일은 N대리가 빠질 수 없는 업무 일정이 잡혀 있다.

① 금요일에 출장을 떠나는 일정도 가능하다.

② 팀장은 월요일이나 화요일에 출장 보고를 받을 수 있다.

③ N대리가 출발일로 잡을 수 있는 날짜는 모두 4개이다.

④ N대리는 마지막 주에 출장을 가게 될 수도 있다.

⑤ 다음 달 15일 이후가 이전보다 출발 가능일이 더 많다.

(Tip) 다음 달의 첫째 날이 금요일이므로 아래와 같은 달력을 그려 볼 수 있다.

일	월	화	수	목	금	토
					1	2
3	4	5	6	7	8	9
10	11	12	13	14	15	16
17	18	19	20	21	22	23
24	25	26	27	28	29	30

3박4일 일정이므로 평일에 복귀해야 하며 주말이 모두 포함되는 일정을 피하기 위해서는 출발일이 일, 월, 화요일이어야 한다. 또한 팀장 보고를 위해서는 금요일에 복귀하게 되는 화요일 출발 일정도 불가능하다. 따라서 일요일과 월요일에만 출발이 가능하다. 그런데 27일과 13일이 출장 일정에 포함될 수 없으므로 10, 11, 24, 25일은 제외된다. 결론적으로 3, 4, 17, 18일에 출발하는 4가지 일정이 가능하다.

▌13~14▐ S사 홍보팀에서는 사내 행사를 위해 다음과 같이 3개 공급업체로부터 경품1과 경품2에 대한 견적서를 받아보았다. 행사 참석자가 모두 400명이고 1인당 경품1과 경품2를 각각 1개씩 나누어 주어야 한다. 다음 자료를 보고 이어지는 질문에 답하시오.

공급처	물품	세트당 포함 수량(개)	세트 가격
A업체	경품1	100	85만 원
	경품2	60	27만 원
B업체	경품1	110	90만 원
	경품2	80	35만 원
C업체	경품1	90	80만 원
	경품2	130	60만 원

– A업체 : 경품2 170만 원 이상 구입 시, 두 물품 함께 구매하면 총 구매가의 5% 할인
– B업체 : 경품1 350만 원 이상 구입 시, 두 물품 함께 구매하면 총 구매가의 5% 할인
– C업체 : 경품1 350만 원 이상 구입 시, 두 물품 함께 구매하면 총 구매가의 20% 할인
* 모든 공급처는 세트 수량으로만 판매한다.

13 홍보팀에서 가장 저렴한 가격으로 인원수에 모자라지 않는 수량의 물품을 구매할 수 있는 공급처와 공급가격은 어느 것인가?

① A업체 / 5,000,500원　　　② A업체 / 5,025,500원
③ B업체 / 5,082,500원　　　④ B업체 / 5,095,000원
⑤ B업체 / 5,120,000원

 정각 공급처로부터 두 물품 모두를 함께 구매할 경우(나)와 개별 구매할 경우(가)의 총 구매가격을 표로 정리해 보면 다음과 같다. 구매 수량은 각각 400개 이상이어야 한다.

공급처	물품	세트당 포함 수량(개)	세트 가격	(가)	(나)
A업체	경품1	100	85만 원	340만 원	5,025,500원
	경품2	60	27만 원	189만 원	(5% 할인)
B업체	경품1	110	90만 원	360만 원	5,082,500원
	경품2	80	35만 원	175만 원	(5% 할인)
C업체	경품1	90	80만 원	400만 원	5,120,000원
	경품2	130	60만 원	240만 원	(20% 할인)

Answer↪ 12.③　13.②

14 다음 중 C업체가 S사의 공급처가 되기 위한 조건으로 적절한 것은 어느 것인가?

① 경품1의 세트당 포함 수량을 100개로 늘린다.

② 경품2의 세트당 가격을 2만 원 인하한다.

③ 경품1의 세트당 수량을 85개로 줄인다.

④ 경품2의 세트당 포함 수량을 120개로 줄인다.

⑤ 경품1의 세트당 가격을 5만 원 인하한다.

 경품1의 세트당 가격을 5만 원 인하하면 총 판매가격이 4,920,000원이 되어 가장 낮은 공급가가 된다.

① 경품1의 세트당 포함 수량이 100개가 되면 세트 수량이 5개에서 4개로 줄어들어 판매가격이 80만 원 낮아지나, 할인 적용이 되지 않아 최종 판매가는 오히려 비싸진다.

② 경품2의 세트당 가격을 2만 원 인하하면 총 판매가격이 5,056,000원이 되어 A업체보다 여전히 비싸다.

15 다음 중 신입사원 인성씨가 해야 할 일을 시간관리 매트릭스 4단계로 구분한 것으로 잘못 된 것은?

〈인성씨가 해야 할 일〉

㉠ 어제 못 본 드라마보기　　　　　㉡ 마감이 정해진 프로젝트
㉢ 인간관계 구축하기　　　　　　　㉣ 업무 보고서 작성하기
㉤ 회의하기　　　　　　　　　　　㉥ 자기개발하기
㉦ 상사에게 급한 질문하기

〈시간관리 매트릭스〉

	긴급함	긴급하지 않음
중요함	제1사분면	제2사분면
중요하지 않음	제3사분면	제4사분면

① 제1사분면 : ㉢　　　　　　　　② 제2사분면 : ㉥
③ 제3사분면 : ㉣　　　　　　　　④ 제3사분면 : ㉤
⑤ 제4사분면 : ㉠

〈시간관리 매트릭스〉

	긴급함	긴급하지 않음
중요함	㉡	㉢㉥
중요하지 않음	㉣㉤㉦	㉠

16 다음 글과 〈조건〉을 근거로 판단할 때, 중국으로 출장 가는 사람으로 짝지어진 것은?

C회사에서는 업무상 외국 출장이 잦은 편이다. 인사부 A씨는 매달 출장 갈 직원들을 정하는 업무를 맡고 있다. 이번 달에는 총 4국가로 출장을 가야 하며 인원은 다음과 같다.

미국	영국	중국	일본
1명	4명	3명	4명

출장을 갈 직원은 이과장, 김과장, 신과장, 류과장, 임과장, 장과장, 최과장이 있으며, 개인별 출장 가능한 국가는 다음과 같다.

국가 \ 직원	이과장	김과장	신과장	류과장	임과장	장과장	최과장
미국	○	×	○	×	×	×	×
영국	○	×	○	○	○	×	×
중국	×	○	○	○	○	×	○
일본	×	×	○	×	○	○	○

※ ○ : 출장 가능, × : 출장 불가능
※ 어떤 출장도 일정이 겹치진 않는다.

〈조건〉
• 한 사람이 두 국가까지만 출장 갈 수 있다.
• 모든 사람은 한 국가 이상 출장을 가야 한다.

① 김과장, 최과장, 류과장 ② 김과장, 신과장, 류과장
③ 신과장, 류과장, 임과장 ④ 김과장, 임과장, 최과장
⑤ 최과장, 류과장, 임과장

 모든 사람이 한 국가 이상 출장을 가야 한다고 했으므로 김과장은 꼭 중국을 가야 하며, 장과장은 꼭 일본을 가야 한다. 또한 영국으로 4명이 출장을 가야 되고, 출장 가능 직원도 4명이므로 이과장, 신과장, 류과장, 임과장이 영국을 가야한다. 4국가 출장에 필요한 직원은 12명인데 김과장과 장과장이 1국가 밖에 못가므로 나머지 5명이 2국가를 출장간다는 것에 주의한다.

국가	출장가는 직원
미국(1명)	이과장
영국(4명)	류과장, 이과장, 신과장, 임과장
중국(3명)	김과장, 최과장, 류과장
일본(4명)	장과장, 최과장, 신과장, 임과장

17 M업체의 직원 채용시험 최종 결과가 다음과 같다면, 다음 5명의 응시자 중 가장 많은 점수를 얻어 최종 합격자가 될 사람은 누구인가?

〈최종결과표〉

(단위 : 점)

	응시자 A	응시자 B	응시자 C	응시자 D	응시자 E
서류전형	89	86	94	92	93
1차 필기	94	92	89	83	91
2차 필기	88	87	90	97	89
면접	90	94	93	92	93

※ 각 단계별 다음과 같은 가중치를 부여하여 해당 점수에 추가 반영한다.
 • 서류전형 점수 10%
 • 1차 필기 점수 15%
 • 2차 필기 점수 20%
 • 면접 점수 5%
※ 4개 항목 중 어느 항목이라도 5명 중 최하위 득점이 있을 경우(최하위 점수가 90점 이상일 경우 제외), 최종 합격자가 될 수 없음.
※ 동점자는 가중치가 많은 항목 고득점자 우선 채용

① 응시자 A
② 응시자 B
③ 응시자 C
④ 응시자 D
⑤ 응시자 E

 응시자들의 점수를 구하기 전에 채용 조건에 따라 서류전형과 2차 필기에서 최하위 득점을 한 응시자 B와 1차 필기에서 최하위 득점을 한 응시자 D는 채용이 될 수 없다. 면접에서 최하위 득점을 한 응시자 A는 90점 이상이므로 점수를 계산해 보아야 한다. 따라서 응시자 A, C, E의 점수는 다음과 같이 계산된다.
응시자 A : 89×1.1+94×1.15+88×1.2+90×1.05 = 406.1점
응시자 C : 94×1.1+89×1.15+90×1.2+93×1.05 = 411.4점
응시자 E : 93×1.1+91×1.15+89×1.2+93×1.05 = 411.4점
응시자 C와 E가 동점이나, 가중치가 많은 2차 필기의 점수가 높은 응시자 C가 최종 합격이 된다.

18 신입사원 H씨는 팀의 다음 사업에 대한 계획을 마련하기 위해 각국의 환경오염의 실태와 해결 방안을 조사해서 보고서를 올리라는 지시를 받았다. 다음의 보고서 작성 순서를 바르게 나열한 것은?

> ㉠ 보고서에 들어갈 내용 중 너무 긴 내용은 표나 그래프로 작성한다.
> ㉡ 해외 여러 나라들의 환경오염실태와 해결했던 실례들을 수집한다.
> ㉢ 어떤 내용, 어떤 흐름으로 보고서를 작성할지 구상하고 개요를 작성한다.

① ㉠㉡㉢
② ㉠㉢㉡
③ ㉡㉠㉢
④ ㉡㉢㉠
⑤ ㉢㉡㉠

Tip) 보고서를 어떻게 구성해야 할지에 대해서 고민하고 개요를 작성한 후 자료를 수집하는 것이 시간을 절약할 수 있고, 구성 면에서도 우수한 보고서를 작성할 수 있다.

Answer 17.③ 18.⑤

19 다음 〈표〉는 K국 '갑'~'무' 공무원의 국외 출장 현황과 출장 국가별 여비 지급 기준액을 나타낸 자료이다. 〈표〉와 〈조건〉을 근거로 출장 여비를 지급받을 때, 출장 여비를 가장 많이 지급받는 출장자는 누구인가?

〈표1〉 K국 '갑'~'무' 공무원 국외 출장 현황

출장자	출장국가	출장기간	숙박비 지급 유형	1박 실지출 비용($/박)	출장 시 개인 마일리지 사용 여부
갑	A	3박 4일	실비지급	145	미사용
을	A	3박 4일	정액지급	130	사용
병	B	3박 5일	실비지급	110	사용
정	C	4박 6일	정액지급	75	미사용
무	D	5박 6일	실비지급	75	사용

※ 각 출장자의 출장 기간 중 매 박 실지출 비용은 변동 없음

〈표2〉 출장 국가별 1인당 여비 지급 기준액

출장국가 \ 구분	1일 숙박비 상한액($/박)	1일 식비($/일)
A	170	72
B	140	60
C	100	45
D	85	35

〈조건〉
㉠ 출장 여비($) = 숙박비 + 식비
㉡ 숙박비는 숙박 실지출 비용을 지급하는 실비지급 유형과 출장국가 숙박비 상한액의 80%를 지급하는 정액지급 유형으로 구분
 • 실비지급 숙박비($) = (1박 실지출 비용) × ('박' 수)
 • 정액지급 숙박비($) = (출장국가 1일 숙박비 상한액) × ('박' 수) × 0.8
㉢ 식비는 출장 시 개인 마일리지 사용여부에 따라 출장 중 식비의 20% 추가지급
 • 개인 마일리지 미사용시 지급 식비($) = (출장국가 1일 식비) × ('일' 수)
 • 개인 마일리지 사용시 지급 식비($) = (출장국가 1일 식비) × ('일' 수) × 1.2

① 갑
② 을
③ 병
④ 정
⑤ 무

① $145 \times 3 + 72 \times 4 = 723$
② $170 \times 3 \times 0.8 + 72 \times 4 \times 1.2 = 753.6$
③ $110 \times 3 + 60 \times 5 \times 1.2 = 690$
④ $100 \times 4 \times 0.8 + 45 \times 6 = 590$
⑤ $75 \times 5 + 35 \times 6 \times 1.2 = 627$

20 다음은 영업사원인 甲씨가 오늘 미팅해야 할 거래처 직원들과 방문해야 할 업체에 관한 정보이다. 다음의 정보를 모두 반영하여 하루의 일정을 짠다고 할 때 순서가 올바르게 배열된 것은? (단, 장소간 이동 시간은 없는 것으로 가정한다)

〈거래처 직원들의 요구 사항〉

• A거래처 과장 : 회사 내부 일정으로 인해 미팅은 10시~12시 또는 16~18시까지 2시간 정도 가능합니다.
• B거래처 대리 : 12시부터 점심식사를 하거나, 18시부터 저녁식사를 하시죠. 시간은 2시간이면 될 것 같습니다.
• C거래처 사원 : 외근이 잡혀서 오전 9시부터 10시까지 1시간만 가능합니다.
• D거래처 부장 : 외부일정으로 18시부터 저녁식사만 가능합니다.

〈방문해야 할 업체와 가능시간〉

• E서점 : 14~18시, 소요시간은 2시간
• F은행 : 12~16시, 소요시간은 1시간
• G미술관 관람 : 하루 3회(10시, 13시, 15시), 소요시간은 1시간

---

① C거래처 사원 - A거래처 과장 - B거래처 대리 - E서점 - G미술관 - F은행 - D거래처 부장

② C거래처 사원 - A거래처 과장 - F은행 - B거래처 대리 - G미술관 - E서점 - D거래처 부장

③ C거래처 사원 - G미술관 - F은행 - B거래처 대리 - E서점 - A거래처 과장 - D거래처 부장

④ C거래처 사원 - A거래처 과장 - B거래처 대리 - F은행 - G미술관 - E서점 - D거래처 부장

⑤ C거래처 사원 - A거래처 과장 - F은행 - G미술관 - E서점 - B거래처 대리 - D거래처 부장

 C거래처 사원(9시~10시) - A거래처 과장(10시~12시) - B거래처 대리(12시~14시) - F은행(14시~15시) - G미술관(15시~16시) - E서점(16시~18시) - D거래처 부장(18시~)
① E서점까지 들리면 16시가 되는데, 그 이후에 G미술관을 관람할 수 없다.
② F은행까지 들리면 13시가 되는데, B거래처 대리 약속은 18시에 가능하다.
③ G미술관 관람을 마치고 나면 11시가 되는데 F은행은 12시에 가야한다. 1시간 기다려서 F은행 일이 끝나면 13시가 되는데, B거래처 대리 약속은 18시에 가능하다.
⑤ E서점까지 들리면 16시가 되는데, B거래처 대리 약속과 D거래처 부장 약속이 동시에 18시가 된다.

Answer↪ 19.② 20.④

21 다음 중 SMART법칙에 따라 목표를 설정하지 못한 사람을 모두 고른 것은?

> 지민 : 나는 올해 안에 토익 800점을 넘을 거야.
> 상수 : 나는 점심시간 전까지 팀장님께 제출할 보고서 10페이지를 작성할거야.
> 민식 : 올해에는 좀 더 가족을 챙기는 가장이 되어야겠어.
> 소희 : 난 올해 안에 중국어와 일본어를 마스터하겠어.

① 지민, 상수
② 상수, 민식
③ 민식, 소희
④ 지민, 소희
⑤ 지민, 민식

 SMART법칙 … 목표를 어떻게 설정하고 그 목표를 성공적으로 달성하기 위해 꼭 필요한 필수 요건들을 S.M.A.R.T. 5개 철자에 따라 제시한 것이다.
ⓐ Specific(구체적으로) : 목표를 구체적으로 작성한다.
ⓑ Measurable(측정 가능하도록) : 수치화, 객관화시켜서 측정 가능한 척도를 세운다.
ⓒ Action-oriented(행동 지향적으로) : 사고 및 생각에 그치는 것이 아닌 행동을 중심으로 목표를 세운다.
ⓓ Realistic(현실성 있게) : 실현 가능한 목표를 세운다.
ⓔ Time limited(시간적 제약이 있게) : 목표를 설정함에 있어 제한 시간을 둔다.

22 다음은 자원관리 기본 과정이다. 순서대로 나열한 것은?

> (개) 계획대로 수행하기
> (내) 이용 가능한 자원 수집하기
> (대) 필요한 자원의 종류와 양 확인하기
> (래) 자원 활용 계획 세우기

① (내) – (대) – (래) – (개)
② (내) – (래) – (대) – (개)
③ (대) – (내) – (래) – (개)
④ (대) – (래) – (내) – (개)
⑤ (개) – (내) – (래) – (대)

 자원관리 기본 과정
ⓐ 필요한 자원의 종류와 양 확인하기
ⓑ 이용 가능한 자원 수집하기
ⓒ 자원 활용 계획 세우기
ⓓ 계획대로 수행하기

23 다음 상황에서 총 순이익 200억 원 중에 Y사가 150억 원을 분배 받았다면 Y사의 연구개발비는 얼마인가?

> X사와 Y사는 신제품을 공동개발하여 판매한 총 순이익을 다음과 같은 기준에 의해 분배하기로 약정하였다.
> • 1번째 기준 : X사와 Y사는 총 순이익에서 각 회사 제조원가의 10%에 해당하는 금액을 우선 각자 분배 받는다.
> • 2번째 기준 : 총 순수익에서 위의 1번째 기준에 의해 분배 받은 금액을 제외한 나머지 금액에 대한 분배는 각 회사가 연구개발에 지출한 비용에 비례하여 분배액을 정한다.
>
> 〈신제품 개발과 판례에 따른 연구개발비용과 총 순이익〉
>
> (단위 : 억 원)
>
> | 구분 | X사 | Y사 |
> |---|---|---|
> | 제조원가 | 200 | 600 |
> | 연구개발비 | 100 | ( ) |
> | 총 순이익 | 200 | |

① 200억 원   ② 250억 원

③ 300억 원   ④ 350억 원

⑤ 360억 원

 1번째 기준에 의해 X사는 200억의 10%인 20억을 분배 받고, Y사는 600억의 10%인 60억을 분배 받는다. Y가 분배 받은 금액이 총 150억이라고 했으므로 X사가 분배 받은 금액은 50억이다. X사가 두 번째 기준에 의해 분배 받은 금액은 30억이고, Y사가 두 번째 기준에 의해 분배 받은 금액은 90억이다. 두 번째 기준은 연구개발비용에 비례하여 분배 받은 것이므로 X사의 연구개발비의 3배로 계산하면 300억이다.

24 J회사 관리부에서 근무하는 L씨는 소모품 구매를 담당하고 있다. 2020년 5월 중에 다음 조건 하에서 A4용지와 토너를 살 때, 총 비용이 가장 적게 드는 경우는? (단, 2020년 5월 1일에는 A4용지와 토너는 남아 있다고 가정하며, 다 썼다는 말이 없으면 그 소모품들은 남아있다고 가정한다)

- A4용지 100장 한 묶음의 정가는 1만 원, 토너는 2만 원이다(A4용지는 100장 단위로 구매함).
- J회사와 거래하는 ◇◇오피스는 매달 15일에 전 품목 20% 할인 행사를 한다.
- ◇◇오피스에서는 5월 5일에 A사 카드를 사용하면 정가의 10%를 할인해 준다.
- 총 비용이란 소모품 구매가격과 체감비용(소모품을 다 써서 느끼는 불편)을 합한 것이다.
- 체감비용은 A4용지와 토너 모두 하루에 500원이다.
- 체감비용을 계산할 때, 소모품을 다 쓴 당일은 포함하고 구매한 날은 포함하지 않는다.
- 소모품을 다 쓴 당일에 구매하면 체감비용은 없으며, 소모품이 남은 상태에서 새 제품을 구입할 때도 체감비용은 없다.

① 3일에 A4용지만 다 써서 5일에 A사 카드로 A4용지와 토너를 살 경우

② 13일에 토너만 다 써서 당일 토너를 사고, 15일에 A4용지를 살 경우

③ 10일에 A4용지와 토너를 다 써서 15일에 A4용지와 토너를 같이 살 경우

④ 3일에 A4용지만 다 써서 당일 A4용지를 사고, 13일에 토너를 다 써서 15일에 토너만 살 경우

⑤ 4일에 A4용지와 토너를 다 써서 5일에 A사 카드로 A4용지와 토너를 살 경우

 ① 1,000원(체감비용)+27,000원=28,000원
② 20,000원(토너)+8,000원(A4용지)=28,000원
③ 5,000원(체감비용)+24,000원=29,000원
④ 10,000원(A4용지)+1,000원(체감비용)+16,000원(토너)=27,000원
⑤ 1,000원(체감비용)+27,000원=28,000원

25 다음 중 시간자원에 대한 설명으로 틀린 것은?

① 시간은 누구에게나 똑같은 속도로 흐른다.

② 시간은 빌리거나 저축할 수 없다.

③ 시간은 시절에 관계없이 그 밀도가 같다.

④ 시간은 어떻게 사용하느냐에 따라 가치가 달라진다.

⑤ 시간의 흐름은 멈추게 할 수 없다.

 ③ 시간은 시절에 따라 밀도와 가치가 다르다. 인생의 황금기, 황금시간대 등은 시간자원의 이러한 성격을 반영하는 말이다.

26 시간계획 시 계획된 행동과 비계획된 행동(계획 외의 행동 및 자발적 행동)의 적절한 비중은 얼마인가?

① 90 : 10   ② 80 : 20

③ 70 : 30   ④ 60 : 40

⑤ 50 : 50

 60 : 40 규칙 … 시간계획의 기본 원리인 60 : 40 규칙은 자신에게 주어진 시간 중 60%는 계획된 행동을 하여야 한다는 것을 의미한다.

27 다음 중 비용의 성격이 다른 하나는?

① 건물관리비   ② 인건비

③ 통신비   ④ 광고비

⑤ 사무비품비

 비용
㉠ **직접비용** : 재료비, 원료와 장비, 시설비, 여행 및 잡비, 인건비
㉡ **간접비용** : 보험료, 건물관리비, 광고비, 통신비, 사무비품비, 각종 공과금

Answer↪ 24.④   25.③   26.④   27.②

28 다음에 설명하고 있는 합리적인 인사관리 원칙은?

> 근로자의 인권을 존중하고 공헌도에 따라 노동의 대가를 지급한다.

① 적재적소 배치의 원리   ② 공정 보상의 원칙

③ 공정 인사의 원칙   ④ 종업원 안정의 원칙

⑤ 창의력 계발의 원칙

 합리적인 인사관리의 원칙
  ㉠ **적재적소 배치의 원리**: 해당 직무 수행에 가장 적합한 인재를 배치
  ㉡ **공정 보상의 원칙**: 근로자의 인권을 존중하고 공헌도에 따라 노동의 대가를 공정하게 지급
  ㉢ **공정 인사의 원칙**: 직무 배당, 승진, 상벌, 근무 성적의 평가, 임금 등을 공정하게 처리
  ㉣ **종업원 안정의 원칙**: 직장에서의 신분 보장, 계속해서 근무할 수 있다는 믿음으로 근로자의 안정된 회사 생활 보장
  ㉤ **창의력 계발의 원칙**: 근로자가 창의력을 발휘할 수 있도록 새로운 제안·전의 등의 기회를 마련하고 적절한 보상을 지급
  ㉥ **단결의 원칙**: 직장 내에서 구성원들이 소외감을 갖지 않도록 배려하고, 서로 협동·단결할 수 있도록 유지

29 '물품의 활용 빈도가 높은 것은 상대적으로 가져다 쓰기 쉬운 위치에 보관한다.'는 물품보관 원칙 중 무엇에 해당되는가?

① 동일성의 원칙   ② 유사성의 원칙

③ 개별성의 원칙   ④ 회전대응 보관 원칙

⑤ 중량특성의 원칙

 회전대응 보관 원칙 … 물품의 활용 빈도가 높은 것은 상대적으로 가져다 쓰기 쉬운 위치에 보관한다는 원칙으로, 입·출하의 빈도가 높은 품목은 출입구 가까운 곳에 보관하는 것을 말한다.

30 인맥관리를 위해 명함에 메모해두면 좋은 내용으로 가장 거리가 먼 것은?

① 소개자의 이름

② 상대의 업무내용, 취미, 기타 특이 사항

③ 함께 갔었던 식당 이름

④ 전근, 전직 등의 변동 사항

⑤ 거주지와 기타 연락처

 인맥관리를 위해 명함에 메모해두면 좋은 내용
ㄱ 언제, 어디서, 무슨 일로 만났는지에 관한 내용
ㄴ 소개자의 이름
ㄷ 학력이나 경력
ㄹ 상대의 업무내용이나 취미, 기타 독특한 점
ㅁ 전근, 전직 등의 변동 사항
ㅂ 가족사항
ㅅ 거주지와 기타 연락처
ㅇ 대화를 나누고 나서의 느낀 점이나 성향

Answer ↪ 28.② 29.④ 30.③

04 조직이해능력

1 조직과 개인

(1) 조직

① 조직과 기업
 ㉠ 조직 : 두 사람 이상이 공동의 목표를 달성하기 위해 의식적으로 구성된 상호작용과 조정을 행하는 행동의 집합체
 ㉡ 기업 : 노동, 자본, 물자, 기술 등을 투입하여 제품이나 서비스를 산출하는 기관

② 조직의 유형

기준	구분	예
공식성	공식조직	조직의 규모, 기능, 규정이 조직화된 조직
	비공식조직	인간관계에 따라 형성된 자발적 조직
영리성	영리조직	사기업
	비영리조직	정부조직, 병원, 대학, 시민단체
조직규모	소규모 조직	가족 소유의 상점
	대규모 조직	대기업

(2) 경영

① 경영의 의미 … 경영은 조직의 목적을 달성하기 위한 전략, 관리, 운영활동이다.

② 경영의 구성요소
 ㉠ 경영목적 : 조직의 목적을 달성하기 위한 방법이나 과정
 ㉡ 인적자원 : 조직의 구성원·인적자원의 배치와 활용
 ㉢ 자금 : 경영활동에 요구되는 돈·경영의 방향과 범위 한정
 ㉣ 경영전략 : 변화하는 환경에 적응하기 위한 경영활동 체계화

③ 경영자의 역할

대인적 역할	정보적 역할	의사결정적 역할
• 조직의 대표자	• 외부환경 모니터	• 문제 조정
• 조직의 리더	• 변화전달	• 대외적 협상 주도
• 상징자, 지도자	• 정보전달자	• 분쟁조정자, 자원배분자, 협상가

(3) 조직체제 구성요소

① 조직목표 ··· 전체 조직의 성과, 자원, 시장, 인력개발, 혁신과 변화, 생산성에 대한 목표

② 조직구조 ··· 조직 내의 부문 사이에 형성된 관계

③ 조직문화 ··· 조직구성원들 간에 공유하는 생활양식이나 가치

④ 규칙 및 규정 ··· 조직의 목표나 전략에 따라 수립되어 조직구성원들이 활동범위를 제약하고 일관성을 부여하는 기능

예제 1

주어진 글의 빈칸에 들어갈 말로 가장 적절한 것은?

> 조직이 지속되게 되면 조직구성원들 간 생활양식이나 가치를 공유하게 되는데 이를 조직의 (㉠)라고 한다. 이는 조직구성원들의 사고와 행동에 영향을 미치며 일체감과 정체성을 부여하고 조직이 (㉡)으로 유지되게 한다. 최근 이에 대한 중요성이 부각되면서 긍정적인 방향으로 조성하기 위한 경영층의 노력이 이루어지고 있다.

① ㉠ : 목표, ㉡ : 혁신적   ② ㉠ : 구조, ㉡ : 단계적
③ ㉠ : 문화, ㉡ : 안정적   ④ ㉠ : 규칙, ㉡ : 체계적

[출제의도]
본 문항은 조직체계의 구성요소들의 개념을 묻는 문제이다.
[해설]
조직문화란 조직구성원들 간에 공유하게 되는 생활양식이나 가치를 말한다. 이는 조직구성원들의 사고와 행동에 영향을 미치며 일체감과 정체성을 부여하고 조직이 안정적으로 유지되게 한다.

답 ③

---

(4) 조직변화의 과정

환경변화 인지→조직변화 방향 수립→조직변화 실행→변화결과 평가

(5) 조직과 개인

	지식, 기술, 경험 →	
개인		조직
	← 연봉, 성과급, 인정, 칭찬, 만족감	

2 조직이해능력을 구성하는 하위능력

(1) 경영이해능력

① **경영** … 경영은 조직의 목적을 달성하기 위한 전략, 관리, 운영활동이다.

    ㉠ **경영의 구성요소** : 경영목적, 인적자원, 자금, 전략

    ㉡ **경영의 과정**

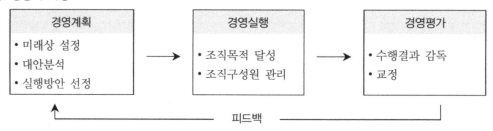

    ㉢ **경영활동 유형**

       • 외부경영활동 : 조직외부에서 조직의 효과성을 높이기 위해 이루어지는 활동이다.

       • 내부경영활동 : 조직내부에서 인적, 물적 자원 및 생산기술을 관리하는 것이다.

② 의사결정과정

    ㉠ 의사결정의 과정

       • 확인 단계 : 의사결정이 필요한 문제를 인식한다.

       • 개발 단계 : 확인된 문제에 대하여 해결방안을 모색하는 단계이다.

       • 선택 단계 : 해결방안을 마련하며 실행가능한 해결안을 선택한다.

    ㉡ 집단의사결정의 특징

       • 지식과 정보가 더 많아 효과적인 결정을 할 수 있다.

       • 다양한 견해를 가지고 접근할 수 있다.

       • 결정된 사항에 대하여 의사결정에 참여한 사람들이 해결책을 수월하게 수용하고, 의사소통의 기회도 향상된다.

- 의견이 불일치하는 경우 의사결정을 내리는데 시간이 많이 소요된다.
- 특정 구성원에 의해 의사결정이 독점될 가능성이 있다.

③ 경영전략

㉠ 경영전략 추진과정

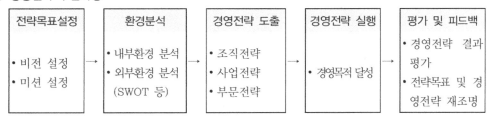

전략목표설정	환경분석	경영전략 도출	경영전략 실행	평가 및 피드백
• 비전 설정 • 미션 설정	• 내부환경 분석 • 외부환경 분석 (SWOT 등)	• 조직전략 • 사업전략 • 부문전략	• 경영목적 달성	• 경영전략 결과 평가 • 전략목표 및 경영전략 재조명

㉡ 마이클 포터의 본원적 경쟁전략

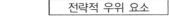

		전략적 우위 요소	
		고객들이 인식하는 제품의 특성	원가우위
전략적 목표	산업전체	차별화	원가우위
	산업의 특정부문	집중화 (차별화 + 집중화)	(원가우위 + 집중화)

예제 2

다음은 경영전략을 세우는 방법 중 하나인 SWOT에 따른 어느 기업의 분석결과이다. 다음 중 주어진 기업 분석 결과에 대응하는 전략은?

강점(Strength)	• 차별화된 맛과 메뉴 • 폭넓은 네트워크
약점(Weakness)	• 매출의 계절적 변동폭이 큼 • 딱딱한 기업 이미지
기회(Opportunity)	• 소비자의 수요 트랜드 변화 • 가계의 외식 횟수 증가 • 경기회복 가능성
위협(Threat)	• 새로운 경쟁자의 진입 가능성 • 과도한 가계부채

내부환경 외부환경	강점(Strength)	약점(Weakness)
기회 (Opportunity)	① 계절 메뉴 개발을 통한 분기 매출 확보	② 고객의 소비패턴을 반영한 광고를 통한 이미지 쇄신
위협 (Threat)	③ 소비 트렌드 변화를 반영한 시장 세분화 정책	④ 고급화 전략을 통한 매출 확대

[출제의도]
본 문항은 조직이해능력의 하위능력인 경영관리능력을 측정하는 문제이다. 기업에서 경영전략을 세우는데 많이 사용되는 SWOT분석에 대해 이해하고 주어진 분석표를 통해 가장 적절한 경영전략을 도출할 수 있는지를 확인할 수 있다.
[해설]
② 딱딱한 이미지를 현재 소비자의 수요 트렌드라는 환경 변화에 대응하여 바꿀 수 있다.

답 ②

④ 경영참가제도

　　㉠ 목적

　　　• 경영의 민주성을 제고할 수 있다.

　　　• 공동으로 문제를 해결하고 노사 간의 세력 균형을 이룰 수 있다.

　　　• 경영의 효율성을 제고할 수 있다.

　　　• 노사 간 상호 신뢰를 증진시킬 수 있다.

　　㉡ 유형

　　　• 경영참가 : 경영자의 권한인 의사결정과정에 근로자 또는 노동조합이 참여하는 것

　　　• 이윤참가 : 조직의 경영성과에 대하여 근로자에게 배분하는 것

　　　• 자본참가 : 근로자가 조직 재산의 소유에 참여하는 것

예제 3

다음은 중국의 H사에서 시행하는 경영참가제도에 대한 기사이다. 밑줄 친 이 제도는 무엇인가?

> H사는 '사람' 중심의 수평적 기업문화가 발달했다. H사는 이 제도의 시행을 통해 직원들이 경영에 간접적으로 참여할 수 있게 하였는데 이에 따라 자연스레 기업에 대한 직원들의 책임 의식도 강화됐다. 참여주주는 8만2471명이다. 모두 H사의 임직원이며, 이 중 창립자인 CEO R은 개인 주주로 총 주식의 1.18%의 지분과 퇴직연금으로 주식총액의 0.21%만을 보유하고 있다.

① 노사협의회제도　　　　　　② 이윤분배제도
③ 종업원지주제도　　　　　　④ 노동주제도

---

(2) 체제이해능력

① 조직목표 … 조직이 달성하려는 장래의 상태

　　㉠ 조직목표의 기능

　　　• 조직이 존재하는 정당성과 합법성 제공

　　　• 조직이 나아갈 방향 제시

　　　• 조직구성원 의사결정의 기준

　　　• 조직구성원 행동수행의 동기유발

　　　• 수행평가 기준

　　　• 조직설계의 기준

ⓛ 조직목표의 특징
- 공식적 목표와 실제적 목표가 다를 수 있음
- 다수의 조직목표 추구 가능
- 조직목표 간 위계적 상호관계가 있음
- 가변적 속성
- 조직의 구성요소와 상호관계를 가짐

② 조직구조
ⓙ 조직구조의 결정요인 : 전략, 규모, 기술, 환경
ⓛ 조직구조의 유형과 특징

유형	특징
기계적 조직	• 구성원들의 업무가 분명하게 규정 • 엄격한 상하 간 위계질서 • 다수의 규칙과 규정 존재
유기적 조직	• 비공식적인 상호의사소통 • 급변하는 환경에 적합한 조직

③ 조직문화
ⓙ 조직문화 기능
- 조직구성원들에게 일체감, 정체성 부여
- 조직몰입 향상
- 조직구성원들의 행동지침 : 사회화 및 일탈행동 통제
- 조직의 안정성 유지
ⓛ **조직문화 구성요소**(7S) : 공유가치(Shared Value), 리더십 스타일(Style), 구성원(Staff), 제도·절차(System), 구조(Structure), 전략(Strategy), 스킬(Skill)

④ 조직 내 집단
ⓙ **공식적 집단** : 조직에서 의식적으로 만든 집단으로 집단의 목표, 임무가 명확하게 규정되어 있다.
예 임시위원회, 작업팀 등
ⓛ **비공식적 집단** : 조직구성원들의 요구에 따라 자발적으로 형성된 집단이다.
예 스터디모임, 봉사활동 동아리, 각종 친목회 등

(3) 업무이해능력

① 업무 … 업무는 상품이나 서비스를 창출하기 위한 생산적인 활동이다.

ⓐ 업무의 종류

부서	업무(예)
총무부	주주총회 및 이사회개최 관련 업무, 의전 및 비서업무, 집기비품 및 소모품의 구입과 관리, 사무실 임차 및 관리, 차량 및 통신시설의 운영, 국내외 출장 업무 협조, 복리후생 업무, 법률자문과 소송관리, 사내외 홍보 광고업무
인사부	조직기구의 개편 및 조정, 업무분장 및 조정, 인력수급계획 및 관리, 직무 및 정원의 조정 종합, 노사관리, 평가관리, 상벌관리, 인사발령, 교육체계 수립 및 관리, 임금제도, 복리후생제도 및 지원업무, 복무관리, 퇴직관리
기획부	경영계획 및 전략 수립, 전사기획업무 종합 및 조정, 중장기 사업계획의 종합 및 조정, 경영정보 조사 및 기획보고, 경영진단업무, 종합예산수립 및 실적관리, 단기사업계획 종합 및 조정, 사업계획, 손익추정, 실적관리 및 분석
회계부	회계제도의 유지 및 관리, 재무상태 및 경영실적 보고, 결산 관련 업무, 재무제표 분석 및 보고, 법인세, 부가가치세, 국세 지방세 업무자문 및 지원, 보험가입 및 보상업무, 고정자산 관련 업무
영업부	판매 계획, 판매예산의 편성, 시장조사, 광고 선전, 견적 및 계약, 제조지시서의 발행, 외상매출금의 청구 및 회수, 제품의 재고 조절, 거래처로부터의 불만처리, 제품의 애프터서비스, 판매원가 및 판매가격의 조사 검토

┃ 예제 4

다음은 I기업의 조직도와 팀장님의 지시사항이다. H씨가 팀장님의 심부름을 수행하기 위해 연락해야 할 부서로 옳은 것은?

　H씨! 내가 지금 너무 바빠서 그러는데 부탁 좀 들어줄래요? 다음 주 중에 사장님 모시고 클라이언트와 만나야 할 일이 있으니까 사장님 일정을 확인해주시구요. 이번 달에 신입사원 교육·훈련계획이 있었던 것 같은데 정확한 시간이랑 날짜를 확인해주세요.

① 총무부, 인사부
② 총무부, 홍보실
③ 기획부, 총무부
④ 영업부, 기획부

[출제의도]
조직도와 부서의 명칭을 보고 개략적인 부서의 소관 업무를 분별할 수 있는지를 묻는 문항이다.
[해설]
사장의 일정에 관한 사항은 비서실에서 관리하나 비서실이 없는 회사의 경우 총무부(또는 팀)에서 비서 업무를 담당하기도 한다. 또한 신입사원 관리 및 교육은 인사부에서 관리한다.

답 ①

　ⓛ 업무의 특성
- 공통된 조직의 목적 지향
- 요구되는 지식, 기술, 도구의 다양성
- 다른 업무와의 관계, 독립성
- 업무수행의 자율성, 재량권

② 업무수행 계획
　㉠ 업무지침 확인 : 조직의 업무지침과 나의 업무지침을 확인한다.
　ⓛ 활용 자원 확인 : 시간, 예산, 기술, 인간관계
　㉢ 업무수행 시트 작성
- 간트 차트 : 단계별로 업무의 시작과 끝 시간을 바 형식으로 표현
- 워크 플로 시트 : 일의 흐름을 동적으로 보여줌
- 체크리스트 : 수행수준 달성을 자가점검

Point 》 간트 차트와 플로 차트

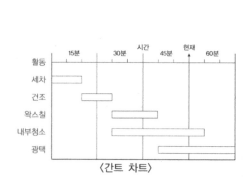

〈간트 차트〉

〈플로 차트〉

예제 5

다음 중 업무수행 시 단계별로 업무를 시작해서 끝나는 데까지 걸리는 시간을 바 형식으로 표시하여 전체 일정 및 단계별로 소요되는 시간과 각 업무활동 사이의 관계를 볼 수 있는 업무수행 시트는?

① 간트 차트
② 워크 플로 차트
③ 체크리스트
④ 퍼트 차트

---

③ 업무 방해요소
  ㉠ 다른 사람의 방문, 인터넷, 전화, 메신저 등
  ㉡ 갈등관리
  ㉢ 스트레스

(4) 국제감각

① 세계화와 국제경영

 ㉠ 세계화 : 3Bs(국경 ; Border, 경계 ; Boundary, 장벽 ; Barrier)가 완화되면서 활동범위 가 세계로 확대되는 현상이다.

 ㉡ 국제경영 : 다국적 내지 초국적 기업이 등장하여 범지구적 시스템과 네트워크 안에서 기업 활동이 이루어지는 것이다.

② 이문화 커뮤니케이션 … 서로 상이한 문화 간 커뮤니케이션으로 직업인이 자신의 일을 수행 하는 가운데 문화배경을 달리하는 사람과 커뮤니케이션을 하는 것이 이에 해당한다. 이문 화 커뮤니케이션은 언어적 커뮤니케이션과 비언어적 커뮤니케이션으로 구분된다.

③ 국제 동향 파악 방법

 ㉠ 관련 분야 해외사이트를 방문해 최신 이슈를 확인한다.

 ㉡ 매일 신문의 국제면을 읽는다.

 ㉢ 업무와 관련된 국제잡지를 정기구독 한다.

 ㉣ 고용노동부, 한국산업인력공단, 산업통상자원부, 중소기업청, 상공회의소, 산업별인적 자원개발협의체 등의 사이트를 방문해 국제동향을 확인한다.

 ㉤ 국제학술대회에 참석한다.

 ㉥ 업무와 관련된 주요 용어의 외국어를 알아둔다.

 ㉦ 해외서점 사이트를 방문해 최신 서적 목록과 주요 내용을 파악한다.

 ㉧ 외국인 친구를 사귀고 대화를 자주 나눈다.

④ 대표적인 국제매너

 ㉠ 미국인과 인사할 때에는 눈이나 얼굴을 보는 것이 좋으며 오른손으로 상대방의 오른 손을 힘주어 잡았다가 놓아야 한다.

 ㉡ 러시아와 라틴아메리카 사람들은 인사할 때에 포옹을 하는 경우가 있는데 이는 친밀 함의 표현이므로 자연스럽게 받아주는 것이 좋다.

 ㉢ 명함은 받으면 꾸기거나 계속 만지지 않고 한 번 보고나서 탁자 위에 보이는 채로 대 화하거나 명함집에 넣는다.

 ㉣ 미국인들은 시간 엄수를 중요하게 생각하므로 약속시간에 늦지 않도록 주의한다.

 ㉤ 스프를 먹을 때에는 몸쪽에서 바깥쪽으로 숟가락을 사용한다.

 ㉥ 생선요리는 뒤집어 먹지 않는다.

 ㉦ 빵은 스프를 먹고 난 후부터 디저트를 먹을 때까지 먹는다.

04 출제예상문제

1 다음의 혁신 사례 보고서를 통해 알 수 있는 기업의 활동으로 옳은 것만을 〈보기〉에서 있는 대로 모두 고른 것은?

- (주)서원각 혁신 사례 보고서 -

〈인적자원관리부문〉

▸ 주택 자금 저금리 대출, 자녀 학비 보조금 등 지원
▸ 구성원들이 소외감을 갖지 않고 유대감을 높일 수 있도록 사내 동아리 활성화

〈생산관리부문〉

▸ 자재를 필요한 시기에 공급하여 원활한 생산이 가능한 시스템 구축
▸ 품질에 영향을 끼칠 수 있는 모든 활동을 분석하여 기업의 구성원 전체가 품질 관리에 참여

〈보기〉

㉠ 근로자들에게 법정 외 복리 후생을 지원하였다.
㉡ 인사 관리 원칙 중 창의력 계발의 원칙을 적용하였다.
㉢ 적시 생산 시스템(JIT)을 도입하여 재고를 관리하였다.
㉣ 품질을 관리하기 위해 종합적 품질 관리(TQC)시스템을 도입하였다.

---

① ㉠㉡   ② ㉠㉣

③ ㉡㉢   ④ ㉠㉡㉢

⑤ ㉠㉢㉣

 ㉡ 구성원들이 서로 유대감을 가지고 협동, 단결할 수 있도록 하는 것은 단결의 원칙이다.
대출 및 자녀 학비 보조금 지원은 법정 외 복리 후생제도에 의한 지원이다.
자재를 필요한 시기에 공급하는 것은 적시 생산 시스템이다.
기업의 구성원 전체가 품질 관리에 참여도록 하는 것은 종합적 품질 관리이다.

2 신입사원 교육을 받으러 온 직원들에게 나눠준 조직도를 보고 사원들이 나눈 대화이다. 다음 중 조직도를 올바르게 이해한 사원을 모두 고른 것은?

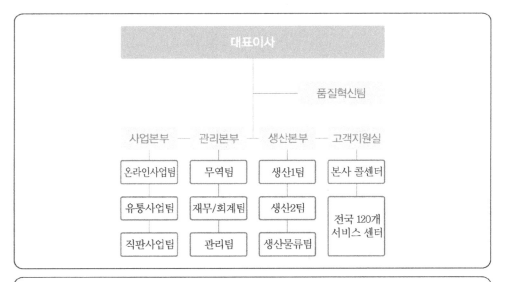

A : 조직도를 보면 본사는 3개 본부, 1개 지원실, 콜센터를 포함한 총 10개 팀으로 구성되어 있군.
B : 그런데 품질혁신팀은 따로 본부에 소속되어 있지 않고 대표이사님 직속으로 소속되어 있네.
C : 전국의 서비스센터는 고객지원실에서 관리해.

① A
② B
③ A, C
④ B, C
⑤ A, B, C

(Tip) 콜센터를 포함하면 11개의 팀으로 구성되어 있다.

∎3~4∎ 다음 한국 주식회사의 〈조직도〉 및 〈전결규정〉을 보고 이어지는 물음에 답하시오.

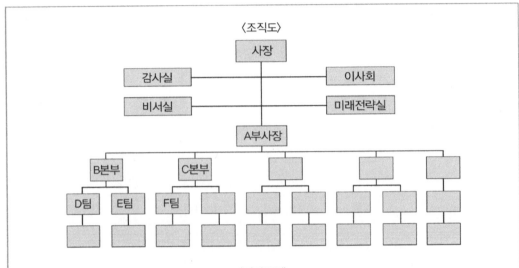

〈조직도〉

〈전결규정〉

업무내용	결재권자			
	사장	부사장	본부장	팀장
주간업무보고				○
팀장급 인수인계		○		
백만 불 이상 예산집행	○			
백만 불 이하 예산집행		○		
이사회 위원 위촉	○			
임직원 해외 출장	○(임원)		○(직원)	
임직원 휴가	○(임원)		○(직원)	
노조관련 협의사항		○		

※ 결재권자가 출장, 휴가 등 사유로 부재중일 경우에는 결재권자의 차상급 직위자의 전결사항으로 하되, 반드시 결재권자의 업무 복귀 후 후결로 보완한다.

3 한국 주식회사의 업무 조직도로 보아 사장에게 직접 보고를 할 수 있는 조직원은 모두 몇 명인가?

① 1명
② 2명
③ 3명
④ 4명
⑤ 5명

 감사실장, 이사회의장, 비서실장, 미래 전략실장, A부사장은 모두 사장과 직접적인 업무 라인으로 연결되어 있으므로 직속 결재권자가 사장이 된다.

4 한국 주식회사 임직원들의 다음과 같은 업무 처리 내용 중 사내 규정에 비추어 적절한 행위로 볼 수 있는 것은 어느 것인가?

① C본부장은 해외 출장을 위해 사장 부재 시 비서실장에게 최종 결재를 득하였다.
② B본부장과 E팀 직원의 동반 출장 시 각각의 출장신청서에 대해 사장에게 결재를 득하였다.
③ D팀에서는 50만 불 예산이 소요되는 프로젝트의 최종 결재를 위해 부사장 부재 시 본부장의 결재를 득하였고, 중요한 결재 서류인 만큼 결재 후 곧바로 문서보관함에 보관하였다.
④ E팀에서는 그간 심혈을 기울여 온 300만 불의 예산이 투입되는 해외 프로젝트의 최종 계약 체결을 위해 사장에게 동반 출장을 요청하기로 하였다.
⑤ F팀 직원 甲은 해외 출장을 위해 사장 부재 시 부사장에게 최종 결재를 득한 후 후결로 보완하였다.

 백만 불 이상 예산이 집행되는 사안이므로 최종 결재권자인 사장을 대동하여 출장을 계획하는 것은 적절한 행위로 볼 수 있다.
① 사장 부재 시 차상급 직위자는 부사장이다.
② 출장 시 본부장은 사장, 직원은 본부장에게 각각 결재를 득하면 된다.
③ 결재권자의 부재 시, 차상급 직위자의 전결로 처리하되 반드시 결재권자의 업무 복귀 후 후결로 보완한다는 규정이 있다.
⑤ 직원의 해외 출장 결재권자는 본부장이다. 따라서 F팀 직원은 해외 출장을 위해 C본부장에게 최종 결재를 득하면 된다.

Answer 3.⑤ 4.④

5 다음 표는 A, B회사를 비교한 것이다. 이에 대한 설명으로 옳은 것을 모두 고른 것은?

회사 내용	A	B
특징	• 태양광 장비 판매 • 국내 · 외 특허 100건 보유	• 휴대폰 생산 판매 • 미국 특허 10건 보유
경영자	전문 경영자	고용 경영자
생산 방식	주문 생산	계획 생산
노동조합	채용 후 일정 기간 안에 조합에 가입해야 함	채용과 동시에 조합에 가입해야 함

> ㉠ A는 판매 시장의 수요를 고려하여 생산한다.
> ㉡ B는 국내에서 휴대폰을 생산할 때 특허에 대한 권리를 인정받는다.
> ㉢ A는 유니언 숍 방식을, B는 클로즈드 숍 방식을 채택하고 있다.
> ㉣ A의 경영자는 B에 비하여 출자자로부터 독립하여 독자적인 지위와 기업 경영에 대한 실권을 가진다.

① ㉠㉡ ② ㉠㉢
③ ㉠㉣ ④ ㉡㉢
⑤ ㉢㉣

 ㉢ 채용 후 일정 기간 안에 조합에 가입하는 것이 유니언 숍, 채용과 동시에 가입하는 것이 클로즈드 숍이다.
㉣ 전문 경영자는 고용 경영자에 비해 독자적인 지위와 기업 경영에 대한 실권을 가진다.
㉠ 계획 생산은 판매 시장의 수요를 고려하면서 생산한다.

6 다음은 조직의 유형에 대한 설명이다. 옳은 것을 모두 고른 것은?

> ㉠ 조직은 영리성을 기준으로 공식조직과 비공식조직으로 구분할 수 있다.
> ㉡ 조직은 비공식조직으로부터 공식조직으로 발전해왔다.
> ㉢ 정부조직은 비영리조직에 속한다.
> ㉣ 비공식조직 내에서 인간관계를 지향하면서 공식조직이 생성되기도 한다.
> ㉤ 기업과 같이 이윤을 목적으로 하는 조직을 공식조직이라 한다.

① ㉠㉡ ② ㉠㉣
③ ㉡㉢ ④ ㉡㉤
⑤ ㉢㉣

㉠ 조직은 공식화 정도에 따라 공식조직과 비공식조직으로 구분할 수 있다. 영리성을 기준으로는 영리조직과 비영리조직으로 구분된다.
㉢ 공식조직 내에서 인간관계를 지향하면서 비공식조직이 새롭게 생성되기도 한다. 이는 자연스러운 인간관계에 의해 일체감을 느끼고 가치나 행동유형 등이 공유되어 공식조직의 기능을 보완해주기도 한다.
㉣ 기업과 같이 이윤을 목적으로 하는 조직을 영리조직이라 한다.

7 다음 중 아래 조직도를 보고 잘못 이해한 사람은?

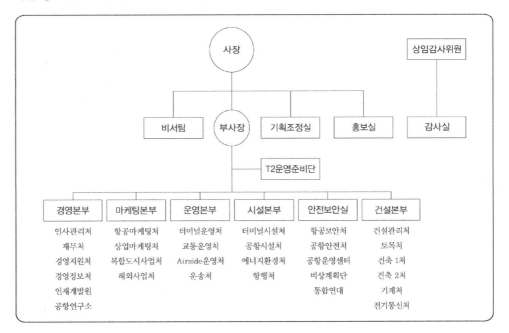

① 정순 : 감사실은 사장 직속이 아니라 상임감사위원 직속으로 되어 있네.
② 진현 : 부사장은 6개의 본부와 1개의 단을 이끌고 있어.
③ 진수 : 인재개발원과 공항연구소는 경영본부에서 관리하는군.
④ 미나 : 마케팅본부와 시설본부에 소속되어 있는 처의 개수는 같네.
⑤ 영호 : 통합연대는 안전보안실에 소속되어 있다.

 ② 부사장은 5개의 본부와 1개의 실, 1개의 단을 이끌고 있다.

Answer 5.⑤ 6.③ 7.②

▌8~9▐ 다음은 어느 회사의 사내 복지 제도와 지원내역에 관한 자료이다. 물음에 답하시오.

〈2020년 사내 복지 제도〉

주택 지원
주택구입자금 대출
전보자 및 독신자를 위한 합숙소 운영

자녀학자금 지원
중고생 전액지원, 대학생 무이자융자

경조사 지원
사내근로복지기금을 운영하여 각종 경조금 지원

기타
사내 동호회 활동비 지원
상병 휴가, 휴직, 4대보험 지원
생일 축하금(상품권 지급)

〈2020년 1/4분기 지원 내역〉

이름	부서	직위	내역	금액(만 원)
엄영식	총무팀	차장	주택구입자금 대출	–
이수연	전산팀	사원	본인 결혼	10
임효진	인사팀	대리	독신자 합숙소 지원	–
김영태	영업팀	과장	휴직(병가)	–
김원식	편집팀	부장	대학생 학자금 무이자융자	–
심민지	홍보팀	대리	부친상	10
이영호	행정팀	대리	사내 동호회 활동비 지원	10
류민호	자원팀	사원	생일(상품권 지급)	5
백성미	디자인팀	과장	중학생 학자금 전액지원	100
채준민	재무팀	인턴	사내 동호회 활동비 지원	10

8 인사팀에 근무하고 있는 사원 B씨는 2020년 1분기에 지원을 받은 사원들을 정리했다. 다음 중 분류가 잘못된 사원은?

구분	이름
주택 지원	엄영식, 임효진
자녀학자금 지원	김원식, 백성미
경조사 지원	이수연, 심민지, 김영태
기타	이영호, 류민호, 채준민

① 엄영식   ② 김원식
③ 심민지   ④ 김영태
⑤ 류민호

(Tip) ④ 김영태는 병가로 인한 휴직이므로 '기타'에 속해야 한다.

9 사원 B씨는 위의 복지제도와 지원 내역을 바탕으로 2분기에도 사원들을 지원하려고 한다. 지원한 내용으로 옳지 않은 것은?

① 엄영식 차장이 장모상을 당하셔서 경조금 10만 원을 지원하였다.
② 심민지 대리가 동호회에 참여하게 되어서 활동비 10만 원을 지원하였다.
③ 이수연 사원의 생일이라서 현금 5만 원을 지원하였다.
④ 류민호 사원이 결혼을 해서 10만 원을 지원하였다.
⑤ 김영태 과장의 자녀가 중학교에 입학하여 학자금 전액을 지원하였다.

(Tip) ③ 생일인 경우에는 상품권 5만 원을 지원한다.

Answer↪ 8.④ 9.③

업무지시문(업무협조전 사용에 대한 지시)

수신 : 전 부서장님들께
참조 :

제목 : 업무협조전 사용에 대한 지시문
업무 수행에 노고가 많으십니다.
   부서 간의 원활한 업무진행을 위하여 다음과 같이 업무협조전을 사용하도록 결정하였습니다. 업무효율
화를 도모하고자 업무협조전을 사용하도록 권장하는 것이니 본사의 지시에 따라주시기 바랍니다. 궁
금하신 점은 ___㉠___담당자(내선 : 012)에게 문의해주시기 바랍니다.

– 다음 –

1. 목적
   (1) 업무협조전 이용의 미비로 인한 부서 간 업무 차질 해소
   (2) 발신부서와 수신부서 간의 명확한 책임소재 규명
   (3) 부서 간의 원활한 의견교환을 통한 업무 효율화 추구
   (4) 부서 간의 업무 절차와 내용에 대한 근거확보
2. 부서 내의 적극적인 사용권장을 통해 업무협조전이 사내에 정착될 수 있도록 부탁드립니다.
3. 첨부된 업무협조전 양식을 사용하시기 바랍니다.
4. 기타 : 문서관리규정을 회사사규에 등재할 예정이오니 업무에 참고하시기 바랍니다.

2019년 12월 10일

S통상
___㉠___장 ○○○ 배상

10 다음 중 빈칸 ⑤에 들어갈 부서로 가장 적절한 것은?

① 총무부 ② 기획부
③ 인사부 ④ 영업부
⑤ 생산부

 조직기구의 업무분장 및 조절 등에 관한 사항은 인사부에서 관리한다.

11 업무협조전에 대한 설명으로 옳지 않은 것은?

① 부서 간의 책임소재가 분명해진다.
② 업무 협업 시 높아진 효율성을 기대할 수 있다.
③ 업무 절차와 내용에 대한 근거를 확보할 수 있다.
④ 부서별로 자유로운 양식의 업무협조전을 사용할 수 있다.
⑤ 부서 간의 원활한 의사소통이 가능해진다.

업무지시문에 첨부된 업무협조전 양식을 사용하여야 한다.

Answer↪ 10.③ 11.④

┃12~14┃ 다음 설명을 읽고 분석 결과에 대응하는 가장 적절한 전략을 고르시오.

SWOT분석이란 기업의 환경 분석을 통해 마케팅 전략을 수립하는 기법이다. 조직 내부 환경으로는 조직이 우위를 점할 수 있는 강점(Strength), 조직의 효과적인 성과를 방해하는 자원·기술·능력면에서의 약점(Weakness), 조직 외부 환경으로는 조직 활동에 이점을 주는 기회(Opportunity), 조직 활동에 불이익을 미치는 위협(Threat)으로 구분된다.

※ SWOT분석에 의한 마케팅 전략
 ㉠ SO전략(강점-기회전략) : 시장의 기회를 활용하기 위해 강점을 사용하는 전략
 ㉡ ST전략(강점-위협전략) : 시장의 위협을 회피하기 위해 강점을 사용하는 전략
 ㉢ WO전략(약점-기회전략) : 약점을 극복함으로 시장의 기회를 활용하려는 전략
 ㉣ WT전략(약점-위협전략) : 시장의 위협을 회피하고 약점을 최소화하는 전략

---

12 다음은 A화장품 기업의 SWOT분석이다. 다음 중 SO전략 해당하는 것은?

강점(Strength)	• 화장품과 관련된 높은 기술력 보유 • 기초화장품 전문 브랜드라는 소비자인식과 높은 신뢰도
약점(Weakness)	• 남성전용 화장품 라인의 후발주자 • 용량 대비 높은 가격
기회(Opportunity)	• 남성들의 화장품에 대한 인식변화와 화장품 시장의 지속적인 성장 • 화장품 분야에 대한 정부의 지원
위협(Threat)	• 경쟁업체들의 남성화장품 시장 공략 • 내수경기 침체로 인한 소비심리 위축

① 유통비조정을 통한 제품의 가격 조정
② 정부의 지원을 통한 제품의 가격 조정
③ 남성화장품 이외의 라인에 주력하여 경쟁력 강화
④ 기초화장품 기술력을 통한 경쟁적 남성 기초화장품 개발
⑤ 기초화장품 기술력을 남성화장품 이외의 라인에 적용

 ① WO전략
② WO전략
③ WT전략
⑤ ST전략

13 다음은 여성의류 인터넷쇼핑몰의 SWOT분석이다. 가장 적절한 전략은?

강점(Strength)	• 쉽고 빠른 제품선택, 시·공간의 제약 없음 • 오프라인 매장이 없어 비용 절감 • 고객데이터 활용의 편리성
약점(Weakness)	• 높은 마케팅비용 • 보안 및 결제시스템의 취약점 • 낮은 진입 장벽으로 경쟁업체 난립
기회(Opportunity)	• 업체 간 업무 제휴로 상생 경영 • IT기술과 전자상거래 기술 발달
위협(Threat)	• 경기 침체의 가변성 • 잦은 개인정보유출사건으로 인한 소비자의 신뢰도 하락 • 일부 업체로의 집중화에 의한 독과점 발생

① SO전략 : 액세서리 쇼핑몰과의 제휴로 마케팅비용을 줄인다.

② ST전략 : 높은 IT기술을 이용하여 보안부문을 강화한다.

③ WT전략 : 고객데이터를 이용하여 이벤트를 주기적으로 열어 경쟁력을 높인다.

④ WO전략 : 남성의류 쇼핑몰과 제휴를 맺어 연인컨셉으로 경쟁력을 높인다.

⑤ ST전략 : IT 업계와의 협업을 통해 고객에게 제품 정보를 제공한다.

 ①② WO전략
③ ST전략
⑤ SO전략

14 다음은 K모바일메신저의 SWOT분석이다. 가장 적절한 전략은?

강점(Strength)	• 국내 브랜드 이미지 1위 • 무료 문자&통화 가능 • 다양한 기능(쇼핑, 뱅킹서비스 등)
약점(Weakness)	• 특정 지역에서의 접속 불량 • 서버 부족으로 인한 잦은 결함
기회(Opportunity)	• 스마트폰의 사용 증대 • App Store 시장의 확대
위협(Threat)	• 경쟁업체의 고급화 • 안정적인 해외 업체 메신저의 유입

① SO전략 : 다양한 기능과 고객만족서비스를 늘려 경쟁력을 확보한다.
② ST전략 : 국내 브랜드 이미지를 바탕으로 쇼핑 어플을 개발한다.
③ ST전략 : 접속 불량이 일어나는 지역의 원인을 파악하여 제거한다.
④ WO전략 : 서버를 추가적으로 구축하여 이용자를 유치한다.
⑤ WT전략 : 무료문자 기능을 앞세운 모바일용 홈페이지를 제작한다.

 ① ST전략
②⑤ SO전략
③ WO전략

Answer↪ 14.④

|15~17| 다음 결재규정을 보고 주어진 상황에 맞게 작성된 양식을 고르시오.

〈결재규정〉
- 결재를 받으려는 업무에 대해서는 대표이사를 포함한 이하 직책자의 결재를 받아야 한다.
- '전결'은 회사의 경영·관리 활동에 있어서 대표이사의 결재를 생략하고, 자신의 책임 하에 최종적으로 결정하는 행위를 말한다.
- 전결사항에 대해서도 위임 받은 자를 포함한 이하 직책자의 결재를 받아야 한다.
- 표시내용 : 결재를 올리는 자는 대표이사로부터 전결 사항을 위임 받은 자가 있는 경우 결재란에 전결이라고 표시하고 최종결재란에 위임받은 자를 표시한다. 다만, 결재가 불필요한 직책자의 결재란은 상향대각선으로 표시한다.
- 대표이사의 결재사항 및 대표이사로부터 위임된 전결사항은 아래의 표에 따른다.

구분	내용	금액기준	결재서류	팀장	부장	대표이사
접대비	거래처 식대, 경조사비 등	20만 원 이하	접대비지출품의서 지출결의서	● ■		
		30만 원 이하			● ■	
		30만 원 초과				● ■
교통비	국내 출장비	30만 원 이하	출장계획서 출장비신청서	● ■		
		50만 원 이하		●	■	
		50만 원 초과		●		■
	해외 출장비			●		■
교육비	사내·외 교육		기안서 지출결의서	●		■

※ ● : 기안서, 출장계획서, 접대비지출품의서
※ ■ : 지출결의서, 각종신청서

15 영업부 사원 甲씨는 부산출장으로 450,000원을 지출했다. 甲씨가 작성한 결재 양식으로 옳은 것은?

①
출장계획서			
결 재 담당	팀장	부장	최종결재
甲			팀장

②
출장계획서			
결 재 담당	팀장	부장	최종결재
甲	전결		팀장

③
출장비신청서			
결 재 담당	팀장	부장	최종결재
甲			

④
출장비신청서			
결 재 담당	팀장	부장	최종결재
甲			대표이사

⑤
출장비신청서			
결 재 담당	팀장	부장	최종결재
甲	전결		팀장

Tip 국내 출장비 50만 원 이하인 경우 출장계획서는 팀장 전결, 출장비신청서는 부장 전결이므로 사원 甲씨가 작성해야 하는 결재 양식은 다음과 같다.

출장계획서			
결 재 담당	팀장	부장	최종결재
甲	전결		팀장

출장비신청서			
결 재 담당	팀장	부장	최종결재
甲		전결	부장

16 기획팀 사원 乙씨는 같은 팀 사원 丙씨의 부친상 부의금 500,000원을 회사 명의로 지급하기로 했다. 乙씨가 작성한 결재 양식으로 옳은 것은?

①

접대비지출품의서				
결재	담당	팀장	부장	최종결재
	乙		전결	부장

②

접대비지출품의서				
결재	담당	팀장	부장	최종결재
	乙	전결		팀장

③

접대비지출품의서				
결재	담당	팀장	부장	최종결재
	乙			대표이사

④

지출결의서				
결재	담당	팀장	부장	최종결재
	乙		전결	부장

⑤

지출결의서				
결재	담당	팀장	부장	최종결재
	乙	전결		팀장

(Tip) 부의금은 접대비에 해당하는 경조사비이다. 30만 원이 초과되는 접대비는 접대비지출품의서, 지출결의서 모두 대표이사 결재사항이다. 따라서 사원 乙씨가 작성해야 하는 결재 양식은 다음과 같다.

접대비지출품의서				
결재	담당	팀장	부장	최종결재
	乙			대표이사

지출품의서				
결재	담당	팀장	부장	최종결재
	乙			대표이사

Answer 15.② 16.③

17 민원실 사원 丁씨는 외부 교육업체로부터 1회에 5만 원씩 총 10회에 걸쳐 진행되는 「전화상담 역량교육」을 담당하게 되었다. 丁씨가 작성한 결재 양식으로 옳은 것은?

①

지출결의서			
결재	담당	팀장	부장	최종결재
	丁	전결		팀장

②

지출결의서			
결재	담당	팀장	부장	최종결재
	丁			부장

③

기안서			
결재	담당	팀장	부장	최종결재
	丁			대표이사

④

기안서			
결재	담당	팀장	부장	최종결재
	丁	전결		팀장

⑤

기안서			
결재	담당	팀장	부장	최종결재
	丁		전결	부장

(Tip) 교육비의 결재서류는 금액에 상관없이 기안서는 팀장 전결, 지출결의서는 대표이사 결재사항이므로 丁씨가 작성해야 하는 결재 양식은 다음과 같다.

기안서			
결재	담당	팀장	부장	최종결재
	丁	전결		팀장

지출결의서			
결재	담당	팀장	부장	최종결재
	丁			대표이사

18 경영의 구성요소가 아닌 것은?

① 경영목적 ② 인적자원

③ 자금 ④ 최고책임자

⑤ 경영전략

 경영의 4요소 … 경영목적, 인적자원, 자금, 경영전략

19 민츠버그는 경영자의 역할을 대인적, 정보적, 의사결정적 역할으로 구분하였다. 다음에 주어진 경영자의 역할을 올바르게 묶은 것은?

> ㉠ 조직의 대표자 ㉡ 변화전달
> ㉢ 정보전달자 ㉣ 조직의 리더
> ㉤ 문제 조정 ㉥ 외부환경 모니터
> ㉦ 대외적 협상 주도 ㉧ 상징자, 지도자
> ㉨ 분쟁조정자, 자원배분자 ㉩ 협상가

	대인적 역할	정보적 역할	의사결정적 역할
①	㉠㉢㉥	㉡㉣㉦㉧	㉤㉨㉩
②	㉡㉤㉧	㉠㉢㉨	㉣㉥㉦㉩
③	㉠㉢㉣㉧	㉡㉥㉦	㉤㉨㉩
④	㉠㉣㉧	㉡㉢㉥	㉤㉦㉨㉩
⑤	㉡㉤㉧	㉠㉢㉣	㉥㉦㉨㉩

 민츠버그의 경영자 역할
  ㉠ **대인적 역할** : 상징자 혹은 지도자로서 대외적으로 조직을 대표하고 대내적으로 조직을 이끄는 리더로서의 역할
  ㉡ **정보적 역할** : 조직을 둘러싼 외부 환경의 변화를 모니터링하고, 이를 조직에 전달하는 정보전달자로서의 역할
  ㉢ **의사결정적 역할** : 조직 내 문제를 해결하고 대외적 협상을 주도하는 협상가, 분쟁조정자, 자원배분자로서의 역할

Answer → 17.④ 18.④ 19.④

20 다음 기사를 읽고 밑줄 친 부분과 관련한 내용으로 가장 거리가 먼 것은?

> 최근 포항·경주 등 경북지역 기업들에 정부의 일학습병행제가 본격 추진되면서 큰 관심을 보이고 있는 가운데, 포스코 외주파트너사인 (주)세영기업이 지난 17일 직무개발훈련장의 개소식을 열고 첫 발걸음을 내디뎠다. 청년층의 실업난 해소와 고용 창출의 해법으로 정부가 시행하는 일학습병행제는 기업이 청년 취업희망자를 채용해 이론 및 실무교육을 실시한 뒤 정부로부터 보조금을 지원받을 수 있는 제도로, (주)세영기업은 최근 한국산업인력공단 포항지사와 함께 취업희망자를 선발했고 오는 8월 1일부터 본격적인 실무교육에 나설 전망이다.
> (주)세영기업 대표이사는 "사업 전 신입사원 <u>OJT</u>는 단기간 수료해 현장 배치 및 직무수행을 하면서 직무능력수준 및 조직적응력 저하, 안전사고 발생위험 등 여러 가지 문제가 있었다"며 "이번 사업을 통해 2~3년 소요되던 직무능력을 1년 만에 갖출 수 있어 생산성 향상과 조직만족도가 향상될 것"이라고 밝혔다.

① 전사적인 교육훈련이 아닌 통상적으로 각 부서의 장이 주관하여 업무에 관련된 계획 및 집행의 책임을 지는 일종의 부서 내 교육훈련이다.

② 교육훈련에 대한 내용 및 수준에 있어서의 통일성을 기하기 어렵다.

③ 상사 또는 동료 간 이해 및 협조정신 등을 높일 수 있다.

④ 다수의 종업원을 훈련하는 데에 있어 가장 적절한 훈련기법이다.

⑤ 지도자의 높은 자질이 요구된다.

 OJT(On the Job Training ; 사내교육훈련)는 다수의 종업원을 훈련하는 데에 있어 부적절하다.

21 다음의 그림을 보고 이와 관련된 내용으로 가장 거리가 먼 것은?

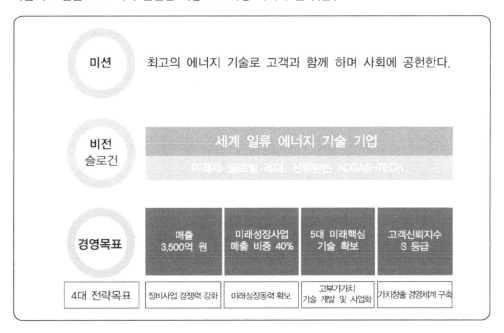

① 매출 3,500억 원이라는 경영목표를 내세우고 있다.

② '최고의 에너지 기술로 고객과 함께 하며 사회에 공헌한다'가 미션이다.

③ 안전우선, 신뢰협력, 변화도전이라는 핵심가치를 가지고 있다.

④ 미래의 글로벌 리더, 신뢰받는 KOGAS-TECH가 슬로건이다.

⑤ '미래성장사업 매출 비중 40%'의 경영목표 달성을 위해 '미래성장동력 확보'라는 전략목표를 가지고 있다.

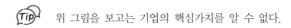 위 그림을 보고는 기업의 핵심가치를 알 수 없다.

Answer → 20.④ 21.③

22 다음은 영업부 사원 H씨가 T대리와 함께 거래처에 방문하여 생긴 일이다. H씨의 행동 중 T대리가 지적할 사항으로 가장 적절한 것은?

> 거래처 실무 담당인 A씨와 그 상사인 B과장이 함께 나왔다. 일전에 영업차 본 적이 있는 A씨에게 H씨는 먼저 눈을 맞추며 반갑게 인사한 후 먼저 상의 안쪽 주머니의 명함 케이스에서 명함을 양손으로 내밀며 소속과 이름을 밝혔다. B과장에게도 같은 방법으로 명함을 건넨 후 두 사람의 명함을 받아 테이블 위에 놓고 가볍게 이야기를 시작했다.

① 명함은 한 손으로 글씨가 잘 보이도록 여백을 잡고 건네야 합니다.

② 소속과 이름은 명함에 나와 있으므로 굳이 언급하지 않아도 됩니다.

③ 고객이 2인 이상인 경우 명함은 윗사람에게 먼저 건네야 합니다.

④ 명함은 받자마자 바로 명함케이스에 깨끗하게 넣어두세요.

⑤ 명함 케이스는 가방에 넣어두는 것이 좋습니다.

① 명함을 건넬 때는 양손으로 명함의 여백을 잡고 고객이 바로 볼 수 있도록 건넨다.

② 소속과 이름을 정확하게 밝히며 명함을 건넨다.

④ 명함을 받자마자 바로 넣는 것은 예의에 어긋나는 행동이다. 명함을 보고 가벼운 대화를 시작하거나 테이블 위에 바르게 올려두는 것이 좋다.

⑤ 명함지갑은 꺼내기 쉬운 곳(상의 안주머니 등)에 넣어둔다.

※ **명함 수수법**

    ㉠ 명함을 동시에 주고받을 때는 오른손으로 주고 왼손으로 받는다.

    ㉡ 혹시 모르는 한자가 있는 경우 "실례하지만, 어떻게 읽습니까?"라고 질문한다.

    ㉢ 면담예정자 한 사람에 대하여 최소 3장정도 준비한다.

    ㉣ 받은 명함과 자신의 명함은 항시 구분하여 넣는다.

23 다음 중 경영전략의 추진과정을 순서대로 나열한 것은?

① 경영전략 도출 → 전략목표 설정 → 환경분석 → 경영전략 실행 → 평가 및 피드백
② 전략목표 설정 → 경영전략 도출 → 경영전략 실행 → 평가 및 피드백 → 환경분석
③ 전략목표 설정 → 환경분석 → 경영전략 도출 → 경영전략 실행 → 평가 및 피드백
④ 환경분석 → 전략목표 설정 → 경영전략 도출 → 경영전략 실행 → 평가 및 피드백
⑤ 전략목표 설정 → 환경분석 → 경영전략 실행 → 평가 및 피드백 → 경영전략 도출

 경영전략의 추진과정
　　ⓐ 전략목표 설정 : 비전 및 미션 설정
　　ⓑ 환경분석 : 내부 · 외부 환경 분석(SWOT)
　　ⓒ 경영전략 도출 : 조직 · 사업 · 부문 전략
　　ⓓ 경영전략 실행 : 경영 목적 달성
　　ⓔ 평가 및 피드백 : 경영전략 결과평가, 전략목표 및 경영전략 재조정

24 다음은 경영의 과정을 나타낸 것이다. B에 들어갈 내용으로 적절한 것은?

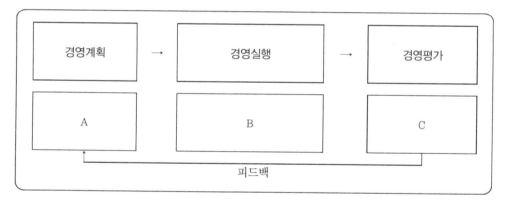

① 미래상 결정
② 대안분석
③ 조직목적 달성
④ 수행결과 감독
⑤ 실행방안 선정

 ①②⑤ 경영계획 단계
　　④ 경영평가 단계

Answer ☞ 22.③　23.③　24.③

25 마이클 포터의 본원적 경쟁전략 중 70년대 우리나라의 섬유업체나 신발업체 등이 미국시장에 진출할 때 취한 전략은?

① 차별화 전략

② 원가우위 전략

③ 집중화 전략

④ 분산화 전략

⑤ 안정화 전략

 본원적 경쟁전략(마이클 포터)
ⓐ **원가우위 전략** : 대량생산, 새로운 생산기술 개발
ⓑ **차별화 전략** : 생산품이나 서비스 차별화
ⓒ **집중화 전략** : 산업의 특정부문 대상

26 다음 중 조직목표의 특징으로 볼 수 없는 것은?

① 공식적 목표와 실제적 목표가 일치한다.

② 다수의 조직목표 추구가 가능하다.

③ 조직목표 간에 위계적 관계가 있다.

④ 조직의 구성요소와 상호관계를 가진다.

⑤ 가변적 속성을 갖는다.

① 조직목표는 공식적 목표와 실제적 목표가 다를 수 있다.

27 다음 글의 '직무순환제'와 연관성이 높은 설명에 해당하는 것은?

> 경북 포항시에 본사를 둔 대기환경관리 전문업체 (주)에어릭스는 직원들의 업무능력을 배양하고 유기적인 조직운영을 위해 '직무순환제'를 실시하고 있다. 에어릭스의 직무순환제는 대기환경설비의 생산, 정비, 설계, 영업 파트에 속한 직원들이 일정 기간 해당 업무를 익힌 후 다른 부서로 이동해 또 다른 업무를 직접 경험해볼 수 있도록 하는 제도이다. 직무순환제를 통해 젊은 직원들은 다양한 업무를 거치면서 개개인의 역량을 쌓을 수 있을 뿐 아니라 풍부한 현장 경험을 축적한다. 특히 대기환경설비 등 플랜트 사업은 설계, 구매·조달, 시공 등 모든 파트의 유기적인 운영이 중요하다. 에어릭스의 경우에도 현장에서 실시하는 환경진단과 설비 운영 및 정비 등의 경험을 쌓은 직원이 효율적으로 집진기를 설계하며 생생한 현장 노하우가 영업에서의 성과로 이어진다. 또한 직무순환제를 통해 다른 부서의 업무를 실질적으로 이해함으로써 각 부서 간 활발한 소통과 협업을 이루고 있다.

① 직무순환을 실시함으로써 구성원들의 노동에 대한 싫증 및 소외감을 더 많이 느끼게 될 것이다.

② 직무순환을 실시할 경우 구성원 자신이 조직의 구성원으로써 가치 있는 존재로 인식을 하게끔 하는 역할을 수행한다.

③ 구성원들을 승진시키기 전 단계에서 실시하는 하나의 단계적인 교육훈련방법으로 파악하기 어렵다.

④ 직무순환은 조직변동에 따른 부서 간의 과부족 인원의 조정 또는 사원 개개인의 사정에 의한 구제를 하지 않기 위함이다.

⑤ 직무순환은 장기적 관점보다는 단기적 관점에서 검토하여야 한다.

 직무순환은 종업원들의 여러 업무에 대한 능력개발 및 단일직무로 인한 나태함을 줄이기 위한 것에 그 의미가 있으며, 여러 가지 다양한 업무를 경험함으로써 종업원에게도 어떠한 성장할 수 있는 기회를 제공한다. 따라서 인사와 교육의 측면에서 장기적 관점으로 검토해야 한다.

Answer ↱ 25.② 26.① 27.②

28 다음의 내용을 보고 밑줄 친 부분에 대한 특성으로 옳지 않은 것은?

> 롯데홈쇼핑은 14일 서울 양평동 본사에서 한국투명성기구와 '윤리경영 세미나'를 개최했다고 15일 밝혔다. 롯데홈쇼핑은 지난 8월 국내 민간기업 최초로 한국투명성기구와 '청렴경영 협약을 맺고 롯데홈쇼핑의 반부패 청렴 시스템 구축, 청렴도 향상·윤리경영 문화 정착을 위한 교육, 경영 투명성과 윤리성 확보를 위한 활동 등을 함께 추진하기도 했다.
> 이번 '윤리강령 세미나'에서는 문형구 고려대학교 경영학과 교수가 '윤리경영의 원칙과 필요성'을, 강성구 한국투명성기구 상임정책위원이 '사례를 통해 본 윤리경영의 방향'을 주제로 강의를 진행했다. 문형구 교수는 <u>윤리경영</u>을 통해 혁신이 이뤄지고 기업의 재무성과가 높아진 실제 연구사례를 들며 윤리경영의 필요성에 대해 강조했으며, "롯데홈쇼핑이 잘못된 관행을 타파하고 올바르게 사업을 진행해 나가 윤리적으로 모범이 되는 기업으로 거듭나길 바란다"고 말했다. 또 강성구 상임정책위원은 윤리적인 기업으로 꼽히는 '존슨 앤 존슨'과 '유한킴벌리'의 경영 사례를 자세히 설명하고 "윤리경영을 위해 기업의 운영과정을 투명하게 공개하는 것이 중요하다"고 강조했다. 강연을 마친 후에는 개인 비리를 막을 수 있는 조직의 대응방안 등 윤리적인 기업으로 거듭나는 방법에 대한 질의응답이 이어졌다. 임삼진 롯데홈쇼핑 CSR동반성장위원장은 "투명하고 공정한 기업으로 거듭나기 위한 방법에 대해 늘 고민하고 있다"며, "강연을 통해 얻은 내용들을 내부적으로 잘 반영해 진정성 있는 변화의 모습을 보여 드리겠다"고 말했다.

① 윤리경영은 경영상의 관리지침이다.
② 윤리경영은 경영활동의 규범을 제시해준다.
③ 윤리경영은 응용윤리이다.
④ 윤리경영은 경영의사결정의 도덕적 가치기준이다.
⑤ 윤리경영은 투명하고 공정하며 합리적인 업무 수행을 추구한다.

 윤리경영의 특징
　　　㉠ 윤리경영은 경영활동의 옳고 그름에 대한 판단 기준이다.
　　　㉡ 윤리경영은 경영활동의 규범을 제시해준다.
　　　㉢ 윤리경영은 경영의사결정의 도덕적 가치기준이다.
　　　㉣ 윤리경영은 응용윤리이다.

29 이문화 커뮤니케이션에 대한 설명으로 옳지 않은 것은?

① 서로 상이한 문화 간 커뮤니케이션을 말한다.

② 국제 커뮤니케이션과 동일한 의미이다.

③ 언어적 커뮤니케이션과 비언어적 커뮤니케이션으로 구분된다.

④ 언어적 커뮤니케이션은 외국어 사용능력과 직결된다.

⑤ 비언어적 커뮤니케이션은 타문화의 가치관, 생활양식, 행동규범의 이해에 기반하고 있다.

 ② 국제 커뮤니케이션은 국가 간 커뮤니케이션으로 직업인이 자신의 일을 수행하는 가운데 문화배경을 달리하는 사람과 커뮤니케이션을 하는 것이 이문화 커뮤니케이션이다.

30 국제매너와 관련된 설명 중 옳은 것은?

① 미국사람과 인사할 때에는 눈이나 얼굴을 보는 것이 좋다.

② 미국사람과 악수를 할 때는 왼손으로 상대방의 왼손을 힘주어서 잡았다가 놓아야 한다.

③ 러시아와 라틴아메리카 사람들은 친밀함의 표시로 포옹을 하는 것은 실례이다.

④ 동부 유럽 사람들과의 약속시간을 매우 중요하게 생각한다.

⑤ 일본인과 대화할 때는 의견이 다를 경우 반박하거나 틀린 곳을 반드시 지적해주어야 한다.

 ② 미국사람과 악수를 할 때는 오른손으로 상대방의 오른손을 힘주어 잡았다 놓아야 한다.
③ 러시아와 라틴아메리카 사람들은 친밀함의 표시로 포옹을 하는 경우가 있다.
④ 동부 유럽이나 아랍지역 사람들에게 시간 약속은 형식적일 뿐이며 상대방이 당연히 기다려 줄 것으로 생각한다.
⑤ 일본인과 대화할 때는 의견이 다소 다르더라도 의견에 반박하거나 틀린 곳을 지적하지 않고, 상대방의 말에 수긍하는 의미로 맞장구를 치는 것도 좋은 매너이다.

Answer ⟶ 28.① 29.② 30.①

PART

IV

소방학개론

01 소방조직

1 우리나라 소방의 발전과정에 대한 설명 중 옳지 않은 것은?

① 최초의 소방관서는 금화도감이다.

② 일제강점기에 최초의 소방서가 설치되었다.

③ 갑오개혁 이후 '소방'이라는 용어를 처음 사용하였다.

④ 대한민국 정부수립과 동시에 소방본부가 설치되었다.

④ 대한민국 정부수립 이후인 1958년 3월 11일 소방법이 제정·시행되면서 중앙은 내무부 치안국 소방과로, 지방은 경찰국 소방과로 예속되었다. 시·도 소방본부가 설치된 것은 1992년 2월이다.
① 금화도감은 1426년(세종 8)에 한성에서 계속적으로 발생하는 화재를 진압하기 위해 설치한 우리나라 최초의 소방관서이다.
② 일제강점기인 1925년 조선총독부 지방관제를 개정하여 개성과 지방에 소방서를 설치하였다.
③ 갑오개혁 이후인 1895년 경무청 직제를 개정하면서 '소방'이라는 용어를 처음 사용하였다.

2 민간 소방조직의 설치에 관한 설명으로 옳지 않은 것은?

① 주유취급소에는 위험물안전관리자를 선임해야 한다.

② 소방안전관리대상물에는 소방안전관리자를 선임해야 한다.

③ 소방업무를 체계적으로 보조하기 위해 의용소방대를 설치한다.

④ 제4류 위험물을 저장·취급하는 제조소에는 반드시 자체 소방대를 설치해야 한다.

④ 위험물안전관리법 제19조(자체소방대)에 따르면 다량의 위험물을 저장·취급하는 제조소 등으로서 제4류 위험물을 취급하는 제조소 또는 일반취급소가 있는 동일한 사업소에서 지정수량의 3천배 이상의 위험물을 저장 또는 취급하는 경우 당해 사업소의 관계인은 대통령령이 정하는 바에 따라 당해 사업소에 자체소방대를 설치하여야 한다.

3 특정 사안에 대한 결정에 있어 의사결정 과정에서는 개인의 의견이 참여하지만, 결정을 내리는 것은 개인이 아닌 소속기관의 기관장이 한다는 원리는?

① 계선의 원리

② 업무조정의 원리

③ 계층제의 원리

④ 명령통일의 원리

 소방조직의 기본원리
ㄱ 분업의 원리 : 한 사람이나 한 부서가 한 가지의 주된 업무를 맞는다는 원리
ㄴ 명령통일의 원리 : 한 사람의 상급자에게 명령을 받고, 보고하는 원리
ㄷ 계층제의 원리 : 상하의 계층제를 형성하는 원리
ㄷ 계선의 원리 : 개인의 의견이 참여되지만 결정을 내리는 것은 소속기관의 기관장이 하는 원리
ㄹ 업무조정의 원리 : 조직을 통합하고 행동을 통일시키는 원리

4 다음 중 사람을 구조하거나 구급활동을 하는 행정행위는?

① 규범적 행정행위

② 일반적 행정행위

③ 비권력적 사실행위

④ 질서 행정행위

 비권력적 사실행위는 사실적 효과 외에 법적 효과로서 권리의무에 영향을 미치는 행위가 아니며, 법률관계의 변동을 결과하는 것이 아니라 사실상의 효과 발생이 목적이다. 그 예로 구조ㆍ구급활동, 불심검문 등이 있다.

Answer 1.④ 2.④ 3.① 4.③

5 다음 중 시보임용 소방공무원에 대한 설명으로 바르지 않은 것은?

① 시보임용기간 중에는 정규소방공무원으로 신분보장을 받는다.

② 휴직기간, 직위해제기간 및 징계에 의한 정직처분 또는 감봉처분을 받은 기간은 시보임용 기간에 포함하지 아니한다.

③ 소방공무원으로 임용되기 전에 그 임용과 관련하여 소방공무원 교육훈련기관에서 교육훈련을 받은 기간은 시보임용 기간에 포함한다.

④ 시보임용 기간 중에 있는 소방공무원이 근무성적 또는 교육훈련성적이 불량할 때에는 직권면직 규정에도 불구하고 면직시키거나 면직을 제청할 수 있다.

 ① 시보기간은 정규 소방공무원이 아니기에 공무원의 신분보장이 되지 않아 근무성적 또는 교육훈련성적이 불량할 때는 면직될 수 있다.
　　※ **소방공무원법 제10조(시보임용)**
　　　㉠ 소방공무원을 신규채용 할 때에는 소방장·지방소방장 이하는 6개월간 시보로 임용하고, 소방위·지방소방위 이상은 1년간 시보로 임용하며, 그 기간이 만료된 다음 날에 정규 소방공무원으로 임용한다. 다만, 대통령령으로 정하는 경우에는 시보임용을 면제하거나 그 기간을 단축할 수 있다.
　　　㉡ 휴직기간, 직위해제기간 및 징계에 의한 정직처분 또는 감봉처분을 받은 기간은 시보임용 기간에 포함하지 아니한다.
　　　㉢ 소방공무원으로 임용되기 전에 그 임용과 관련하여 소방공무원 교육훈련기관에서 교육훈련을 받은 기간은 시보임용 기간에 포함한다.
　　　㉣ 시보임용 기간 중에 있는 소방공무원이 근무성적 또는 교육훈련성적이 불량할 때에는 「국가공무원법」에 따른 의사에 반하는 신분조치 또는 직권면직 규정 및 「지방공무원법」에 따른 의사에 반하는 신분조치 또는 직권면직 규정 에도 불구하고 면직시키거나 면직을 제청할 수 있다.

6 다음 중 소방공무원법 임용령에서 소방기관이 아닌 것은?

① 소방청　　　　　　　　② 서울특별시

③ 소방서　　　　　　　　④ 소방본부

 "소방기관"이라 함은 소방청, 특별시·광역시·특별자치시·도·특별자치도와 중앙소방학교·중앙119구조본부·국립소방연구원·지방소방학교·서울종합방재센터 및 소방서를 말한다〈소방공무원임용령 제2조(정의) 제3호〉.
　　※ 소방본부, 119안전센터, 119지역대, 구조대 등은 「소방공무원 임용령」 제2조의 소방기관 아님

7 다음 중 소방공무원 용어의 뜻으로 적절하지 않은 것은?

① 직위해제 : 휴직 · 직위해제 또는 정직 중에서 소방공무원을 직위에 복귀시키는 것을 말한다.

② 임용 : 신규채용 · 승진 · 전보 · 파견 · 강임 · 휴직 · 직위해제 · 정직 · 강등 · 복직 · 면직 · 해임 · 파면을 말한다.

③ 강임 : 동종의 직무 내에서 하위의 직위에 임명되는 것을 말한다.

④ 전보 : 소방공무원의 동일 직위 및 자격 내에서 근무기관이나 부서를 달리하는 임용을 말한다.

 ① 직위해제란 공무원에게 그의 직위를 계속 유지시킬 수 없다고 인정되는 사유가 있는 경우에 이미 부여된 직위를 소멸시키는 것을 말한다. 일명 '대기명령(待機命令)'이라고 부른다.

※ **소방공무원법 제2조(정의)**
　㉠ **임용** : 신규채용 · 승진 · 전보 · 파견 · 강임 · 휴직 · 직위해제 · 정직 · 강등 · 복직 · 면직 · 해임 및 파면을 말한다.
　㉡ **전보** : 소방공무원의 동일 직위 및 자격 내에서의 근무기관이나 부서를 달리하는 임용을 말한다.
　㉢ **강임** : 동종의 직무 내에서 하위의 직위에 임명하는 것을 말한다.
　㉣ **복직** : 휴직 · 직위해제 또는 정직(강등에 따른 정직을 포함한다) 중에 있는 소방공무원을 직위에 복귀시키는 것을 말한다.

8 다음 중 기동소방장비에 해당하지 않는 것은?

① 소방펌프차　　　　　　　　② 소방정
③ 회전익항공기　　　　　　　④ 화재진압 로봇

 기동장비〈소방장비관리법 시행령 별표 1〉… 자체에 동력원이 부착되어 자력으로 이동하거나 견인되어 이동할 수 있는 장비

구분	품목
소방자동차	소방펌프차, 소방물탱크차, 소방화학차, 무인방수차, 구조차 등
행정지원차	행정 및 교육지원차 등
소방선박	소방정, 구조정, 지휘정 등
소방항공기	고정익항공기, 회전익항공기 등

9 다음 중 소방대장이 소방공무원에게 위험물을 치우게 하는 행정행위와 성격이 같은 행정의 실효성 확보수단은?

① 간접적 강제   ② 직접 강제

③ 행정상 즉시강제   ④ 인가 및 대리

 소방서장이 관계인 또는 소방공무원에게 위험물을 직접 치우게 하는 행위는 행정의 실효성 확보 수단 중 직접 강제에 해당하며, 화재 현장에서 소방대장 등이 급박한 상황의 명령의 경우라면 행정상 즉시 강제에 해당한다.
㉠ **직접강제** : 행정객체의 신체 또는 재산상에 힘을 가하여 행정상 필요한 상태로 만드는 행정행위
㉡ **집행벌** : 일정한 행위를 하지 않아야 할 의무(부작위의 의무)의 불이행 시 그 이행을 간접적으로 강제하기 위하여 처하는 벌

10 다음의 소방장비 중 국고보조 대상으로 보기 어려운 것은?

① 소방자동차   ② 소방전용통신시설

③ 소방용수설비   ④ 방화복 등 소방활동에 필요한 장비

 ③ 소방용수설비는 국고보조 대상이 아니다.
※ **소방기본법 시행령 제2조**(국고보조 대상사업의 범위와 기준보조율) 제1항 ··· 국고보조 대상사업의 범위는 다음과 같다.
㉠ 다음 각 목의 소방활동장비와 설비의 구입 및 설치
• 소방자동차
• 소방헬리콥터 및 소방정
• 소방전용통신설비 및 전산설비
• 그 밖에 방화복 등 소방활동에 필요한 소방장비
㉡ 소방관서용 청사의 건축

11 화재예방, 소방활동 또는 소방훈련을 위하여 사용되는 소방신호에 해당하는 것은?

① 대응 신호   ② 경계 신호

③ 복구 신호   ④ 대비 신호

 소방신호의 종류
㉠ **경계신호** : 화재예방상 필요하다고 인정되거나 화재위험경보 시 발령
㉡ **발화신호** : 화재가 발생한 때 발령
㉢ **해제신호** : 소화활동이 필요없다고 인정되는 때 발령
㉣ **훈련신호** : 훈련상 필요하다고 인정되는 때 발령

12 소방력의 3요소가 아닌 것은?

① 소방인력

② 장비

③ 소방설비

④ 물

 소방력의 3요소 및 소방의 4요소

　　㉠ 소방력의 3요소 : 소방인력, 소방장비, 소방용수

　　㉡ 소방의 4요소 : 인력(소방인력), 장비(소방장비), 수리(물 또는 소방용수), 소방통신

13 다음 중 응급처치법으로 바르지 않은 것은?

① 의식이 없는 대상자는 복와위나 측위가 좋지만 이 체위가 불가능 하다면 똑바로 눕혀 머리만 한쪽으로 돌려놓는다.

② 쇼크는 산소를 충분히 공급하지 못하므로 환자의 경구를 통하여 물이나 음료 등을 많이 섭취하게 한다.

③ 출혈이 계속적으로 있다면 생명을 잃기 쉽기 때문에 상처부위에 먼지나 세균의 침입을 막기 위해 소독된 거즈나 붕대를 이용하여 드레싱을 하고 즉시 지혈을 하도록 한다.

④ 턱을 위로 올려 기도가 직선이 되어 개방된 상태를 유지하며 질식을 막기 위해 기도 내의 이물을 제거하여 호흡을 자유롭게 한다. 호흡장애 시 즉시 인공호흡을 시행 한다.

 ② 의식이 없는 환자, 심한 출혈 환자, 복부부상환자는 경구부에 아무것도 투여 하지 않는다.

　　※ 응급처치의 일반적인 원칙

　　　㉠ 긴급한 상황이라도 구조자 자신의 안전에 주의를 기울인다.

　　　㉡ 쇼크를 예방하는 처치를 한다.

　　※ 응급처치활동의 일반적인 순서

　　　㉠ 구급대원 자신 및 요구조자의 안전을 우선적으로 확보한다.

　　　㉡ 요구조자의 생명 및 안전을 위협하는 요소를 제거한다.

　　　㉢ 기본 인명구조술(기도확보, 호흡유지, 순환유지)을 시행한다.

　　　㉣ 응급처치가 끝나면 의료기관으로 이송한다.

Answer 9.③　10.③　11.②　12.③　13.②

14 「소방기본법」상 규정하는 소방지원활동과 생활안전활동을 옳게 연결한 것은?

> 가. 산불에 대한 예방·진압 등 지원활동
> 나. 자연재해에 따른 급수·배수 및 제설 등 지원활동
> 다. 집회·공연 등 각종 행사 시 사고에 대비한 근접대기 등 지원활동
> 라. 화재, 재난·재해로 인한 피해복구 지원활동
> 마. 붕괴, 낙하 등이 우려되는 고드름, 나무, 위험 구조물 등의 제거활동
> 바. 위해동물, 벌 등의 포획 및 퇴치 활동
> 사. 끼임, 고립 등에 따른 위험제거 및 구출 활동
> 아. 단전사고 시 비상전원 또는 조명의 공급

	소방지원활동	생활안전활동
①	가, 나, 다, 라	마, 바, 사, 아
②	가, 라, 마, 사	나, 다, 바, 아
③	마, 바, 사, 아	가, 나, 다, 라
④	나, 다, 바, 아	가, 라, 마, 사

Tip 소방지원활동 및 생활안전활동

㉠ **소방지원활동**〈소방기본법 제16조의2〉
• 산불에 대한 예방·진압 등 지원활동
• 자연재해에 따른 급수·배수 및 제설 등 지원활동
• 집회·공연 등 각종 행사 시 사고에 대비한 근접대기 등 지원활동
• 화재, 재난·재해로 인한 피해복구 지원활동
• 그 밖에 행정안전부령으로 정하는 활동
－군·경찰 등 유관기관에서 실시하는 훈련지원 활동
－소방시설 오작동 신고에 따른 조치활동
－방송제작 또는 촬영 관련 지원활동

㉡ **생활안전활동**〈소방기본법 제16조의3〉
• 붕괴, 낙하 등이 우려되는 고드름, 나무, 위험 구조물 등의 제거활동
• 위해동물, 벌 등의 포획 및 퇴치 활동
• 끼임, 고립 등에 따른 위험제거 및 구출 활동
• 단전사고 시 비상전원 또는 조명의 공급
• 그 밖에 방치하면 급박해질 우려가 있는 위험을 예방하기 위한 활동

15 119구급대가 의료행위를 하기 위해 갖춰야 할 자격기준이 바르지 않은 것은?

① 적십자사 총재가 실시하는 구급업무의 교육을 받은 자
② 응급의료에 관한 법률에 따라 1급 응급구조사 자격을 취득한 자
③ 응급의료에 관한 법률에 따라 2급 응급구조사 자격을 취득한 자
④ 의료법에 따른 의료인

 119구조구급에 관한 법률 시행령 제11조
ⓐ 의료인
ⓑ 1급 응급구조사 자격을 취득한 사람
ⓒ 2급 응급구조사 자격을 취득한 사람
ⓓ 소방청장이 실시하는 구급업무에 관한 교육을 받은 사람

16 2급 응급구조사의 업무범위에 해당하지 않는 것은?

① 산소의 투여   ② 기본 심폐소생술
③ 구강 내 이물질 제거   ④ 인공호흡기를 이용한 호흡 유지

 2급 응급구조사의 업무범위
ⓐ 구강 내 이물질의 제거
ⓑ 기도기(airway)를 이용한 기도유지
ⓒ 기본 심폐소생술
ⓓ 산소투여
ⓔ 부목·척추고정기 등을 이용한 사지 및 척추 등의 고정
ⓕ 외부출혈의 지혈 및 창상의 응급처치
ⓖ 심박·체온 및 혈압 등의 측정
ⓗ 쇼크방지용 하의 등을 이용한 혈압의 유지
ⓘ 자동제세동기를 이용한 규칙적 심박동의 유도
ⓙ 흉통 시 니트로글리세린의 혀아래(설하) 투여 및 천식발작 시 기관지확장제 흡입(환자가 해당약물을 휴대하고 있는 경우에 한함)
※ 1급 응급구조사의 업무범위
  ⓐ 심폐소생술의 시행을 위한 기도유지[기도기(airway)의 삽입, 기도삽관(intubation), 후두마스크 삽관 등 포함]
  ⓑ 정맥로의 확보
  ⓒ 인공호흡기를 이용한 호흡의 유지
  ⓓ **약물투여**: 저혈당성 혼수 시 포도당의 주입, 흉통 시 니트로글리세린의 혀아래(설하) 투여, 쇼크 시 일정량의 수액투여, 천식발작 시 기관지확장제 흡입
  ⓔ 2급 응급구조사의 업무

Answer → 14.①   15.①   16.④

17 도시의 건물밀집지역 등 화재가 발생할 우려가 높거나 화재가 발생하는 경우 그로 인하여 피해가 클 것으로 예상되는 일정 구역을 무엇이라 하는가?

① 화재경계지구

② 화재예방지구

③ 특별화재지구

④ 화재위험지구

 시·도지사는 지역 중 화재가 발생할 우려가 높거나 화재가 발생하는 경우 그로 인하여 피해가 클 것으로 예상되는 지역을 화재경계지구(火災警戒地區)로 지정할 수 있다〈소방기본법 제13조 제1항〉.

18 화재경계지구 지정 대상지역으로 바르지 않은 것은?

① 상가지역

② 공장·창고가 밀집한 지역

③ 위험물의 저장 및 처리 시설이 밀집한 지역

④ 소방시설·소방용수시설 또는 소방출동로가 없는 지역

 화재경계지구 지정 대상 지역〈소방기본법 제13조(화재경계지구의 지정 등)〉
㉠ 시장지역
㉡ 공장·창고가 밀집한 지역
㉢ 목조건물이 밀집한 지역
㉣ 위험물의 저장 및 처리 시설이 밀집한 지역
㉤ 석유화학제품을 생산하는 공장이 있는 지역
㉥ 「산업입지 및 개발에 관한 법률」에 따른 산업단지
㉦ 소방시설·소방용수시설 또는 소방출동로가 없는 지역
㉧ 소방청장·소방본부장 또는 소방서장이 화재경계지구로 지정할 필요가 있다고 인정하는 지역

19 소방활동구역을 설정하여 화재 시 출입할 수 없는 자는?

① 전기 · 가스 · 경찰 · 교통업무 종사자

② 소방대장이 소방활동을 위하여 출입을 허가한 자

③ 소방활동구역 안의 소유자, 관리자, 점유자

④ 의사, 간호사, 구조, 구급, 수사, 보도업무 종사자

 경찰의 경우 수사업무에 필요한 경우이며, 전기 · 가스 · 수도 · 통신 · 교통의 업무에 종사하는 자는 원활한 소방활동을 위하여 필요한 경우이다.

※ 소방활동구역의 출입자
   ㉠ 소방활동구역 안에 있는 소방대상물의 소유자 · 관리자 또는 점유자
   ㉡ 전기 · 가스 · 수도 · 통신 · 교통의 업무에 종사하는 사람으로서 원활한 소방활동을 위하여 필요한 사람
   ㉢ 의사 · 간호사 그 밖의 구조 · 구급업무에 종사하는 사람
   ㉣ 취재인력 등 보도업무에 종사하는 사람
   ㉤ 수사업무에 종사하는 사람
   ㉥ 그 밖에 소방대장이 소방활동을 위하여 출입을 허가한 사람

20 인접건물의 화재확대 방지 차원에서 블록의 4방면 중, 바람이 불어나가는 쪽이나 비화되는 쪽의 경우 화재확대가 가능한 면을 동시에 방어하는 전술을 무엇이라고 하는가?

① 블록전술   ② 포위전술
③ 중점전술   ④ 집중전술

 소방전술
   ㉠ **포위전술** : 노즐을 화재발생지점에 포위 배치하여 진압한다.
   ㉡ **블록전술** : 확대가능한 면을 대응 방어로 포위하여 인접 건물로 확대되는 것을 방지한다.
   ㉢ **중점전술** : 통제 불가능할 정도의 재해 발생 시 사회 · 경제적으로 중요대상물을 방어한다. 대폭발 등으로부터 인명을 보호하기 위해 피난로, 피난예정지 확보 등을 한다.
   ㉣ **집중전술** : 부대가 집중하여 일시에 진화하는 작전으로 예컨대 위험물 옥외저장탱크 화재 등에 사용된다.

Answer ↪ 17.① 18.① 19.① 20.①

02 재난관리

1 다음은 「재난 및 안전관리기본법」상 특별재난지역의 선포와 관련된 내용이다. ( ) 안에 들어갈 내용으로 옳은 것은?

> (㉠)은(는) 대통령령으로 정하는 규모의 재난이 발생하여 특별한 조치가 필요하다고 인정하거나 지역 대책본부장의 요청이 타당하다고 인정하는 경우에는 (㉡)의 심의를 거쳐 해당 지역을 특별재난지역으로 선포할 것을 대통령에게 건의할 수 있다.

	㉠	㉡
①	중앙재난안전대책본부장	안전정책조정위원회
②	중앙안전관리위원회	중앙사고수습본부
③	중앙안전관리위원회	중앙재난안전대책본부장
④	중앙재난안전대책본부장	중앙안전관리위원회

 중앙대책본부장은 대통령령으로 정하는 규모의 재난이 발생하여 국가의 안녕 및 사회질서의 유지에 중대한 영향을 미치거나 피해를 효과적으로 수습하기 위하여 특별한 조치가 필요하다고 인정하거나 제3항에 따른 지역대책본부장의 요청이 타당하다고 인정하는 경우에는 중앙위원회의 심의를 거쳐 해당 지역을 특별재난지역으로 선포할 것을 대통령에게 건의할 수 있다〈재난 및 안전관리 기본법 제60조(특별재난지역의 선포) 제1항〉.

2 재해의 분류에서 자연재해에서는 기후성 재해, 지진성 재해로 분류하며 인위 재해는 사고성 재난과 계획성 재난으로 분류되는 것으로서 현재 세계 각국에서 이와 같이 사용하는 재해분류는 무엇을 근거로 하는가?

① 존슨의 분류 ② 아네스의 분류

③ 소방법 ④ 재난 및 안전관리기본법

 아네스(Anesth)의 재난분류 … 아네스(Anesth)는 재난을 자연재난과 인위재난으로 대분류 한 후, 자연재난을 기후성재난과 지진성 재난으로 인위재난을 사고성 재난과 계획적 재난으로 세분류하였다. 아네스(Anesth)의 재난분류는 미국의 지역재난계획에 주로 이용되고 있다.

3 하인리히의 도미노 이론 중 2단계, 1단계의 원인 내용 순서를 바르게 배열한 것은?

① 개인적 결함 – 유전적요인 및 사회적 환경
② 유전적요인 및 사회적 환경 – 개인적 결함
③ 개인적 결함 – 불안전한 행동 및 불안전 상태
④ 불안전한 행동 및 불안전 상태 – 개인적 결함

 하인리히의 도미노 5단계 이론
㉠ 제1단계 유전적요인 및 사회적 환경
  • 무모 · 완고 · 탐욕 등 바람직하지 못한 성격은 유전적일 가능성이 높다고 평가
  • 부적절한 환경은 성격 이상을 불러오고, 교육방해는 인적 결함의 원인이 된다.
㉡ 제2단계 개인적 결함
  • 무모함 · 신경질적 · 흥분 등 선천적 · 후천적인 인격 결함은 불안전한 행동을 유발한다.
  • 기계적 · 물리적인 위험성의 존재에 따른 인적 결함도 포함
㉢ 제3단계 불안전한 행동 및 불안전 상태
  • 안전장치 기능을 제거하거나 위험한 기계설비에 접근하는 불안전한 행동
  • 부적당한 방호상태, 불충분한 조명 등 불안전 상태는 직접적 사고의 원인이 된다.
㉣ 제4단계 사고
  • 제3단계가 진행되어 작업능률 저하, 직접 · 간접적인 인명피해와 재산손실을 가져온다.
㉤ 제5단계 상해
  • 직접적인 사고로 인한 재해로 사고발생의 최종결과 인적 · 물적 손실을 가져온다.

4 소방청장, 지방자치단체장이 재난지역에 할 수 있는 조치로 바르지 않은 것은?

① 재난경보의 발령, 인력 · 장비 및 물자의 동원, 위험구역 설정, 대피명령, 응급지원 등
② 재난 발생지역에 소재하는 행정기관 소속 공무원의 비상소집
③ 재난이 확산되지 않도록 재난예방에 필요한 조치
④ 재난지역에 대한 여행 등 이동 금지 명령

 재난 및 안전관리 기본법 법 제36조 제3항 … 행정안전부장관 및 지방자치단체의 장은 재난사태가 선포된 지역에 대하여 다음의 조치를 할 수 있다.
㉠ 재난경보의 발령, 인력 · 장비 및 물자의 동원, 위험구역 설정, 대피명령, 응급지원 등이 법에 따른 응급조치
㉡ 해당 지역에 소재하는 행정기관 소속 공무원의 비상소집
㉢ 해당 지역에 대한 여행 등 이동 자제 권고
㉣ 「유아교육법」, 「초 · 중등교육법」 및 「고등교육법」에 따른 휴업명령 및 휴원 · 휴교 처분의 요청
㉤ 그 밖에 재난예방에 필요한 조치

Answer↪ 1.④ 2.② 3.① 4.④

5 다음 중 국가적 차원에서 관리가 필요한 재난에 대하여 재난관리 체계와 관계 기관의 임무와 역할을 규정한 재난관리주관기관의 장이 작성하는 문서는?

① 위기관리 표준메뉴얼
② 위기관리 대응메뉴얼
③ 현장조치 행동메뉴얼
④ 재난대응 실무메뉴얼

 재난 및 안전관리 기본법 제34조의5(재난분야 위기관리 매뉴얼 작성·운용) … 재난관리책임 기관의 장은 재난을 효율적으로 관리하기 위하여 재난유형에 따라 다음의 위기관리 매뉴얼을 작성·운용하여야 한다. 이 경우 재난대응활동계획과 위기관리 매뉴얼이 서로 연계되도록 하여야 한다.

ㄱ 위기관리 표준매뉴얼 : 국가적 차원에서 관리가 필요한 재난에 대하여 재난관리 체계와 관계 기관의 임무와 역할을 규정한 문서로 위기대응 실무매뉴얼의 작성 기준이 되며, 재난관리주관기관의 장이 작성한다. 다만, 다수의 재난관리주관기관이 관련되는 재난에 대해서는 관계 재난관리주관기관의 장과 협의하여 행정안전부장관이 위기관리 표준매뉴얼을 작성할 수 있다.

ㄴ 위기대응 실무매뉴얼 : 위기관리 표준매뉴얼에서 규정하는 기능과 역할에 따라 실제 재난 대응에 필요한 조치사항 및 절차를 규정한 문서로 재난관리주관기관의 장과 관계 기관의 장이 작성한다. 이 경우 재난관리주관기관의 장은 위기대응 실무매뉴얼과 위기관리 표준매뉴얼을 통합하여 작성할 수 있다.

ㄷ 현장조치 행동매뉴얼 : 재난현장에서 임무를 직접 수행하는 기관의 행동조치 절차를 구체적으로 수록한 문서로 위기대응 실무매뉴얼을 작성한 기관의 장이 지정한 기관의 장이 작성하되, 시장·군수·구청장은 재난유형별 현장조치 행동매뉴얼을 통합하여 작성할 수 있다. 다만, 현장조치 행동매뉴얼 작성 기관의 장이 다른 법령에 따라 작성한 계획·매뉴얼 등에 재난유형별 현장조치 행동매뉴얼에 포함될 사항이 모두 포함되어 있는 경우 해당 재난유형에 대해서는 현장조치 행동매뉴얼이 작성된 것으로 본다.

6 다음 중 지역통제단장 및 중앙통제단장을 운영할 때 구성할 수 있는 부서로 바르지 않은 것은?

① 대응계획부
② 자원지원부
③ 긴급복구부
④ 총괄완화부

 재난 및 안전관리 기본법 시행령 제55조(중앙통제단의 구성 및 운영)

ㄱ 중앙통제단장은 중앙통제단을 대표하고, 그 업무를 총괄한다.

ㄴ 중앙통제단에는 부단장을 두고 부단장은 중앙통제단장을 보좌하며 중앙통제단장이 부득이한 사유로 직무를 수행할 수 없을 경우에는 그 직무를 대행한다.

ㄷ 부단장은 소방청 차장이 되며, 중앙통제단에는 총괄지휘부·대응계획부·자원지원부·긴급복구부 및 현장지휘대를 둔다.

7 다음 중 국제구조대의 임무로서 가장 바른 것은?

① 응급의료, 시설관리, 통역, 안전평가, 탐색, 구조
② 시설관리, 안전평가, 탐색, 구조, 공보연락, 통역
③ 응급의료, 시설관리, 통역, 탐색, 구조, 공보연락
④ 공보연락, 안전평가, 시설관리, 응급의료, 인명탐색 및 구조

 119구조·구급에 관한 법률 시행령 제7조(국제구조대의 편성과 운영) 제1항 … 소방청장은 국제구조대를 편성·운영하는 경우 인명 탐색 및 구조, 응급의료, 안전평가, 시설관리, 공보연락 등의 임무를 수행할 수 있도록 구성하여야 한다.

8 다음 중 현행법령상 긴급구조관련기관의 범위에 들지 않는 것은?

① 긴급구조기관　　　　　　　　② 긴급구조지원기관
③ 재난관리책임기관　　　　　　④ 현장에 참여하는 자원봉사기관

 긴급구조대응활동 및 현장지휘에 관한 규칙 제2조(정의) 제1호 … 긴급구조관련기관이란 다음에 해당하는 기관을 말한다.
㉠ 「재난 및 안전관리 기본법」에 따른 긴급구조기관
㉡ 「재난 및 안전관리 기본법」 및 「재난 및 안전관리 기본법 시행령」에 따른 긴급구조지원기관
㉢ 현장에 참여하는 자원봉사기관 및 단체

9 긴급구조지휘대의 구성 및 기능에서 긴급구조지휘대 구성에 해당하는 자는 통제단이 설치·운영되는 경우 구분에 따라 해당부서에 배치되는데 구조진압반과 가장관계가 있는 요원은?

① 자원지원요원　　　　　　　　② 안전담당요원
③ 통신지휘요원　　　　　　　　④ 상황분석요원

 긴급구조대응활동 및 현장지휘에 관한 규칙 제16조(긴급구조지휘대의 구성 및 기능) 제2항
㉠ **신속기동요원** : 대응계획부
㉡ **자원지원요원** : 자원지원부
㉢ **통신지휘요원** : 구조진압반
㉣ **안전담당요원** : 연락공보담당 또는 안전담당
㉤ **경찰파견 연락관** : 현장통제반
㉥ **응급의료파견 연락관** : 응급의료반

Answer ↪ 5.① 6.④ 7.④ 8.③ 9.③

10 재난현장에서 긴급대피, 상황 전파, 비상연락 등을 담당하는 기능별 긴급구조 대응계획으로 옳은 것은?

① 피해상황분석   ② 대중정보

③ 지휘통제   ④ 비상경고

 기능별 긴급구조대응계획〈재난 및 안전관리 기본법 시행령 제63조(긴급구조대응계획의 수립) 제1항 제2호〉

㉠ **지휘통제**: 긴급구조체제 및 중앙통제단과 지역통제단의 운영체계 등에 관한 사항

㉡ **비상경고**: 긴급대피, 상황 전파, 비상연락 등에 관한 사항

㉢ **대중정보**: 주민보호를 위한 비상방송시스템 가동 등 긴급 공공정보 제공에 관한 사항 및 재난상황 등에 관한 정보 통제에 관한 사항

㉣ **피해상황분석**: 재난현장상황 및 피해정보의 수집·분석·보고에 관한 사항

㉤ **구조·진압**: 인명 수색 및 구조, 화재진압 등에 관한 사항

㉥ **응급의료**: 대량 사상자 발생 시 응급의료서비스 제공에 관한 사항

㉦ **긴급오염통제**: 오염 노출 통제, 긴급 감염병 방제 등 재난현장 공중보건에 관한 사항

㉧ **현장통제**: 재난현장 접근 통제 및 치안 유지 등에 관한 사항

㉨ **긴급복구**: 긴급구조활동을 원활하게 하기 위한 긴급구조차량 접근 도로 복구 등에 관한 사항

㉩ **긴급구호**: 긴급구조요원 및 긴급대피 수용주민에 대한 위기 상담, 임시 의식주 제공 등에 관한 사항

㉪ **재난통신**: 긴급구조기관 및 긴급구조지원기관 간 정보통신체계 운영 등에 관한 사항

11 다음 중 재난에 대한 예방, 대비, 대응 및 복구 중에 종류가 다른 하나는?

① 재난 유형별 사전교육 및 훈련실시   ② 비상방송 시스템 구축

③ 재난 취약 시설 점검   ④ 자원 관리 체계 구축

 재난관리 단계

㉠ **예방단계**: 위험성 분석 및 위험지도 작성, 재해보험, 토지이용 관리, 안전관련법 재정, 조세유도

㉡ **대비단계**: 재난대응계획, 비상경보체계 구축, 통합대응체계 구축, 비상통신망 구축, 교육 훈련 및 연습

㉢ **대응단계**: 재난대응계획의 적용, 재해의 진압, 구조·구난, 응급의료체계의 운영, 대책본부의 가동 등

㉣ **복구단계**: 잔해물 제거, 전염 예방, 이재민 지원, 임시거주지 마련, 시설복구

※ 각 단계의 주요 활동

㉠ 예방단계의 주요 활동

• 재난영향의 예측 및 평가 및 위험지도 마련

• 재난취약시설에 대한 주기적인 검사와 규제

• 위험시설이나 취약시설 보수·보강

- 재난의 감소를 위한 강제규정 마련
- 기상정보수집·분석 및 경보시스템 마련
- 수해상습지역 설정 및 수해방지시설 공사
- 안전기준 설정 및 비상활동 계획 수립

ⓛ 대비단계의 주요 활동
- 대응조직 관리 및 재난관리 우선순위체계 수립
- 재난대응시스템의 가동연습 및 대응요원의 교육훈련
- 경보시스템 및 비상방송시스템 구축·관리
- 긴급대응계획의 수립 및 연습
- 자원관리체계구축, 자원의 수송 및 통제계획 수립
- 표준 운영절차 확립
- 응급복구를 위한 자재비축 및 장비의 가동준비

ⓒ 대응단계의 주요 활동
- 비상방송 및 경보시스템 가동
- 긴급대응계획 가동 및 대응자원 동원
- 시민들에게 비상대비 방어 긴급지시
- 긴급 대피 및 은신
- 피해주민 수용·구호 및 응급의료 지원활동 전개
- 긴급대피·은신 및 탐색·구조

ⓔ 복구단계의 주요 활동
- 피해평가 및 대부·보조금 지급·이재민 구호
- 피해주민 대응활동요원에 대한 재난심리상담(외상 후 스트레스증후군 관리)
- 피해자 보상 및 배상관리
- 재난 발생 및 문제점 조사
- 복구 개선안 및 재발방지대책 마련
- 임시통신망 구축 및 전염병 통제를 위한 방제활동

12 재난관리기금 금액에 대한 설명으로 옳은 것은?

① 3년 동안 보통세의 수입결산액의 평균연액의 1/100(1%)에 해당하는 금액
② 3년 동안 보통세의 수입결산액의 평균연액의 3/100(3%)에 해당하는 금액
③ 5년 동안 보통세의 수입결산액의 평균연액의 3/100(3%)에 해당하는 금액
④ 5년 동안 보통세의 수입결산액의 평균연액의 5/100(5%)에 해당하는 금액

 재난 및 안전관리 기본법 제67조(재난관리기금의 적립)
ⓛ 지방자치단체는 재난관리에 드는 비용에 충당하기 위하여 매년 재난관리기금을 적립하여야 한다.
ⓛ 재난관리기금의 매년도 최저 적립액은 최근 3년 동안의 「지방세법」에 의한 보통세의 수입결산액의 평균 연액의 100분의 1에 해당하는 금액으로 한다.

Answer 10.④ 11.③ 12.①

13 존스(Jones)의 재해분류 중 지질학적 재난인 것은?

① 번개   ② 폭풍
③ 쓰나미   ④ 토네이도

 존스(Jones)의 재난분류 … 존스(Jones)는 재난을 발생원인과 재난현상에 따라 자연재난, 준자연재난, 인위재난으로 분류하였다. 자연재난은 지구물리학적 재난과 생물학적 재난으로 구분한 후 지구물리학적 재난을 지질학적 재난, 지형학적 재난, 기상학적 재난으로 세분화하고 있어 그 범위가 광범위하다.

재난					
자연재난				준자연재난	인위재난
지구물리학적 재해			생물학적 재해		
지질학적 재난	지형학적 재난	기상(후)학적 재난		• 스모그현상 • 온난화현상 • 사막화현상 • 염수화현상 • 눈사태 • 산성화 • 홍수 • 토양침식 등	• 공해 • 광하학연무 • 폭동 • 교통사고 • 폭발사고 • 태업 • 전쟁 등
• 지진 • 화산 • 쓰나미 등	• 산사태 • 염수토양 등	• 안개 • 눈 • 해일 • 번개 • 토네이도 • 폭풍 • 태풍 • 가뭄 • 이상기온 등	• 세균질병 • 유독식물 • 유독동물		

14 다음의 재난 중 그 분류가 다른 것은?

① 홍수   ② 미세먼지의 피해
③ 교통사고   ④ 환경오염사고

 재난 및 안전관리 기본법 제3조 제1항
㉠ **자연재난** : 태풍, 홍수, 호우(豪雨), 강풍, 풍랑, 해일(海溢), 대설, 한파, 낙뢰, 가뭄, 폭염, 지진, 황사(黃砂), 조류(藻類) 대발생, 조수(潮水), 화산활동, 소행성·유성체 등 자연우주물체의 추락·충돌, 그 밖에 이에 준하는 자연현상으로 인하여 발생하는 재해
㉡ **사회재난** : 화재·붕괴·폭발·교통사고(항공사고 및 해상사고를 포함한다)·화생방사고·환경오염사고 등으로 인하여 발생하는 대통령령으로 정하는 규모 이상의 피해와 에너지·통신·교통·금융·의료·수도 등 국가기반체계의 마비, 「감염병의 예방 및 관리에 관한 법률」에 따른 감염병 또는 「가축전염병예방법」에 따른 가축전염병의 확산, 「미세먼지 저감 및 관리에 관한 특별법」에 따른 미세먼지 등으로 인한 피해

15 다음 중 긴급구조통제단을 구성 및 운영할 수 있는 자로 바른 것은?

① 소방서장, 소방본부장, 소방청장

② 소방서장, 소방본부장, 중앙소방본부장

③ 시·군·구청장, 시·도지사, 소방청장

④ 시·군·구청장, 시·도지사, 행정안전부장관

 재난 및 안전관리 기본법 제49조(중앙긴급구조통제단)

㉠ 긴급구조에 관한 사항의 총괄·조정, 긴급구조기관 및 긴급구조지원기관이 하는 긴급구조활동의 역할 분담과 지휘·통제를 위하여 소방청에 중앙긴급구조통제단(중앙통제단)을 둔다.

㉡ 중앙통제단의 단장은 소방청장이 된다.

㉢ 중앙통제단장은 긴급구조를 위하여 필요하면 긴급구조지원기관 간의 공조체제를 유지하기 위하여 관계 기관·단체의 장에게 소속 직원의 파견을 요청할 수 있다. 이 경우 요청을 받은 기관·단체의 장은 특별한 사유가 없으면 요청에 따라야 한다.

※ 재난 및 안전관리 기본법 제50조(지역긴급구조통제단)

㉠ 지역별 긴급구조에 관한 사항의 총괄·조정, 해당 지역에 소재하는 긴급구조기관 및 긴급구조지원기관 간의 역할분담과 재난현장에서의 지휘·통제를 위하여 시·도의 소방본부에 시·도긴급구조통제단을 두고, 시·군·구의 소방서에 시·군·구긴급구조통제단을 둔다.

㉡ 시·도긴급구조통제단과 시·군·구긴급구조통제단(지역통제단)에는 각각 단장 1명을 두되, 시·도긴급구조통제단의 단장은 소방본부장이 되고 시·군·구긴급구조통제단의 단장은 소방서장이 된다.

㉢ 지역통제단장은 긴급구조를 위하여 필요하면 긴급구조지원기관 간의 공조체제를 유지하기 위하여 관계 기관·단체의 장에게 소속 직원의 파견을 요청할 수 있다. 이 경우 요청을 받은 기관·단체의 장은 특별한 사유가 없으면 요청에 따라야 한다.

㉣ 지역통제단의 기능과 운영에 관한 사항은 대통령령으로 정한다.

16 재난으로 인한 피해를 최소화하기 위하여 재해의 예방, 대비, 대응, 복구에 관한 정책의 개발과 집행과정을 총칭하는 것은 무엇인가?

① 재난관리   ② 위험관리

③ 안전관리   ④ 국가재난관리

 "재난관리"란 재난의 예방·대비·대응 및 복구를 위하여 하는 모든 활동을 말한다〈재난 및 재난관리 기본법 제3조(정의)〉.

Answer↪ 13.③ 14.① 15.① 16.①

17 다음 중 재난 및 안전관리 기본법에 명시된 재난 중 사회적 재난에 해당하지 않는 것은?

① 환경오염 사고

② 에너지로 인한 국가기반체계의 마비로 인한 피해

③ 미세먼지 저감 및 관리에 관한 특별법에 따른 미세먼지 등으로 인한 피해

④ 황사에 의한 재해

 ④ 황사는 자연 재난에 해당된다

※ **사회재난** … 화재·붕괴·폭발·교통사고(항공사고 및 해상사고를 포함한다)·화생방사고·환경오염사고 등으로 인하여 발생하는 대통령령으로 정하는 규모 이상의 피해와 에너지·통신·교통·금융·의료·수도 등 국가기반체계의 마비, 「감염병의 예방 및 관리에 관한 법률」에 따른 감염병 또는 「가축전염병예방법」에 따른 가축전염병의 확산, 「미세먼지 저감 및 관리에 관한 특별법」에 따른 미세먼지 등으로 인한 피해

18 재난으로 인해 피해를 입은 이재민이 발생했을 경우 국가 및 지방자치단체는 주민의 생계안정을 위하여 지원을 할 수 있다. 다음 중 국가가 지원할 수 있는 것으로 바르지 않은 것은?

① 사망자·실종자·부상자 등 피해주민에 대한 구호

② 고등학교를 다니고 있는 학생의 학자금 대출

③ 생계가 불안정한 세입자를 보조해 준다

④ 농림·어업을 생계로 하는 사람들의 자금을 상환기한연기 및 그 이자 감면

 재난 및 안전관리 기본법 제66조(재난지역에 대한 국고보조 등의 지원) 제3항 … 국가와 지방자치단체는 재난으로 피해를 입은 시설의 복구와 피해주민의 생계 안정을 위하여 다음의 지원을 할 수 있다. 다만, 다른 법령에 따라 국가 또는 지방자치단체가 같은 종류의 보상금 또는 지원금을 지급하거나, 재난으로 피해를 유발한 원인자가 보험금 등을 지급하는 경우에는 그 보상금, 지원금 또는 보험금 등에 상당하는 금액은 지급하지 아니한다.

㉠ 사망자·실종자·부상자 등 피해주민에 대한 구호
㉡ 주거용 건축물의 복구비 지원
㉢ 고등학생의 학자금 면제
㉣ 관계 법령에서 정하는 바에 따라 농업인·임업인·어업인의 자금 융자, 농업·임업·어업 자금의 상환기한 연기 및 그 이자의 감면 또는 중소기업 및 소상공인의 자금 융자
㉤ 세입자 보조 등 생계안정 지원
㉥ 관계 법령에서 정하는 바에 따라 국세·지방세, 건강보험료·연금보험료, 통신요금, 전기요금 등의 경감 또는 납부유예 등의 간접지원
㉦ 주 생계수단인 농업·어업·임업·염생산업(鹽生産業)에 피해를 입은 경우에 해당 시설의 복구를 위한 지원
㉧ 공공시설 피해에 대한 복구사업비 지원
㉨ 그 밖에 중앙재난안전대책본부회의에서 결정한 지원 또는 제16조 제2항에 따른 지역재난안전대책본부회의에서 결정한 지원

19 재난 및 안전관리 기본법상의 중앙안전관리위원회에 대한 설명으로 옳지 않은 것은?

① 국무총리 소속으로 중앙안전관리위원회를 둔다.

② 위원장은 국무총리가 된다.

③ 중앙위원회에 간사 1명을 두며, 간사는 행정안전부장관이 된다.

④ 중앙위원회는 사무가 국가안전보장과 관련된 경우에는 국방부와 협의하여야

 ④ 중앙위원회는 사무가 국가안전보장과 관련된 경우에는 국가안전보장회의와 협의하여야 한다〈재난 및 안전관리 기본법 제9조 제7항〉.

20 현대적 재난관리행정에 많이 이용되는 재난관리 접근 방식 중 IEMS(Integrated Emergency Management System)란 어떤 재난관리 시스템을 말하는가?

① 분산적   ② 균형적

③ 통합적   ④ 분석적

 IEMS(Integrated Emergency Management System)는 예방 및 완화, 준비(대비), 대응, 복구활동을 종합적으로 통합관리 하는 시스템이다.

03 연소이론

1 〈보기〉에서 표면연소에 해당하는 것을 옳게 고른 것은?

> 〈보기〉
> ㉠ 숯   ㉡ 목탄
> ㉢ 코크스   ㉣ 플라스틱

① ㉠, ㉡, ㉢   ② ㉠, ㉡, ㉣

③ ㉠, ㉢, ㉣   ④ ㉡, ㉢, ㉣

 표면연소란 고체표면에 부착된 산소분자를 산소공급원으로 하여 열분해에 의한 가연성 가스를 발생하지 않고 그 자체가 연소하는 형태로 숯, 목탄, 코크스, 금속, 마그네슘 등이 표면연소를 하는 대표적인 가연물이다.
㉣ 플라스틱은 분해연소를 한다.

2 자연발화가 되기 쉬운 가연물의 조건으로 옳은 것은?

① 발열량이 적다.   ② 표면적이 작다.

③ 열전도율이 낮다.   ④ 주위 온도가 낮다.

 ③ 외부환경에 에너지가 쉽게 전달되지 않고 열의 축적이 쉬운 분말상, 섬유상의 물질은 공기를 포함하기 때문에 열전도율이 작은 쪽이 좋다.
※ 가연물의 구비조건
    ㉠ 발열량과 비표면적이 클 것
    ㉡ 연쇄반응을 일으킬 수 있을 것
    ㉢ 열전도도가 작을 것
    ㉣ 활성화 에너지가 작을 것
    ㉤ 화학적 활성도가 클 것

3 제1류 위험물의 일반적 성질에 대한 설명으로 옳지 않은 것은?

① 불연성 물질이다.

② 강력한 환원제이다.

③ 대부분 무기화합물이다.

④ 다른 가연물의 연소를 돕는 지연성 물질이다.

 ② 제1류 위험물은 산소를 함유한 강한 산화제이다.

4 프로판 가스의 완전 연소되는 화학식이 변하는 과정이다. 여기서 X의 값은 얼마인가?

$$C_3H_8 + XO_2 \rightarrow 3CO_2 + 4H_2O$$

① 1

② 3

③ 4

④ 5

 탄화수소계 가연성가스의 완전연소식

㉠ 메탄(CH_4) : $CH_4 + 2O_2 \rightarrow CO_2 + 2H_2O + 212.80kcal$

㉡ 부탄(C_4H_{10}) : $C_4H_{10} + 6.5O_2 \rightarrow 4CO_2 + 5H_2O + 687.64kcal$

㉢ 프로판(C_3H_8) : $C_3H_8 + 5O_2 \rightarrow 3CO_2 + 4H_2O + 530.60kcal$

※ 탄화수소계 가연성가스의 완전연소식에서 메탄이 연소할 때 2몰, 프로판은 5몰, 부탄은 6.5몰의 산소가 필요하다.

5 프로판 1몰이 완전연소 하기 위하여 필요한 최소산소농도(MOC)는 몇 %인가?

① 4.5%

② 10.5%

③ 12.5%

④ 46.5%

	산소의 몰수	연소범위(%)	최소산소농도
메탄(CH_4)	$2O_2$	5~15	10%
프로판(C_3H_8)	$5O_2$	2.1~9.5	10.5%
부탄(C_4H_{10})	$6.5O_2$	1.8~8.4	11.7%

프로판의 최소산소농도 = 5(산소의 몰수) × 2.1(연소하한계) = 10.5%

Answer → 1.① 2.③ 3.② 4.④ 5.②

6 연소이론에 대한 설명으로 바른 것은?

① 산화반응속도는 연소속도에 영향을 미친다.

② 목탄, 활성탄은 산화열에 의하여 자연발화 가능하다.

③ 공기 중에 있는 가연성 가스 중 수소의 연소범위가 가장 넓다.

④ 증발연소를 하는 고체 가연물질 중에는 석탄, 플라스틱, 고무류가 있다.

 ① 산화반응속도가 클수록 연소속도가 빨라진다.
② 목탄, 활성탄은 흡착열에 의하여 자연발화가 가능하다
③ 공기 중에 있는 가연성 가스 중 연소범위가 가장 넓은 것은 아세틸렌(2.5~81)이다.
④ 증발연소 하는 고체 가연물질 중에는 유황, 파라핀, 나프탈렌, 왁스, 고체알코올, 장뇌 등이다.

7 다음은 물질과 열의 정의에 관한 설명이다. 바르지 않은 것은?

① 현열은 온도의 변화를 수반하지 않고 상의 변화로 생성되는 에너지이며 상의 변화를 수반하지 않고 온도 1도를 올릴 때 필요한 에너지를 말한다.

② 비열은 단위질량의 물체 1g을 1℃ 올리는데 필요한 열량과 물 1g의 온도를 1℃ 올리는 데 필요한 열량과 비율을 말한다.

③ 1[Btu]는 1[Lb]의 물을 1[°F] 높이는데 필요한 열량을 말한다.

④ 융점은 대기압 하에서 고체가 용융하여 액체가 되는 온도를 말한다.

 ① 현열(감열) : 물질에 가해진 열이 상의 변화가 없는 경우 보유하고 있는 열량을 말한다 (현열은 온도만 따진다).

8 온도가 높은 순서로 바른 것은?

① 인화점 < 연소점 < 발화점   ② 인화점 > 연소점 < 발화점

③ 인화점 > 연소점 > 발화점   ④ 인화점 < 연소점 > 발화점

 ㉠ 인화점(Flash Point) : 불꽃에 의하여 불이 붙는 가장 낮은 온도
㉡ 발화점(Ignition Point) : 점화원 없이 스스로 발화되는 최저온도
㉢ 연소점(Fire Point) : 점화원을 제거하여 지속적으로 발화되는 온도(보통 인화점보다 약 5~10℃ 높다)

9 다음 중 자연발화 방지법에 대한 설명으로 옳지 않은 것은?

① 저장실의 온도를 낮춘다.

② 습도는 촉매작용과 밀접한 관계가 없다.

③ 퇴적 및 수납 시 열이 축적되지 않도록 한다.

④ 작업장에서 플라스틱 제품을 사용하여 정전지 축적을 방지한다.

(Tip) ② 수분이 자연발화의 촉매로 작용하여 수분이 적으면 자연발화가 일어날 가능성이 적다.
  ※ 자연발화의 조건
    ㉠ 열전도율이 작아야 한다.
    ㉡ 발열량이 커야한다.
    ㉢ 주위온도가 높아야 한다.
    ㉣ 표면적이 넓어야 한다.

10 다음 보기의 밑줄 친 부분에 들어갈 내용으로 바르게 연결된 것은?

> 제1석유류인 가솔린은 인화점이 섭씨 −43℃~−20℃로써 전기 _____㉠_____이며 _____㉡_____ 결합으로 인해서 500ml비커에 20ml의 가솔린을 넣은 후 담뱃불을 던져도 _____㉢_____.

	㉠	㉡	㉢
①	부도체	공유	연소하지 않는다
②	부도체	이온	연소하지 않는다
③	도체	공유	연소한다
④	도체	이온	연소한다

(Tip) 가솔린은 전기가 통하지 않는 부도체며 공유 결합을 한다.

11 다음 중 PVC 제품이나 난연재료의 연소 시에 발생하며 호흡기와 눈에 자극을 주는 기체는?

① 이산화탄소   ② 염화수소

③ 시안화수소   ④ 황화수소

 ② PVC 등의 염소가 함유된 수지류가 연소할 때 주로 발생하며 피부, 눈의 결막, 목구멍과 기관지의 점막 등에 자극을 주고 폐혈관계 손상을 일으킨다.
① 이산화탄소 : 화재 시 호흡속도를 매우 빠르게 하여 독성가스를 더 많이 흡입하게 한다.
③ 시안화수소 : 청산가스라고도 하며 무색의 자극성으로 신경계통에 영향을 준다.
④ 황화수소 : 고무, 털 등의 물질이 불완전 연소할 때 발생하며 후각이 마비된다.

12 다음과 관계있는 연소생성가스로 옳은 것은?

> 질소 함유물인 열경화성 수지 또는 나일론 등의 연소 시 발생하고, 냉동시설의 냉매로 많이 쓰이고 있으므로 냉동 창고 화재 시 누출가능성이 크며, 허용 농도는 25ppm이다.

① 포스겐($COCl_2$)   ② 암모니아(NH_3)

③ 일산화탄소(CO)   ④ 시안화수소(HCN)

 암모니아는 멜라민수지, 아크릴, 나일론 등의 질소함유물이 연소할 때 주로 발생하며 강한 자극성의 유독성 기체이다.
① 포스겐 : 열가소성 수지인 폴리염화비닐(PVC), 수지류 등이 연소할 때 발생되는 매우 독성이 강한 가스로, 허용농도는 0.1ppm이다.
③ 일산화탄소 : 불완전 연소에 따른 생성물로 독성의 허용농도는 50ppm이다.
④ 시안화수소 : 청산가스라고도 하며 무색의 자극성이 높은 냄새를 갖는 가스로, 우레탄, 아크릴, 동물의 털 등 질소성분이 포함된 물질이 연소할 때 주로 발생한다.

13 다음 중 연기의 유동속도에 대한 것으로 옳은 것은?

① 수평 < 계단 < 수직 순으로 이동이 빠르다.

② 수평 < 수직 < 계단 순으로 이동이 빠르다.

③ 수직 < 계단 < 수평 순으로 이동이 빠르다.

④ 계단 < 수직 < 수평 순으로 이동이 빠르다.

> 연기의 유동 속도 … 수평(0.5~1m/s) → 수직(2~3m/s) → 계단(3~5m/s)

14 다음은 열의 전달 형태에 대한 설명이다. ( ) 안에 들어갈 내용으로 옳은 것은?

> 가. 일반적으로 화재의 초기단계에서 열의 전달은 (㉠)에 기인한다.
> 나. 화재 시 연기가 위로 향하는 것이나 화로(火爐)에 의해 실내의 공기가 따뜻해지는 것은 (㉡)에 의한 현상이다.

	㉠	㉡
①	전도	대류
②	복사	전도
③	전도	비화
④	대류	전도

 열전달의 방식

㉠ 전도 : 물체와 물체가 직접 접촉하였을 때 열이 전달되는 현상이다. 일반적으로 화재의 초기단계에서 열의 전달은 전도에 기인한다.
㉡ 대류 : 기체나 액체가 이동하는 것과 같이 열의 흐름에 의하여 열이 전달되는 현상이다.
㉢ 복사 : 열에너지가 전자파의 형태로 사방으로 전달되는 현상이다.

15 다음 중 연소가스에 관한 설명으로 옳은 것은?

① 염화수소(HCl)는 피부와 눈의 결막, 기관지 점막 자극 등 폐혈관 손상을 일으킨다.
② 암모니아는 고무, 털, 가죽 등의 물질이 불완전 연소할 때 발생한다.
③ 황하수소는 아크릴, 나일론 등의 질소함유물이 연소할 때 발생한다.
④ 일산화탄소는 헤모글로빈과 결합하지 않고 백혈구와 결합한다.

 ① PVC 등의 염소가 함유된 수지류를 연소할 때 발생하는 독성의 가스이다.
② 황화수소에 대한 설명이다.
③ 암모니아에 대한 설명이다.
④ 적혈구속에 포함된 헤모글로빈과 결합한다.

Answer ⟶ 11.② 12.② 13.② 14.① 15.①

16 다음 중 피난 본성에서 화재가 발생한 곳으로부터 피난하여 멀어지려는 본성은?

① 지광본능   ② 좌회본능

③ 추종본능   ④ 퇴피본능

 피난계획 시 고려해야 할 인간의 본능
   ⓐ **귀소본능** : 자신의 신체를 보호하기 위해 일상의 경로를 따라가는 본능이다.
   ⓑ **퇴피본능** : 위급 시 그 지점에서 멀어지려는 현상이다.
   ⓒ **지광본능** : 화재나 연기의 유동 시 어두운 곳을 피하려는 현상이다.
   ⓓ **좌회본능** : 오른손잡이가 많아 긴급상황에는 왼쪽으로 대피하는 현상이다.
   ⓔ **추종본능** : 많은 군중이 피난할 경우 리더를 따라가려는 본능이다.

17 다음 설명에 해당하는 것은?

> 가연성 고체의 미분이 공기 중에 부우하고 있을 때에 어떤 점화원에 의해 에너지가 주어지면 폭발하는 현상을 말한다.

① 가스폭발   ② 분무폭발

③ 분해폭발   ④ 분진폭발

 분진폭발은 화학적 폭발로서 가연성 고체의 미분이 공기 중에 부유하고 있을 때에는 어떠한 착하원에 의해 에너지가 주어지면 폭발하는 현상이다.
   ※ **화학적 폭발의 종류**
     ⓐ **가스폭발** : 가연성 기체와 공기와 혼합기의 폭발
     ⓑ **분무폭발** : 공기 중에 분출된 미세한 기름방울 등 액적이 무상으로 되어 착화 에너지가 주어지면 폭발하는 가연성 액체의 폭발
     ⓒ **분진폭발** : 가연성 고체 미분의 폭발
     ⓓ **분해폭발** : 분해연소성 기체 폭발

18 다음 중 화재 시 연기로 인한 사람의 투시거리에 영향을 주는 것으로 옳은 것은?

① 연기의 밀도   ② 연기의 온도

③ 연기의 형상   ④ 연기 발생속도

 투시거리 영향요인
ⓐ 연기 흐름속도
ⓑ 연기 밀도
ⓒ 보는 표식의 휘도, 색, 형상

19 전기설비의 방폭 구조 중 전기설비 용기 내부의 공기, 질소, 탄산가스 등의 보호가스를 대기압 이상으로 봉입하여 당해 용기 내부에 가연성 가스 또는 증기가 침입하지 못하도록 한 구조는 무엇인가?

① 압력 방폭 구조   ② 안전증가 방폭 구조

③ 유입 방폭 구조   ④ 본질안전 방폭 구조

 전기설비 방폭 구조
ⓐ 압력 방폭구조 : 용기 내 불활성기체(보호성 가스)를 봉입시킨 구조이다.
ⓑ 내압 방폭구조
  • 폭발압력에 견디는 특수한 구조이다.
  • 가연성가스의 전파를 차단하기 위해 용기 내부를 압력이 견디도록 전폐구조 한 것이다.
  • 가장 많이 이용된다.
ⓒ 안전증가 방폭 구조 : 정상상태에서 착화될 부분에 안전도를 증가시켜 위험을 방지하는 구조이다.
ⓓ 본질안전 방폭 구조 : 정상 혹은 이상상태의 단락, 단선, 지락 등에서 발생하는 전기 불꽃, 아크(arc) 등에 의한 점화를 방지하는 구조이며, 착화시험으로 성능이 확인된 구조이다.

20 다음 중 폭연(Deflgration)의 특징으로 바른 것은?

① 온도의 상승은 열에 의한 전파보다 충격파의 압력에 기인한다.

② 반응 또는 화염면의 전파가 분자량이나 난류 확산에 영향을 받는다.

③ 충격파를 형성하기 위해서는 아주 짧은 시간 내에 에너지가 방출되어야 한다.

④ 파면에서 온도, 압력, 밀도가 불연속적으로 나타난다.

 폭연은 반응 또는 화염면의 전파가 분자량이나 공기의 난류확산에 영향을 받는다.

Answer 16.④ 17.④ 18.① 19.① 20.②

04 화재이론

1 소화약제로 팽창질석 또는 팽창진주암을 사용하였을 때, 적응성이 가장 좋은 화재로 옳은 것은?

① 일반화재　　　　　　　　　　② 전기화재
③ 금속화재　　　　　　　　　　④ 가스화재

 금속화재에 사용할 수 있는 소화약제로는 화재 초기에 팽창질석, 팽창진주암 또는 마른모래, 금속화재용 분말소화기 등을 사용하고, 본격 시기에는 주변연소를 방지하고 자연 진화하도록 내버려 둔다.

2 다음 보기에서 설명하는 유류화재 이상현상으로 옳은 것은?

> 가열된 아스팔트와 같이 물이 비점(100℃)보다 온도가 높은 액체를 용기에 부을 때 용기바닥에 고여 있는 물과 닿으면서 물이 비등하여 거품이 넘치는 현상으로 화염은 발생하지 않는다.

① 프로스오버(Froth over)　　　② 보일오버(Boil over)
③ 플래시오버(Flash over)　　　④ 슬롭오버(Slop over)

 ① '용기바닥에 고인 물과 닿아 넘친다'는 표현이 있으면 프로스오버(Forth over)이다.

3 다음 중 실내화재에서 최성기의 특성으로 옳지 않은 것은?

① 검은색 연기농도가 진하고 연기발생량이 많다.
② 복사열로 인하여 인접건물에 연소할 우려가 있다.
③ 연기량이 감소되고 화염이 분출된다.
④ 연소기 활발하고 내부에 화염이 가득 차있다.

 ① 최성기보다는 초기가 연기 발생량이 더 많다.

4 다음 중 백드래프트에 해당되는 폭발은?

① 화학적 분해폭발   ② 화학적 가스폭발

③ 물리적 분해폭발   ④ 물리적 가스폭발

 백드래프트는 화학적 폭발 중 산화폭발에 속하는 가스폭발이다.

5 다음 중 플래시오버가 일어나는 시기는?

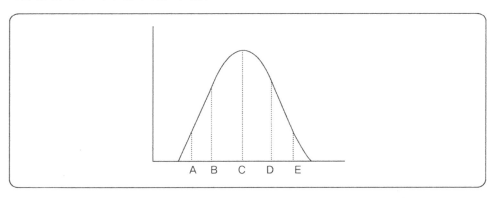

① A   ② B

③ C   ④ D

 플래시오버는 최성기 바로 직전에 일어난다.

6 다음 중 화재의 종류와 가연물의 연결이 바르지 않은 것은?

① A급 – 종이 및 일반제품   ② B급 – 휘발유 등 인화성물질

③ C급 – 분말 및 고무제품   ④ D급 – 가연성금속

 전기(C급/청색)화재
ⓐ 전기가 통전되는 기계설비(변압기 변전실)화재를 말한다.
ⓑ C급화재로 분류하고 색상은 청색으로 표기한다.
ⓒ 물로서 불을 소화할 수 없다(물을 주수하면 감전의 위험이 있다).

Answer↵   1.③   2.①   3.①   4.②   5.②   6.③

7 다음 중 화재로 인한 간접적 피해는 무엇인가?

① 화재로 인한 업무의 중단

② 인접건물의 수손피해

③ 실내내장재의 화실

④ 구조자의 피난으로 인한 인명피해

 ① 간접적 피해 ②③④ 직접적 피해

8 옥외출화란 무엇인가?

① 목재사용 가옥에서 벽, 추녀 밑의 판자나 목재에 발염착화한 때

② 불연 벽체나 칸막이의 불연천장인 경우 실내에서는 그 뒤판에 발연착화한 때

③ 보통가옥 구조 시에는 천장판에 발염착화한 때

④ 천장 속, 벽 속 등에서 발염착화한 때

 옥외출화 … 목재사용 가옥에서 벽, 추녀 밑의 판자나 목재에 발염착화한 때를 말한다.

9 철근콘크리트조 내화구조 벽의 기준두께는 몇 센티미터 이상이어야 하는가?

① 15cm ② 12cm

③ 10cm ④ 5cm

 철근콘크리트조의 내화구조 벽의 기준두께는 10cm이다.

10 시간과 온도변화에 따른 이상현상으로 다음에 해당하는 그래프를 보고 A~E에 들어갈 것으로 바르게 연결된 것은?

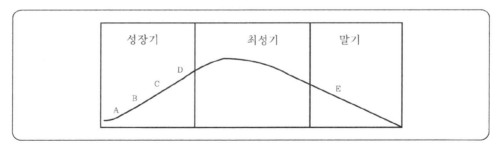

① A : 롤오버, B : 백드래프트, C : 플래시오버, D : 프레임오버, E : 백드래프트
② A : 롤오버, B : 플래시오버, C : 프레임오버, D : 백드래프트, E : 플래시오버
③ A : 프레임오버, B : 플래시오버, C : 백드래프트, D : 롤오버, E : 플래시오버
④ A : 프레임오버, B : 백드래프트, C : 롤오버, D : 플래시오버, E : 백드래프트

 A : 프레임오버, B : 백드래프트, C : 롤오버, D : 플래시오버, E : 백드래프트 순이다.

11 다음 중 지하실 화재 진화전술에 관한 설명으로 옳지 않은 것은?

① 훈소화재이며 백드래프트 위험성이 없다.
② 가능하다면 교차배연이 효과적이다.
③ 규모가 작을수록 고팽창포 소화약제가 효과적이다.
④ 전기 및 가스 차단이 우선이다.

 밀폐된 공간은 대게 산소가 부족한 상태이며 연기와 불기운만 가지고 더 이상 가연물이 타지 않고 있는 상태를 훈소화재라고 한다. 지하실의 경우 밀폐된 공간이기는 하나 화재를 진압하기 위해서 문을 열거나, 개구부를 개방하는 순간 산소가 공급되어 폭발과 같이 불이 붙는 현상(백드래프트)이 발생한다.

Answer ↪ 7.① 8.① 9.③ 10.④ 11.①

12 목재가 고온에 장시간 접촉해도 착화하기 어려운 수분함유량은 최소 몇 % 이상인 경우인가?

① 5%

② 10%

③ 15%

④ 20%

 ③ 목재류가 15% 이상 수분을 함유하면 착화하기 어렵다.

13 다음 중 물질이 연소할 때 온도에 따른 색깔로 바르지 않은 것은?

① 암적색 : 700℃

② 적색 : 850℃

③ 황적색 : 1,100℃

④ 휘백색 : 1,300℃

불꽃의 온도(℃)	불꽃의 색깔	불꽃의 온도(℃)	불꽃의 색깔
500℃	담암적색	1,000℃	주황색
700℃	암적색	1,050℃	황색
750℃	진홍색	1,100℃	황적색
850℃	적색	1,300℃	백적색
950℃	휘적색	1,500℃	휘백색

14 다음 보기에 해당되지 않는 것은?

> • 산화성 고체로서 가열, 충격 마찰 등으로 분해되어 산소를 방출하여 연소를 돕는다.
> • 가연성 고체로서 산화제와 접촉하면 마찰 혹은 충격에 의해 폭발의 위험성이 있다.
> • 금수성 물질로서 생석회만은 물과 반응하여 발열만을 한다.

① 1류 위험물

② 4류 위험물

③ 2류 위험물

④ 3류 위험물

 ② 4류 위험물은 인화성 액체로서 대단히 인화되기 쉽다.

※ 위험물의 정의

ㄱ 1류 위험물 : 일반적으로 불연성 물질이지만 다른 물질을 산화시킬 수 있다.

ㄴ 2류 위험물 : 낮은 온도에서 착화되기 쉬우며 연소속도가 빠른 가연성 물질이다.

ㄷ 3류 위험물 : 물과 만나 발열반응을 일으키며 가연성 가스를 내는 금수성 물질이다.

ㄹ 4류 위험물 : 비교적 낮은 온도에서 액체가 되는 고상물질이다.

ㅁ 5류 위험물 : 가연성 물질이며 산소를 함유하여 자기연소가 가능한 물질이다.

ㅂ 6류 위험물 : 산소를 포함한 강산화제로서 분해에 의해 다른 물질의 연소를 돕는다.

15 다음 중 특수가연물의 저장 및 취급기준에 대한 설명으로 옳지 않은 것은?

① 품명별로 구분하여 쌓아야 한다.

② 쌓는 부분의 바닥면적 사이는 1미터 이상이 되도록 하여야 한다.

③ 살수설비를 설치하거나 방사능력 범위에 해당 특수가연물이 포함되도록 대형수동 식소화기를 설치하는 경우에는 쌓는 높이를 15미터 이하로 하여야 한다.

④ 석탄·목탄류의 경우 쌓는 부분의 바닥면적은 50제곱미터 이하가 되도록 하여야 한다.

 특수가연물의 저장 및 취급의 기준〈소방기본법 시행령 제7조〉
　㉠ 품명별로 구분하여 쌓을 것
　㉡ 쌓는 높이는 10미터 이하가 되도록 하고, 쌓는 부분의 바닥면적은 50제곱미터(석탄·목 탄류의 경우에는 200제곱미터) 이하가 되도록 할 것. 다만, 살수설비를 설치하거나, 방 사능력 범위에 해당 특수가연물이 포함되도록 대형수동식소화기를 설치하는 경우에는 쌓는 높이를 15미터 이하, 쌓는 부분의 바닥면적을 200제곱미터(석탄·목탄류의 경우에 는 300제곱미터) 이하로 할 수 있다.
　㉢ 쌓는 부분의 바닥면적 사이는 1미터 이상이 되도록 할 것

16 다음 중 위험물의 저장방법으로 옳지 않은 것은?

① 황린 – 물속

② 이황화탄소 – 직사광선을 피하여 찬 곳에 저장

③ 금속나트륨 – 석유 속

④ 아세트알데히드 – 구리로 된 용기

 위험물의 저장
　㉠ 황린 : 자연발화성이 있으므로 물속에 저장한다.
　㉡ 이황화탄소 : 직사광선을 피하여 찬 곳에 저장한다.
　㉢ 금속나트륨, 금속칼륨 : 보통 석유 속에 저장하며 습기·물과의 접촉을 막는다.
　㉣ 아세트알데히드 : 공기와의 접촉을 피해야 하며 구리나 마그네슘 등과 접촉하면 폭발성인 화합물을 만들 가능성이 있다.

Answer 12.③　13.④　14.②　15.④　16.④

17 「소방기본법」상 화재원인 조사의 범위에 해당하지 않는 것은?

① 화재보험 가입 여부 등의 상황

② 소방시설의 사용 또는 작동 등의 상황

③ 피난경로, 피난상의 장애요인 등의 상황

④ 화재의 연소경로 및 확대원인 등의 상황

 화재원인조사〈소방기본법 시행규칙 별표 5〉

종류	조사범위
발화원인 조사	화재가 발생한 과정, 화재가 발생한 지점 및 불이 붙기 시작한 물질
발견·통보 및 초기 소화상황 조사	화재의 발견·통보 및 초기소화 등 일련의 과정
연소상황 조사	화재의 연소경로 및 확대원인 등의 상황
피난상황 조사	피난경로, 피난상의 장애요인 등의 상황
소방시설 등 조사	소방시설의 사용 또는 작동 등의 상황

18 다음 중 화재조사에 관한 용어설명 중 바르지 않은 것은?

① 발화 : 열원에 의하여 가연물질에 지속적으로 불이 붙는 현상을 말한다.

② 잔가율 : 피해물의 경제적 내용 연수가 다한 경우 잔존하는 가치의 재구입비에 대한 비율을 말한다.

③ 감식 : 화재 원인의 판정을 위하여 전문적인 지식, 기술 및 경험을 활용하여 주로 시각에 의한 종합적인 판단으로 구체적인 사실관계를 명확하게 규명하는 것을 말한다.

④ 재구입비 : 화재 당시 피해물과 같거나 비슷한 것을 재건축 또는 재취득하는데 필요한 금액을 말한다.

 ② 잔가율은 화재 당시 피해물의 재구입비에 대한 현재가의 비율이다. 피해물의 경제적 내용 연수가 다한 경우 잔존하는 가치의 재구입비에 대한 비율은 최종잔가율이다.

19 화재조사 중 소방본부장 또는 소방서장이 소방청장에게 긴급하게 보고하여야 할 화재 중 대형 화재에 해당하지 않은 것은?

① 사상자 12명 이상 발생된 화재
② 재산피해 50억 원 이상 추정되는 화재
③ 이재민 100명 이상 발생된 화재
④ 사망자 50명 이상 발생된 화재

 ③ 이재민 100명 이상 발생된 화재는 중요화재에 해당 한다.
※ 화재의 구분

구분	내용
대형화재	• 인명피해가 사망 5명 이상이거나 사상사 10명 이상 발생화재 • 재산피해 50억 원 이상 추정되는 화재
중요화재	• 관공서, 학교, 정부미도정공장, 문화재, 지하철, 지하구 등 공공건물 및 시설의 화재 • 관광호텔, 고층건물, 지하상가, 시장, 백화점, 대량위험물을 제조·저장·취급하는 장소, 대형화재취약대상 및 화재경계지구의 화재 • 이재민 100명 이상 발생화재
특수화재	• 철도, 항구에 매어둔 외항선, 항공기, 발전소 및 변전소의 화재 • 특수사고, 방화 등 화재원인이 특이하다고 인정되는 화재 • 외국공관 및 그 사택의 화재 • 기타 대상이 특수하여 사회적 이목이 집중될 것으로 예상되는 화재

20 소실정도에 따른 화재의 구분으로 바르지 않은 것은?

① 전소는 70% 이상 소실을 말한다.
② 반소는 30% 이상 70% 미만의 소실을 말한다.
③ 부분소는 30% 미만의 소실 또는 재사용할 수 없는 것을 말한다.
④ 부분소는 전소 및 반소에 해당하지 않을 때를 말한다.

 화재의 손실 정도
㉠ 전소 : 70% 이상 소실, 70% 미만이라도 재사용이 불가능한 경우
㉡ 반소 : 30% 이상 70% 미만의 소실
㉢ 부분소 : 전소·반소 이외의 나머지

Answer ↪ 17.① 18.② 19.③ 20.③

05 소화이론

1 다음 설명에 해당하는 소화방법으로 옳은 것은?

> 일반적으로 공기 중의 산소농도 21%를 15% 이하로 희석하거나 저하시키면 연소 중인 가연물은 산소의 양이 부족하여 연소가 중단된다.

① 냉각소화
② 질식소화
③ 제거소화
④ 유화소화

 질식소화란 연소물에 산소를 차단 또는 산소 농도를 15% 이하로 억제함으로써 화재를 소화하는 방법이다. 그러나 산소를 함유하는 물질의 연소, 즉 셀룰로이드와 같은 자기연소성 물질 등에는 적합하지 않다.
① 냉각소화 : 연소되고 있는 가연물질 또는 주위의 온도를 활성화 에너지 이하로 냉각시켜 소화하는 방법
③ 제거소화 : 연소의 3요소 중 가연물질의 공급을 차단 또는 안전한 장소로 이동시켜 더 이상 연소가 진행되지 않도록 하는 소화방법
④ 유화소화 : 물을 무상(霧狀)으로 방사하거나 포소화 약제를 방사하여 유류 표면에 유화층의 막을 형성시켜 공기의 접촉을 막아 소화하는 방법

2 다음 중 물소화약제에 첨가할 수 있는 동결방지제로서 틀린 것은?

① 염산나트륨
② 프로필렌글리콜
③ 중탄산나트륨
④ 염화칼슘

 ③ 중탄산나트륨은 소화약제 중 제1종 분말이다.
※ 물 소화약제의 동결방지제
   ㉠ 에틸렌글리콜
   ㉡ 프로필렌글리콜
   ㉢ 염화칼슘
   ㉣ 염화나트륨

3 다음 중 후착대의 임무로 바른 것은?

① 인명검색 · 구조활동 우선

② 소화용수 사용으로 인한 손해를 방지 하는 활동

③ 연소위험이 가장 큰 방면을 포위 부서

④ 화점 직근의 소방용수시설을 점유

 ② 소화용수 사용으로 인한 손해를 방지 하는 활동인 수손방지는 후착대의 임무이다.

4 다음 중 가스계 소화약제에 대한 설명으로 옳지 않은 것은?

① 가스가압식에 밸브 설치 시 감지기를 설치하는 것이 좋다.

② 수동식 기동장치에 있어서는 방출용 스위치의 작동을 명시하는 표시등을 설치해야 한다.

③ 가압식 가스계 소화약제는 최고압력 이하에서 작동하는 안전밸브를 설치해야 한다.

④ 가스계 소화약제에는 압력계를 설치하는 것이 좋다.

(Tip) ④ 가스계 소화약제에는 압력계가 불필요하며, 축압식은 본체 용기 내에 소화약제와 압축 공기(질소가스)를 축압하기 때문에 압력계가 필요하다.

5 다음 중 일반 건물에 화재가 발생하여 냉각소화법, 질식소화법을 사용하며 국내 화재 중 가장 빈도가 높은 화재분류는?

① A급 유류화재   ② B급 일반화재

③ C급 전기화재   ④ D급 가스화재

(Tip) ① 유류화재는 B급이며 질식소화법을 사용한다.
② 일반화재는 A급이며 물을 이용한 냉각소화법을 사용한다.
④ 가스화재는 E급이며 물을 이용한 냉각소화법을 사용한다.

Answer⌐ 1.② 2.③ 3.② 4.④ 5.③

6 셀룰로이드 화재시 이용되는 소화방법은?

① 탄산가스를 방사한다.　　　　② 사염화탄소를 방사한다.

③ 포를 방사한다.　　　　　　　④ 대량 주수를 한다.

 ④ 제5류 위험물은 가열, 충격, 마찰과 같은 접촉 또는 산화반응, 열분해반응에 의해 자연 발화 할 수 있어 주수소화를 해야 한다.

7 다음 중 희석소화를 할 수 없는 것은?

① 에테르류　　　　　　　　　② 알코올류

③ 에스테르류　　　　　　　　④ 중질유

 희석소화가 가능한 액체가연물 … 수용성의 성질을 갖는 알코올류, 에스테르류, 케톤류, 에테 르류, 알데히드류 등이 있다.

8 포소화약제의 혼합방식 중 펌프와 발포기의 중간에 설치된 벤츄리(Venturi) 관의 벤츄리 (Venturi) 작용에 의하여 포 소화약제를 흡입 · 혼합하는 것은?

① 라인 프로포셔너(Line Proportioner)

② 펌프 프로포셔너(Pump Proportioner)

③ 프레셔 프로포셔너(Pressure Proportioner)

④ 프레셔 사이드 프로포셔너(Pressure Side Proportioner)

 포 소화약제 혼합방식
㉠ **펌프 프로포셔너 방식**(Pump Proportioner Type) : 펌프의 토출관과 흡입관 사이에 설치 한 혼합기에 펌프에서 토출된 물의 일부를 보내고, 농도 조정밸브에서 조정된 약제의 필요량을 약제탱크에서 펌프 흡입측으로 보내어 이를 혼합하는 방식
㉡ **프레셔 프로포셔너**(Pressure Proportioner Type) : 펌프와 발포기의 중간에 설치된 벤츄 리 관의 벤츄리 작용과 펌프 가압수의 포 소화약제 저장탱크에 대한 압력에 의하여 포 소화약제를 흡입 · 혼합하는 방식
㉢ **라인 프로포셔너 방식**(Line Proportioner Type) : 펌프와 발포기 중간에 설치된 벤츄리 관의 벤츄리 작용에 의하여 포 소화약제를 흡입 · 혼합하는 방식
㉣ **프레셔 사이드 프로포셔너 방식**(Pressure Side Proportioner Type) : 펌프의 토출관에 혼 합기를 설치하고 약제 압입용 펌프로 포 원액을 압입시켜 혼합하는 방식

9 다음 중 분말소화약제에 대한 설명으로 옳지 않은 것은?

① 제1종은 백색이며 B·C급 화재에 사용된다.

② 제3종은 담홍색이며 B·C급 화재에 사용된다.

③ 열분해에 의해 질식효과가 있다.

④ 이산화탄소를 사용하는 가압식이 많이 사용된다.

 ② 제3종은 A, B, C급이며 일반화재, 유류화재, 전기화재에 사용할 수 있다.

10 포 소화설비 중에 고발포형 제1종 기계포 팽창비는?

① 80~250배 ② 6~20 이하

③ 500~1000 미만 ④ 250~500 미만

 ② 저발포형 팽창비 ③ 고발포형 3종 팽창비 ④ 고발포형 2종 팽창비

※ 고발포형의 팽창비는 1종은 80~250배이며, 2종은 250~500 미만이고, 3종은 500~1000 미만이다. 저발포형의 팽창비는 6~20 이하이다.

11 ABC급 소화성능을 가지는 분말소화약제는?

① 탄산수소나트륨 ② 탄산수소칼륨

③ 제1인산암모늄 ④ 탄산수소칼륨 + 요소

분말 소화약제의 종류

종류	제1종 분말	제2종 분말	제3종 분말	제4종 분말
약제명	탄산수소나트륨	탄산수소칼륨	제1인산암모늄	탄산수소칼륨 + 요소
적응화재	B, C급	B, C급	A, B, C급	B, C급

Answer → 6.④ 7.④ 8.① 9.② 10.① 11.③

12 분말 소화약제 분말 입도의 소화성능에 대한 설명으로 옳은 것은?

① 미세할수록 소화성능이 우수하다.

② 입도가 클수록 소화성능이 우수하다.

③ 입도와 소화성능과는 관계가 없다.

④ 입도가 너무 미세하거나 너무 커도 소화성능은 저하된다.

 분말 소화약제의 분말입도

ⓐ 입도의 크기 : $20\sim25\mu m$

ⓑ 입도가 너무 커도, 너무 미세하여도 소화효과가 저하된다.

ⓒ 입도가 미세하게 골고루 분포되어야 한다.

13 이산화탄소의 소화작용 중 거의 기대할 수 없는 것은?

① 냉각작용   ② 피복작용

③ 질식작용   ④ 부촉매작용

 이산화탄소의 소화설비 … 질식, 냉각, 피복작용의 효과가 있다.

※ 피복소화

ⓐ 이산화탄소는 비중이 공기보다 약 1.52배 무겁기 때문에 연소물질을 덮어서 산소의 공급을 차단하는 소화작용을 한다.

ⓑ 피연소물질에도 구석구석 침투하여 화염의 접촉을 억제하기 때문에 피연소물질을 손상시키지 않는다.

14 다음 중 피난설비 중에서 완강기에 대한 설명으로 옳지 않은 것은?

① 안전 하강속도는 약 1.5m/s이다.

② 피난층에 설치해야 한다.

③ 강하 시 로프가 손상되지 않도록 한다.

④ 구성 중 조속기는 피난자의 강하속도를 조절하는 장치이다.

 완강기

ⓐ 안전 하강속도는 약 1.5m/s이다.

ⓑ 강하 시 로프가 손상되지 않도록 주의한다.

ⓒ 지하층과 피난층에는 설치하지 않는다.

ⓓ 구성 중 조속기는 피난자의 강하속도를 조절할 수 있다.

15 〈보기〉에서 폐쇄형스프링클러헤드를 사용하는 방식을 옳게 고른 것은?

> 〈보기〉
> ㉠ 습식   ㉡ 건식
> ㉢ 일제살수식   ㉣ 준비작동식

① ㉠, ㉡, ㉢
② ㉠, ㉡, ㉣
③ ㉠, ㉢, ㉣
④ ㉡, ㉢, ㉣

 스프링클러의 개방형, 폐쇄형
㉠ **개방형**(특수한 장소에 설치) : 일제살수식
㉡ **폐쇄형**(일반적 장소에 설치) : 습식, 건식, 준비작동식

16 열감지기의 종류가 아닌 것은?

① 보상식
② 정온식
③ 광전식
④ 차동식

 ③ 광전식 감지기는 연기감지기이다.
※ **열감지기의 종류**
㉠ **차동식 감지기** : 열에 의한 공기팽창 감지기이다.
㉡ **정온식 감지기** : 이종합금의 열에 의한 팽창 감지기이다.
㉢ **보상식 감지기** : 차동식과 정온식을 겸한 감지기이다.

Answer ➞ 12.④ 13.④ 14.② 15.② 16.③

17 소방시설의 분류에 관한 설명에서 경보설비로 옳지 않은 것은?

① 비상벨설비 및 자동식 사이렌설비, 단독경보형감지기
② 비상방송설비, 누전경보기
③ 누전경보기, 제연설비
④ 자동화재 탐지설비 및 시각경보기, 자동화재 속보설비

 ③ 제연설비는 소화활동보조설비이다.

※ **소화활동보조설비** … 피난성능향상, 안전성확보, 소방관의 화재진압능력 극대화, 효율적인 화재진압 및 공공소방력의 신속한 도달을 목적으로 한다.

18 다음 중 스프링클러설비의 특징에 대한 설명으로 옳지 않은 것은?

① 초기화재에 효과가 크다.
② 감지부의 오동작 우려가 적다.
③ 시설의 수명이 짧다.
④ 소화제가 물이므로 값이 싸서 경제적이다.

 스프링클러설비의 특징
㉠ 초기화재에 효과가 크다.
㉡ 시설은 반영구적으로 사용 가능하다.
㉢ 감지부의 구조가 기계적이어서 오동작 우려가 적다.
㉣ 소화제가 물이므로 유지비용이 적다.

19 다음 중 피난대책 중에서 Fool-Proof의 원칙에 관한 설명으로 옳지 않은 것은?

① 도어의 노브는 회전식이 아닌 레버식으로 해둔다.

② 피난방향으로 문을 열 수 있도록 한다.

③ 소화설비, 경보설비의 위치, 유도표지에 쉬운 판별을 위한 색채를 사용한다.

④ 2방향 이상의 피난통로를 확보하는 피난대책이다.

 ④ Fail Safe의 원칙이다.

※ Fool-Proof … 비상사태에서 정신이 혼란하여 동물과 같은 지능상태가 되므로 누구나 알 수 있는 방법을 취한다는 원칙이다.

20 다음 중 무선통신보조설비의 비상전원 공급시간을 고르면?

① 20분   ② 30분

③ 50분   ④ 70분

 ② 무선통신보조설비의 비상전원 공급시간은 30분이며, 소방시설에 설치하는 비상전원의 공급시간은 일반적으로 10분~20분 정도이다.

Answer → 17.③ 18.③ 19.④ 20.②

PART

V

면접

01 면접의 기본

1 면접준비

(1) 면접의 기본 원칙

① **면접의 의미** … 면접이란 다양한 면접기법을 활용하여 지원한 직무에 필요한 능력을 지원자가 보유하고 있는지를 확인하는 절차라고 할 수 있다. 즉, 지원자의 입장에서는 채용 직무수행에 필요한 요건들과 관련하여 자신의 환경, 경험, 관심사, 성취 등에 대해 기업에 직접 어필할 수 있는 기회를 제공받는 것이며, 기업의 입장에서는 서류전형만으로 알 수 없는 지원자에 대한 정보를 직접적으로 수집하고 평가하는 것이다.

② **면접의 특징** … 면접은 기업의 입장에서 서류전형이나 필기전형에서 드러나지 않는 지원자의 능력이나 성향을 볼 수 있는 기회로, 면대면으로 이루어지며 즉흥적인 질문들이 포함될 수 있기 때문에 지원자가 완벽하게 준비하기 어려운 부분이 있다. 하지만 지원자 입장에서도 서류전형이나 필기전형에서 모두 보여주지 못한 자신의 능력 등을 기업의 인사담당자에게 어필할 수 있는 추가적인 기회가 될 수도 있다.

[서류·필기전형과 차별화되는 면접의 특징]

- 직무수행과 관련된 다양한 지원자 행동에 대한 관찰이 가능하다.
- 면접관이 알고자 하는 정보를 심층적으로 파악할 수 있다.
- 서류상의 미비한 사항과 의심스러운 부분을 확인할 수 있다.
- 커뮤니케이션 능력, 대인관계 능력 등 행동·언어적 정보도 얻을 수 있다.

③ **면접의 유형**

　㉠ **구조화 면접**: 구조화 면접은 사전에 계획을 세워 질문의 내용과 방법, 지원자의 답변 유형에 따른 추가 질문과 그에 대한 평가 역량이 정해져 있는 면접 방식으로 표준화 면접이라고도 한다.

　　• 표준화된 질문이나 평가요소가 면접 전 확정되며, 지원자는 편성된 조나 면접관에 영향을 받지 않고 동일한 질문과 시간을 부여받을 수 있다.

- 조직 또는 직무별로 주요하게 도출된 역량을 기반으로 평가요소가 구성되어, 조직 또는 직무에서 필요한 역량을 가진 지원자를 선발할 수 있다.
- 표준화된 형식을 사용하는 특성 때문에 비구조화 면접에 비해 신뢰성과 타당성, 객관성이 높다.

ⓒ 비구조화 면접 : 비구조화 면접은 면접 계획을 세울 때 면접 목적만을 명시하고 내용이나 방법은 면접관에게 전적으로 일임하는 방식으로 비표준화 면접이라고도 한다.
- 표준화된 질문이나 평가요소 없이 면접이 진행되며, 편성된 조나 면접관에 따라 지원자에게 주어지는 질문이나 시간이 다르다.
- 면접관의 주관적인 판단에 따라 평가가 이루어져 평가 오류가 빈번히 일어난다.
- 상황 대처나 언변이 뛰어난 지원자에게 유리한 면접이 될 수 있다.

④ 경쟁력 있는 면접 요령
ⓐ 면접 전에 준비하고 유념할 사항
- 예상 질문과 답변을 미리 작성한다.
- 작성한 내용을 문장으로 외우지 않고 키워드로 기억한다.
- 지원한 회사의 최근 기사를 검색하여 기억한다.
- 지원한 회사가 속한 산업군의 최근 기사를 검색하여 기억한다.
- 면접 전 1주일간 이슈가 되는 뉴스를 기억하고 자신의 생각을 반영하여 정리한다.
- 찬반토론에 대비한 주제를 목록으로 정리하여 자신의 논리를 내세운 예상답변을 작성한다.

ⓑ 면접장에서 유념할 사항
- 질문의 의도 파악 : 답변을 할 때에는 질문 의도를 파악하고 그에 충실한 답변이 될 수 있도록 질문사항을 유념해야 한다. 많은 지원자가 하는 실수 중 하나로 답변을 하는 도중 자기 말에 심취되어 질문의 의도와 다른 답변을 하거나 자신이 알고 있는 지식만을 나열하는 경우가 있는데, 이럴 경우 의사소통능력이 부족한 사람으로 인식될 수 있으므로 주의하도록 한다.
- 답변은 두괄식 : 답변을 할 때에는 두괄식으로 결론을 먼저 말하고 그 이유를 설명하는 것이 좋다. 미괄식으로 답변을 할 경우 용두사미의 답변이 될 가능성이 높으며, 결론을 이끌어 내는 과정에서 논리성이 결여될 우려가 있다. 또한 면접관이 결론을 듣기 전에 말을 끊고 다른 질문을 추가하는 예상치 못한 상황이 발생될 수 있으므로 답변은 자신이 전달하고자 하는 바를 먼저 밝히고 그에 대한 설명을 하는 것이 좋다.

- 지원한 회사의 기업정신과 인재상을 기억 : 답변을 할 때에는 회사가 원하는 인재라는 인상을 심어주기 위해 지원한 회사의 기업정신과 인재상 등을 염두에 두고 답변을 하는 것이 좋다. 모든 회사에 해당되는 두루뭉술한 답변보다는 지원한 회사에 맞는 맞춤형 답변을 하는 것이 좋다.
- 나보다는 회사와 사회적 관점에서 답변 : 답변을 할 때에는 자기중심적인 관점을 피하고 좀 더 넓은 시각으로 회사와 국가, 사회적 입장까지 고려하는 인재임을 어필하는 것이 좋다. 자기중심적 시각을 바탕으로 자신의 출세만을 위해 회사에 입사하려는 인상을 심어줄 경우 면접에서 불이익을 받을 가능성이 높다.
- 난처한 질문은 정직한 답변 : 난처한 질문에 답변을 해야 할 때에는 피하기보다는 정면 돌파로 정직하고 솔직하게 답변하는 것이 좋다. 난처한 부분을 감추고 드러내지 않으려 회피하려는 지원자의 모습은 인사담당자에게 입사 후에도 비슷한 상황에 처했을 때 회피할 수도 있다는 우려를 심어줄 수 있다. 따라서 직장생활에 있어 중요한 덕목 중 하나인 정직을 바탕으로 솔직하게 답변을 하도록 한다.

(2) 면접의 종류 및 준비 전략

① 인성면접

   ㉠ 면접 방식 및 판단기준
   - 면접 방식 : 인성면접은 면접관이 가지고 있는 개인적 면접 노하우나 관심사에 의해 질문을 실시한다. 주로 입사지원서나 자기소개서의 내용을 토대로 지원동기, 과거의 경험, 미래 포부 등을 이야기하도록 하는 방식이다.
   - 판단기준 : 면접관의 개인적 가치관과 경험, 해당 역량의 수준, 경험의 구체성 · 진실성 등
   ㉡ 특징 : 인성면접은 그 방식으로 인해 역량과 무관한 질문들이 많고 지원자에게 주어지는 면접질문, 시간 등이 다를 수 있다. 또한 입사지원서나 자기소개서의 내용을 토대로 하기 때문에 지원자별 질문이 달라질 수 있다.

ⓒ 예시 문항 및 준비전략

• 예시 문항

- • 3분 동안 자기소개를 해 보십시오.
- • 자신의 장점과 단점을 말해 보십시오.
- • 학점이 좋지 않은데 그 이유가 무엇입니까?
- • 최근에 인상 깊게 읽은 책은 무엇입니까?
- • 회사를 선택할 때 중요시하는 것은 무엇입니까?
- • 일과 개인생활 중 어느 쪽을 중시합니까?
- • 10년 후 자신은 어떤 모습일 것이라고 생각합니까?
- • 휴학 기간 동안에는 무엇을 했습니까?

• 준비전략 : 인성면접은 입사지원서나 자기소개서의 내용을 바탕으로 하는 경우가 많으므로 자신이 작성한 입사지원서와 자기소개서의 내용을 충분히 숙지하도록 한다. 또한 최근 사회적으로 이슈가 되고 있는 뉴스에 대한 견해를 묻거나 시사상식 등에 대한 질문을 받을 수 있으므로 이에 대한 대비도 필요하다. 자칫 부담스러워 보이지 않는 질문으로 가볍게 대답하지 않도록 주의하고 모든 질문에 입사 의지를 담아 성실하게 답변하는 것이 중요하다.

② 발표면접

ⓐ 면접 방식 및 판단기준

• 면접 방식 : 지원자가 특정 주제와 관련된 자료를 검토하고 그에 대한 자신의 생각을 면접관 앞에서 주어진 시간 동안 발표하고 추가 질의를 받는 방식으로 진행된다.

• 판단기준 : 지원자의 사고력, 논리력, 문제해결력 등

ⓑ 특징 : 발표면접은 지원자에게 과제를 부여한 후, 과제를 수행하는 과정과 결과를 관찰·평가한다. 따라서 과제수행 결과뿐 아니라 수행과정에서의 행동을 모두 평가할 수 있다.

ⓒ 예시 문항 및 준비전략

• 예시 문항

[신입사원 조기 이직 문제]

※ 지원자는 아래에 제시된 자료를 검토한 뒤, 신입사원 조기 이직의 원인을 크게 3가지로 정리하고 이에 대한 구체적인 개선안을 도출하여 발표해 주시기 바랍니다.

※ 본 과제에 정해진 정답은 없으나 논리적 근거를 들어 개선안을 작성해 주십시오.

- A기업은 동종업계 유사기업들과 비교해 볼 때, 비교적 높은 재무안정성을 유지하고 있으며 업무강도가 그리 높지 않은 것으로 외부에 알려져 있음.
- 최근 조사결과, 동종업계 유사기업들과 연봉을 비교해 보았을 때 연봉 수준도 그리 나쁘지 않은 편이라는 것이 확인되었음.
- 그러나 지난 3년간 1~2년차 직원들의 이직률이 계속해서 증가하고 있는 추세이며, 경영진 회의에서 최우선 해결과제 중 하나로 거론되었음.
- 이에 따라 인사팀에서 현재 1~2년차 사원들을 대상으로 개선되어야 하는 A기업의 조직문화에 대한 설문조사를 실시한 결과, '상명하복식의 의사소통'이 36.7%로 1위를 차지했음.
- 이러한 설문조사와 함께, 신입사원 조기 이직에 대한 원인을 분석한 결과 파랑새 증후군, 셀프홀릭 증후군, 피터팬 증후군 등 3가지로 분류할 수 있었음.

〈동종업계 유사기업들과의 연봉 비교〉   〈우리 회사 조직문화 중 개선되었으면 하는 것〉

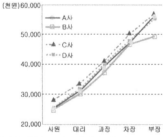 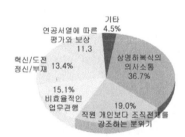

〈신입사원 조기 이직의 원인〉

- 파랑새 증후군
 -현재의 직장보다 더 좋은 직장이 있을 것이라는 막연한 기대감으로 끊임없이 새로운 직장을 탐색함.
 -학력 수준과 맞지 않는 '하향지원', 전공과 적성을 고려하지 않고 일단 취업하고 보자는 '묻지마 지원'이 파랑새 증후군을 초래함.
- 셀프홀릭 증후군
 -본인의 역량에 비해 가치가 낮은 일을 주로 하면서 갈등을 느낌.
- 피터팬 증후군
 -기성세대의 문화를 무조건 수용하기보다는 자유로움과 변화를 추구함.
 -상명하복, 엄격한 규율 등 기성세대가 당연시하는 관행에 거부감을 가지며 직장에 답답함을 느낌.

- 준비전략 : 발표면접의 시작은 과제 안내문과 과제 상황, 과제 자료 등을 정확하게 이해하는 것에서 출발한다. 과제 안내문을 침착하게 읽고 제시된 주제 및 문제와 관련된 상황의 맥락을 파악한 후 과제를 검토한다. 제시된 기사나 그래프 등을 충분히 활용하여 주어진 문제를 해결할 수 있는 해결책이나 대안을 제시하며, 발표를 할 때에는 명확하고 자신 있는 태도로 전달할 수 있도록 한다.

③ 토론면접

  ㉠ 면접 방식 및 판단기준

  - 면접 방식 : 상호갈등적 요소를 가진 과제 또는 공통의 과제를 해결하는 내용의 토론 과제를 제시하고, 그 과정에서 개인 간의 상호작용 행동을 관찰하는 방식으로 면접이 진행된다.

  - 판단기준 : 팀워크, 적극성, 갈등 조정, 의사소통능력, 문제해결능력 등

  ㉡ 특징 : 토론을 통해 도출해 낸 최종안의 타당성도 중요하지만, 결론을 도출해 내는 과정에서의 의사소통능력이나 갈등상황에서 의견을 조정하는 능력 등이 중요하게 평가되는 특징이 있다.

  ㉢ 예시 문항 및 준비전략

  - 예시 문항

    - 군 가산점제 부활에 대한 찬반토론
    - 담뱃값 인상에 대한 찬반토론
    - 비정규직 철폐에 대한 찬반토론
    - 대학의 영어 강의 확대 찬반토론
    - 워크숍 장소 선정을 위한 토론

  - 준비전략 : 토론면접은 무엇보다 팀워크와 적극성이 강조된다. 따라서 토론과정에 적극적으로 참여하며 자신의 의사를 분명하게 전달하며, 갈등상황에서 자신의 의견만 내세울 것이 아니라 다른 지원자의 의견을 경청하고 배려하는 모습도 중요하다. 갈등상황을 일목요연하게 정리하여 조정하는 등의 의사소통능력을 발휘하는 것도 좋은 전략이 될 수 있다.

④ 상황면접

  ㉠ 면접 방식 및 판단기준

  - 면접 방식 : 상황면접은 직무 수행 시 접할 수 있는 상황들을 제시하고, 그러한 상황에서 어떻게 행동할 것인지를 이야기하는 방식으로 진행된다.

  - 판단기준 : 해당 상황에 적절한 역량의 구현과 구체적 행동지표

ⓛ 특징 : 실제 직무 수행 시 접할 수 있는 상황들을 제시하므로 입사 이후 지원자의 업무수행능력을 평가하는 데 적절한 면접 방식이다. 또한 지원자의 가치관, 태도, 사고방식 등의 요소를 통합적으로 평가하는 데 용이하다.

ⓒ 예시 문항 및 준비전략

• 예시 문항

> 당신은 생산관리팀의 팀원으로, 생산팀이 기한에 맞춰 효율적으로 제품을 생산할 수 있도록 관리하는 역할을 맡고 있습니다. 3개월 뒤에 제품A를 정상적으로 출시하기 위해 생산팀의 생산 계획을 수립한 상황입니다. 그러나 원가가 곧 실적으로 이어지는 구매팀에서는 최대한 원가를 줄여 전반적 단가를 낮추려고 원가절감을 위한 제안을 하였으나, 연구개발팀에서는 구매팀이 제안한 방식으로 제품을 생산할 경우 대부분이 구매팀의 실적으로 산정될 것이므로 제대로 확인도 해보지 않은 채 적합하지 않은 방식이라고 판단하고 있습니다. 당신은 어떻게 하겠습니까?

• 준비전략 : 상황면접은 먼저 주어진 상황에서 핵심이 되는 문제가 무엇인지를 파악하는 것에서 시작한다. 주질문과 세부질문을 통하여 질문의 의도를 파악하였다면, 그에 대한 구체적인 행동이나 생각 등에 대해 응답할수록 높은 점수를 얻을 수 있다.

⑤ 역할면접

㉠ 면접 방식 및 판단기준

• 면접 방식 : 역할면접 또는 역할연기 면접은 기업 내 발생 가능한 상황에서 부딪히게 되는 문제와 역할을 가상적으로 설정하여 특정 역할을 맡은 사람과 상호작용하고 문제를 해결해 나가도록 하는 방식으로 진행된다. 역할연기 면접에서는 면접관이 직접 역할연기를 하면서 지원자를 관찰하기도 하지만, 역할연기 수행만 전문적으로 하는 사람을 투입할 수도 있다.

• 판단기준 : 대처능력, 대인관계능력, 의사소통능력 등

ⓛ 특징 : 역할면접은 실제 상황과 유사한 가상 상황에서의 행동을 관찰함으로서 지원자의 성격이나 대처 행동 등을 관찰할 수 있다.

ⓒ 예시 문항 및 준비전략

• 예시 문항

> [금융권 역할면접의 예]
> 당신은 ○○은행의 신입 텔러이다. 사람이 많은 월말 오전 한 할아버지(면접관 또는 역할담당자)께서 ○○은행을 사칭한 보이스피싱으로 500만 원을 피해 보았다며 소란을 일으키고 있다. 실제 업무상황이라고 생각하고 상황에 대처해 보시오.

• 준비전략 : 역할연기 면접에서 측정하는 역량은 주로 갈등의 원인이 되는 문제를 해결 하고 제시된 해결방안을 상대방에게 설득하는 것이다. 따라서 갈등해결, 문제해결, 조정·통합, 설득력과 같은 역량이 중요시된다. 또한 갈등을 해결하기 위해서 상대방에 대한 이해도 필수적인 요소이므로 고객 지향을 염두에 두고 상황에 맞게 대처해야 한다.

역할면접에서는 변별력을 높이기 위해 면접관이 압박적인 분위기를 조성하는 경우가 많기 때문에 스트레스 상황에서 불안해하지 않고 유연하게 대처할 수 있도록 시간과 노력을 들여 충분히 연습하는 것이 좋다.

2 면접 이미지 메이킹

(1) 성공적인 이미지 메이킹 포인트

① 복장 및 스타일

　　㉠ 남성

• 양복 : 양복은 단색으로 하며 넥타이나 셔츠로 포인트를 주는 것이 효과적이다. 짙은 회색이나 감청색이 가장 단정하고 품위 있는 인상을 준다.

• 셔츠 : 흰색이 가장 선호되나 자신의 피부색에 맞추는 것이 좋다. 푸른색이나 베이지색은 산뜻한 느낌을 줄 수 있다. 양복과의 배색도 고려하도록 한다.

• 넥타이 : 의상에 포인트를 줄 수 있는 아이템이지만 너무 화려한 것은 피한다. 지원자의 피부색은 물론, 정장과 셔츠의 색을 고려하며, 체격에 따라 넥타이 폭을 조절하는 것이 좋다.

• 구두 & 양말 : 구두는 검정색이나 짙은 갈색이 어느 양복에나 무난하게 어울리며 깔끔하게 닦아 준비한다. 양말은 정장과 동일한 색상이나 검정색을 착용한다.

• 헤어스타일 : 머리스타일은 단정한 느낌을 주는 짧은 헤어스타일이 좋으며 앞머리가 있다면 이마나 눈썹을 가리지 않는 선에서 정리하는 것이 좋다.

ⓛ 여성

- 의상 : 단정한 스커트 투피스 정장이나 슬랙스 슈트가 무난하다.
  블랙이나 그레이, 네이비, 브라운 등 차분해 보이는 색상을 선택
  하는 것이 좋다.
- 소품 : 구두, 핸드백 등은 같은 계열로 코디하는 것이 좋으며 구두
  는 너무 화려한 디자인이나 굽이 높은 것을 피한다. 스타킹은 의
  상과 구두에 맞춰 단정한 것으로 선택한다.
- 액세서리 : 액세서리는 너무 크거나 화려한 것은 좋지 않으며 과하
  게 많이 하는 것도 좋은 인상을 주지 못한다. 착용하지 않거나 작
  고 깔끔한 디자인으로 포인트를 주는 정도가 적당하다.
- 메이크업 : 화장은 자연스럽고 밝은 이미지를 표현하는 것이 좋으
  며 진한 색조는 인상이 강해 보일 수 있으므로 피한다.
- 헤어스타일 : 커트나 단발처럼 짧은 머리는 활동적이면서도 단정한
  이미지를 줄 수 있도록 정리한다. 긴 머리의 경우 하나로 묶거나
  단정한 머리망으로 정리하는 것이 좋으며, 짙은 염색이나 화려한
  웨이브는 피한다.

② 인사

ⓐ 인사의 의미 : 인사는 예의범절의 기본이며 상대방의 마음을 여는 기본적인 행동이라고
할 수 있다. 인사는 처음 만나는 면접관에게 호감을 살 수 있는 가장 쉬운 방법이 될
수 있기도 하지만 제대로 예의를 지키지 않으면 지원자의 인성 전반에 대한 평가로
이어질 수 있으므로 각별히 주의해야 한다.

ⓑ 인사의 핵심 포인트

- 인사말 : 인사말을 할 때에는 밝고 친근감 있는 목소리로 하며, 자신의 이름과 수험번
  호 등을 간략하게 소개한다.
- 시선 : 인사는 상대방의 눈을 보며 하는 것이 중요하며 너무 빤히 쳐다본다는 느낌이
  들지 않도록 주의한다.
- 표정 : 인사는 마음에서 우러나오는 존경이나 반가움을 표현하고 예의를 차리는 것이
  므로 살짝 미소를 지으며 하는 것이 좋다.
- 자세 : 인사를 할 때에는 가볍게 목만 숙인다거나 흐트러진 상태에서 인사를 하지 않
  도록 주의하며 절도 있고 확실하게 하는 것이 좋다.

③ 시선처리와 표정, 목소리

　㉠ 시선처리와 표정 : 표정은 면접에서 지원자의 첫인상을 결정하는 중요한 요소이다. 얼굴표정은 사람의 감정을 가장 잘 표현할 수 있는 의사소통 도구로 표정 하나로 상대방에게 호감을 주거나, 비호감을 사기도 한다. 호감이 가는 인상의 특징은 부드러운 눈썹, 자연스러운 미간, 적당히 볼록한 광대, 올라간 입 꼬리 등으로 가볍게 미소를 지을 때의 표정과 일치한다. 따라서 면접 중에는 밝은 표정으로 미소를 지어 호감을 형성할 수 있도록 한다. 시선은 면접관과 고르게 맞추되 생기 있는 눈빛을 띄도록 하며, 너무 빤히 쳐다본다는 인상을 주지 않도록 한다.

　㉡ 목소리 : 면접은 주로 면접관과 지원자의 대화로 이루어지므로 목소리가 미치는 영향이 상당하다. 답변을 할 때에는 부드러우면서도 활기차고 생동감 있는 목소리로 하는 것이 면접관에게 호감을 줄 수 있으며 적당한 제스처가 더해진다면 상승효과를 얻을 수 있다. 그러나 적절한 답변을 하였음에도 불구하고 콧소리나 날카로운 목소리, 자신감 없는 작은 목소리는 답변의 신뢰성을 떨어뜨릴 수 있으므로 주의하도록 한다.

④ 자세

　㉠ 걷는 자세

　　• 면접장에 입실할 때에는 상체를 곧게 유지하고 발끝은 평행이 되게 하며 무릎을 스치듯 11자로 걷는다.

　　• 시선은 정면을 향하고 턱은 가볍게 당기며 어깨나 엉덩이가 흔들리지 않도록 주의한다.

　　• 발바닥 전체가 닿는 느낌으로 안정감 있게 걸으며 발소리가 나지 않도록 주의한다.

　　• 보폭은 어깨넓이만큼이 적당하지만, 스커트를 착용했을 경우 보폭을 줄인다.

　　• 걸을 때도 미소를 유지한다.

　㉡ 서있는 자세

　　• 몸 전체를 곧게 펴고 가슴을 자연스럽게 내민 후 등과 어깨에 힘을 주지 않는다.

　　• 정면을 바라본 상태에서 턱을 약간 당기고 아랫배에 힘을 주어 당기며 바르게 선다.

　　• 양 무릎과 발뒤꿈치는 붙이고 발끝은 11자 또는 V형을 취한다.

　　• 남성의 경우 팔을 자연스럽게 내리고 양손을 가볍게 쥐어 바지 옆선에 붙이고, 여성의 경우 공수자세를 유지한다.

ⓒ 앉은 자세

• 남성

> • 의자 깊숙이 앉고 등받이와 등 사이에 주먹 1개 정도의 간격을 두며 기대듯 앉지 않도록 주의한다. (남녀 공통 사항)
> • 무릎 사이에 주먹 2개 정도의 간격을 유지하고 발끝은 11자를 취한다.
> • 시선은 정면을 바라보며 턱은 가볍게 당기고 미소를 짓는다. (남녀 공통 사항)
> • 양손은 가볍게 주먹을 쥐고 무릎 위에 올려놓는다.
> • 앉고 일어날 때에는 자세가 흐트러지지 않도록 주의한다. (남녀 공통 사항)

• 여성

> • 스커트를 입었을 경우 왼손으로 뒤쪽 스커트 자락을 누르고 오른손으로 앞쪽 자락을 누르며 의자에 앉는다.
> • 무릎은 붙이고 발끝을 가지런히 하며, 다리를 왼쪽으로 비스듬히 기울이면 여성스러워 보이는 효과가 있다.
> • 양손을 모아 무릎 위에 모아 놓으며 스커트를 입었을 경우 스커트 위를 가볍게 누르듯이 올려놓는다.

(2) 면접 예절

① 행동 관련 예절

ⓐ 지각은 절대금물 : 시간을 지키는 것은 예절의 기본이다. 지각을 할 경우 면접에 응시할 수 없거나, 면접 기회가 주어지더라도 불이익을 받을 가능성이 높아진다. 따라서 면접장소가 결정되면 교통편과 소요시간을 확인하고 가능하다면 사전에 미리 방문해 보는 것도 좋다. 면접 당일에는 서둘러 출발하여 면접 시간 20~30분 전에 도착하여 회사를 둘러보고 환경에 익숙해지는 것도 성공적인 면접을 위한 요령이 될 수 있다.

ⓑ 면접 대기 시간 : 지원자들은 대부분 면접장에서의 행동과 답변 등으로만 평가를 받는다고 생각하지만 그렇지 않다. 면접관이 아닌 면접진행자 역시 대부분 인사실무자이며 면접관이 면접 후 지원자에 대한 평가에 있어 확신을 위해 면접진행자의 의견을 구한다면 면접진행자의 의견이 당락에 영향을 줄 수 있다. 따라서 면접 대기 시간에도 행동과 말을 조심해야 하며, 면접을 마치고 돌아가는 순간까지도 긴장을 늦춰서는 안 된다. 면접 중 압박적인 질문에 답변을 잘 했지만, 면접장을 나와 흐트러진 모습을 보이거나 욕설을 한다면 면접 탈락의 요인이 될 수 있으므로 주의해야 한다.

ⓒ 입실 후 태도 : 본인의 차례가 되어 호명되면 또렷하게 대답하고 들어간다. 만약 면접장 문이 닫혀 있다면 상대에게 소리가 들릴 수 있을 정도로 노크를 두세 번 한 후 대답을 듣고 나서 들어가야 한다. 문을 여닫을 때에는 소리가 나지 않게 조용히 하며 공손한 자세로 인사한 후 성명과 수험번호를 말하고 면접관의 지시에 따라 자리에 앉는다. 이 경우 착석하라는 말이 없는데 먼저 의자에 앉으면 무례한 사람으로 보일 수 있으므로 주의한다. 의자에 앉을 때에는 끝에 앉지 말고 무릎 위에 양손을 가지런히 얹는 것이 예절이라고 할 수 있다.

ⓡ 옷매무새를 자주 고치지 마라. : 일부 지원자의 경우 옷매무새 또는 헤어스타일을 자주 고치거나 확인하기도 하는데 이러한 모습은 과도하게 긴장한 것 같아 보이거나 면접에 집중하지 못하는 것으로 보일 수 있다. 남성 지원자의 경우 넥타이를 자꾸 고쳐 맨다거나 정장 상의 끝을 너무 자주 만지작거리지 않는다. 여성 지원자는 머리를 계속 쓸어 올리지 않고, 특히 짧은 치마를 입고서 신경이 쓰여 치마를 끌어 내리는 행동은 좋지 않다.

ⓜ 다리를 떨거나 산만한 시선은 면접 탈락의 지름길 : 자신도 모르게 다리를 떨거나 손가락을 만지는 등의 행동을 하는 지원자가 있는데, 이는 면접관의 주의를 끌 뿐만 아니라 불안하고 산만한 사람이라는 느낌을 주게 된다. 따라서 가능한 한 바른 자세로 앉아 있는 것이 좋다. 또한 면접관과 시선을 맞추지 못하고 여기저기 둘러보는 듯한 산만한 시선은 지원자가 거짓말을 하고 있다고 여겨지거나 신뢰할 수 없는 사람이라고 생각될 수 있다.

② 답변 관련 예절

ⓖ 면접관이나 다른 지원자와 가치 논쟁을 하지 않는다. : 질문을 받고 답변하는 과정에서 면접관 또는 다른 지원자의 의견과 다른 의견이 있을 수 있다. 특히 평소 지원자가 관심이 많은 문제이거나 잘 알고 있는 문제인 경우 자신과 다른 의견에 대해 이의가 있을 수 있다. 하지만 주의할 것은 면접에서 면접관이나 다른 지원자와 가치 논쟁을 할 필요는 없다는 것이며 오히려 불이익을 당할 수도 있다. 정답이 정해져 있지 않은 경우에는 가치관이나 성장배경에 따라 문제를 받아들이는 태도에서 답변까지 충분히 차이가 있을 수 있으므로 굳이 면접관이나 다른 지원자의 가치관을 지적하고 고치려 드는 것은 좋지 않다.

ⓛ 답변은 항상 정직해야 한다. : 면접이라는 것이 아무리 지원자의 장점을 부각시키고 단점을 축소시키는 것이라고 해도 절대로 거짓말을 해서는 안 된다. 거짓말을 하게 되면 지원자는 불안하거나 꺼림칙한 마음이 들게 되어 면접에 집중을 하지 못하게 되고 수많은 지원자를 상대하는 면접관은 그것을 놓치지 않는다. 거짓말은 그 지원자에 대한 신뢰성을 떨어뜨리며 이로 인해 다른 스펙이 아무리 훌륭하다고 해도 채용에서 탈락하게 될 수 있음을 명심하도록 한다.

ⓒ 경력직을 경우 전 직장에 대해 험담하지 않는다. : 지원자가 전 직장에서 무슨 업무를 담당했고 어떤 성과를 올렸는지는 면접관이 관심을 둘 사항일 수 있지만, 이전 직장의 기업문화나 상사들이 어땠는지는 그다지 궁금해 하는 사항이 아니다. 전 직장에 대해 험담을 늘어놓는다든가, 동료와 상사에 대한 악담을 하게 된다면 오히려 지원자에 대한 부정적인 이미지만 심어줄 수 있다. 만약 전 직장에 대한 말을 해야 할 경우가 생긴다면 가능한 한 객관적으로 이야기하는 것이 좋다.

ⓔ 자기 자신이나 배경에 대해 자랑하지 않는다. : 자신의 성취나 부모 형제 등 집안사람들이 사회·경제적으로 어떠한 위치에 있는지에 대한 자랑은 면접관으로 하여금 지원자에 대해 오만한 사람이거나 배경에 의존하려는 나약한 사람이라는 이미지를 갖게 할 수 있다. 따라서 자기 자신이나 배경에 대해 자랑하지 않도록 하고, 자신이 한 일에 대해서 너무 자세하게 얘기하지 않도록 주의해야 한다.

3 면접 질문 및 답변 포인트

(1) 가족 및 대인관계에 관한 질문

① 당신의 가정은 어떤 가정입니까?
면접관들은 지원자의 가정환경과 성장과정을 통해 지원자의 성향을 알고 싶어 이와 같은 질문을 한다. 비록 가정 일과 사회의 일이 완전히 일치하는 것은 아니지만 '가화만사성'이라는 말이 있듯이 가정이 화목해야 사회에서도 화목하게 지낼 수 있기 때문이다. 그러므로 답변 시에는 가족사항을 정확하게 설명하고 집안의 분위기와 특징에 대해 이야기하는 것이 좋다.

② 아버지의 직업은 무엇입니까?

아주 기본적인 질문이지만 지원자는 아버지의 직업과 내가 무슨 관련성이 있을까 생각하기 쉬워 포괄적인 답변을 하는 경우가 많다. 그러나 이는 바람직하지 않은 것으로 단답형으로 답변하면 세부적인 직종 및 근무연한 등을 물을 수 있으므로 모든 걸 한 번에 대답하는 것이 좋다.

③ 친구 관계에 대해 말해 보십시오.

지원자의 인간성을 판단하는 질문으로 교우관계를 통해 답변자의 성격과 대인관계능력을 파악할 수 있다. 새로운 환경에 적응을 잘하여 새로운 친구들이 많은 것도 좋지만, 깊고 오래 지속되어온 인간관계를 말하는 것이 더욱 바람직하다.

(2) 성격 및 가치관에 관한 질문

① 당신의 PR포인트를 말해 주십시오.

PR포인트를 말할 때에는 지나치게 겸손한 태도는 좋지 않으며 적극적으로 자기를 주장하는 것이 좋다. 앞으로 입사 후 하게 될 업무와 관련된 자기의 특성을 구체적인 일화를 더하여 이야기하도록 한다.

② 당신의 장·단점을 말해 보십시오.

지원자의 구체적인 장·단점을 알고자 하기 보다는 지원자가 자기 자신에 대해 얼마나 알고 있으며 어느 정도의 객관적인 분석을 하고 있나, 그리고 개선의 노력 등을 시도하는지를 파악하고자 하는 것이다. 따라서 장점을 말할 때는 업무와 관련된 장점을 뒷받침할 수 있는 근거와 함께 제시하며, 단점을 이야기할 때에는 극복을 위한 노력을 반드시 포함해야 한다.

③ 가장 존경하는 사람은 누구입니까?

존경하는 사람을 말하기 위해서는 우선 그 인물에 대해 알아야 한다. 잘 모르는 인물에 대해 존경한다고 말하는 것은 면접관에게 바로 지적당할 수 있으므로, 추상적이라도 좋으니 평소에 존경스럽다고 생각했던 사람에 대해 그 사람의 어떤 점이 좋고 존경스러운지 대답하도록 한다. 또한 자신에게 어떤 영향을 미쳤는지도 언급하면 좋다.

(3) 학교생활에 관한 질문

① 지금까지의 학교생활 중 가장 기억에 남는 일은 무엇입니까?

가급적 직장생활에 도움이 되는 경험을 이야기하는 것이 좋다. 또한 경험만을 간단하게 말하지 말고 그 경험을 통해서 얻을 수 있었던 교훈 등을 예시와 함께 이야기하는 것이 좋으나 너무 상투적인 답변이 되지 않도록 주의해야 한다.

② 성적은 좋은 편이었습니까?

면접관은 이미 서류심사를 통해 지원자의 성적을 알고 있다. 그럼에도 불구하고 이 질문을 하는 것은 지원자가 성적에 대해서 어떻게 인식하느냐를 알고자 하는 것이다. 성적이 나빴던 이유에 대해서 변명하려 하지 말고 담백하게 받아드리고 그것에 대한 개선노력을 했음을 밝히는 것이 적절하다.

③ 학창시절에 시위나 집회 등에 참여한 경험이 있습니까?

기업에서는 노사분규를 기업의 사활이 걸린 중대한 문제로 인식하고 거시적인 차원에서 접근한다. 이러한 기업문화를 제대로 인식하지 못하여 학창시절의 시위나 집회 참여 경험을 자랑스럽게 답변할 경우 감점요인이 되거나 심지어는 탈락할 수 있다는 사실에 주의한다. 시위나 집회에 참가한 경험을 말할 때에는 타당성과 정도에 유의하여 답변해야 한다.

(4) 지원동기 및 직업의식에 관한 질문

① 왜 우리 회사를 지원했습니까?

이 질문은 어느 회사나 가장 먼저 물어보고 싶은 것으로 지원자들은 기업의 이념, 대표의 경영능력, 재무구조, 복리후생 등 외적인 부분을 설명하는 경우가 많다. 이러한 답변도 적절하지만 지원 회사의 주력 상품에 관한 소비자의 인지도, 경쟁사 제품과의 시장점유율을 비교하면서 입사동기를 설명한다면 상당히 주목 받을 수 있을 것이다.

② 만약 이번 채용에 불합격하면 어떻게 하겠습니까?

불합격할 것을 가정하고 회사에 응시하는 지원자는 거의 없을 것이다. 이는 지원자를 궁지로 몰아넣고 어떻게 대응하는지를 살펴보며 입사 의지를 알아보려고 하는 것이다. 이 질문은 너무 깊이 들어가지 말고 침착하게 답변하는 것이 좋다.

③ 당신이 생각하는 바람직한 사원상은 무엇입니까?

직장인으로서 또는 조직의 일원으로서의 자세를 묻는 질문으로 지원하는 회사에서 어떤 인재상을 요구하는 가를 알아두는 것이 좋으며, 평소에 자신의 생각을 미리 정리해 두어 당황하지 않도록 한다.

④ 직무상의 적성과 보수의 많음 중 어느 것을 택하겠습니까?

이런 질문에서 회사 측에서 원하는 답변은 당연히 직무상의 적성에 비중을 둔다는 것이다. 그러나 적성만을 너무 강조하다 보면 오히려 솔직하지 못하다는 인상을 줄 수 있으므로 어느 한 쪽을 너무 강조하거나 경시하는 태도는 바람직하지 못하다.

⑤ 상사와 의견이 다를 때 어떻게 하겠습니까?

과거와 다르게 최근에는 상사의 명령에 무조건 따르겠다는 수동적인 자세는 바람직하지 않다. 회사에서는 때에 따라 자신이 판단하고 행동할 수 있는 직원을 원하기 때문이다. 그러나 지나치게 자신의 의견만을 고집한다면 이는 팀원 간의 불화를 야기할 수 있으며 팀 체제에 악영향을 미칠 수 있으므로 선호하지 않는다는 것에 유념하여 답해야 한다.

⑥ 근무지가 지방인데 근무가 가능합니까?

근무지가 지방 중에서도 특정 지역은 되고 다른 지역은 안 된다는 답변은 바람직하지 않다. 직장에서는 순환 근무라는 것이 있으므로 처음에 지방에서 근무를 시작했다고 해서 계속 지방에만 있는 것은 아님을 유의하고 답변하도록 한다.

(5) 여가 활용에 관한 질문

① 취미가 무엇입니까?

기초적인 질문이지만 특별한 취미가 없는 지원자의 경우 대답이 애매할 수밖에 없다. 그래서 가장 많이 대답하게 되는 것이 독서, 영화감상, 혹은 음악감상 등과 같은 흔한 취미를 말하게 되는데 이런 취미는 면접관의 주의를 끌기 어려우며 설사 정말 위와 같은 취미를 가지고 있다하더라도 제대로 답변하기는 힘든 것이 사실이다. 가능하면 독특한 취미를 말하는 것이 좋으며 이제 막 시작한 것이라도 열의를 가지고 있음을 설명할 수 있으면 그 것을 취미로 답변하는 것도 좋다.

② 술자리를 좋아합니까?

이 질문은 정말로 술자리를 좋아하는 정도를 묻는 것이 아니다. 우리나라에서는 대부분 술자리가 친교의 자리로 인식되기 때문에 그것에 얼마나 적극적으로 참여할 수 있는 가를 우회적으로 묻는 것이다. 술자리를 싫어한다고 대답하게 되면 원만한 대인관계에 문제가 있을 수 있다고 평가될 수 있으므로 술을 잘 마시지 못하더라도 술자리의 분위기는 즐긴다고 답변하는 것이 좋으며 주량에 대해서는 정확하게 말하는 것이 좋다.

(6) 여성 지원자들을 겨냥한 질문

① 결혼은 언제 할 생각입니까?

지원자가 결혼예정자일 경우 기업은 채용을 꺼리게 되는 경향이 있다. 업무를 어느 정도 인식하고 수행할 정도가 되면 퇴사하는 일이 흔하기 때문이다. 가능하면 향후 몇 년간은 결혼 계획이 없다고 답변하는 것이 현실적인 대처 요령이며, 덧붙여 결혼 후에도 일하고자 하는 의지를 강하게 내보인다면 더욱 도움이 된다.

② 만약 결혼 후 남편이나 시댁에서 직장생활을 그만두라고 강요한다면 어떻게 하겠습니까?

결혼적령기의 여성 지원자들에게 빈번하게 묻는 질문으로 의견 대립이 생겼을 때 상대방을 설득하고 타협하는 능력을 알아보고자 하는 것이다. 따라서 남편이나 시댁과 충분한 대화를 통해 설득하고 계속 근무하겠다는 의지를 밝히는 것이 좋다.

③ 여성의 취업을 어떻게 생각합니까?

여성 지원자들의 일에 대한 열의와 포부를 알고자 하는 질문이다. 많은 기업들이 여성들의 섬세하고 꼼꼼한 업무능력과 감각을 높이 평가하고 있으며, 사회 전반적인 분위기 역시 맞벌이를 이해하고 있으므로 자신의 의지를 당당하고 자신감 있게 밝히는 것이 좋다.

④ 커피나 복사 같은 잔심부름이 주어진다면 어떻게 하겠습니까?

여성 지원자들에게 가장 난감하고 자존심상하는 질문일 수 있다. 이 질문은 여성 지원자에게 잔심부름을 시키겠다는 요구가 아니라 직장생활 중에서의 협동심이나 봉사정신, 직업관을 알아보고자 하는 것이다. 또한 이 과정에서 압박기법을 사용해 비꼬는 투로 말하는 수 있는데 이는 자존심이 상하거나 불쾌해질 때의 행동을 알아보려는 것이다. 이럴 경우 흥분하여 과격하게 답변하면 탈락하게 되며, 무조건 열심히 하겠다는 대답도 신뢰성이 없는 답변이다. 직장생활을 위해 필요한 일이면 할 수 있다는 정도의 긍정적인 답변을 하되, 한 사람의 사원으로서 당당함을 유지하는 것이 좋다.

(7) 지원자를 당황하게 하는 질문

① 성적이 좋지 않은데 이 정도의 성적으로 우리 회사에 입사할 수 있다고 생각합니까?

비록 자신의 성적이 좋지 않더라도 이미 서류심사에 통과하여 면접에 참여하였다면 기업에서는 지원자의 성적보다 성적 이외의 요소, 즉 성격·열정 등을 높이 평가했다는 것이라고 할 수 있다. 그러나 이런 질문을 받게 되면 지원자는 당황할 수 있으나 주눅 들지 말고 침착하게 대처하는 면모를 보인다면 더 좋은 인상을 남길 수 있다.

② 우리 회사 회장님 함자를 알고 있습니까?

회장이나 사장의 이름을 조사하는 것은 면접일을 통고받았을 때 이미 사전 조사되었어야 하는 사항이다. 단답형으로 이름만 말하기보다는 그 기업에 입사를 희망하는 지원자의 입장에서 답변하는 것이 좋다.

③ 당신은 이 회사에 적합하지 않은 것 같군요.

이 질문은 지원자의 입장에서 상당히 곤혹스러울 수밖에 없다. 질문을 듣는 순간 그렇다면 면접은 왜 참가시킨 것인가 하는 생각이 들 수도 있다. 하지만 당황하거나 흥분하지 말고 침착하게 자신의 어떤 면이 회사에 적당하지 않는지 겸손하게 물어보고 지적당한 부분에 대해서 고치겠다는 의지를 보인다면 오히려 자신의 능력을 어필할 수 있는 기회로 사용할 수도 있다.

④ 다시 공부할 계획이 있습니까?

이 질문은 지원자가 합격하여 직장을 다니다가 공부를 더 하기 위해 회사를 그만 두거나 학습에 더 관심을 두어 일에 대한 능률이 저하될 것을 우려하여 묻는 것이다. 이때에는 당연히 학습보다는 일을 강조해야 하며, 업무 수행에 필요한 학습이라면 업무에 지장이 없는 범위에서 야간학교를 다니거나 회사에서 제공하는 연수 프로그램 등을 활용하겠다고 답변하는 것이 적당하다.

⑤ 지원한 분야가 전공한 분야와 다른데 여기 일을 할 수 있겠습니까?

수험생의 입장에서 본다면 지원한 분야와 전공이 다르지만 서류전형과 필기전형에 합격하여 면접을 보게 된 경우라고 할 수 있다. 이는 결국 해당 회사의 채용 방침상 전공에 크게 영향을 받지 않는다는 것이므로 무엇보다 자신이 전공하지는 않았지만 어떤 업무도 적극적으로 임할 수 있다는 자신감과 능동적인 자세를 보여주도록 노력하는 것이 좋다.

02 면접기출

1 인천국제공항공사 면접기출

① 인천국제공항공사에 대해 아는 대로 말해 보시오.

② 살면서 힘들었던 경험에 대해 말해 보시오.

③ 최근 감명 깊게 읽은 책을 말해 보시오.

④ 자신의 꿈이나 비전은 무엇인가?

⑤ 자신만의 스트레스 해소법에 대해 말해 보시오.

⑥ 입사를 위해서 준비한 것은 무엇인가?

⑦ 성취감을 느껴본 경험에 대해서 말해 보시오.

⑧ 인천국제공항공사와 경쟁사에 대해 비교하여 설명해 보시오.

⑨ 팀동료와 갈등이 생긴다면 어떻게 대처할 것인가?

⑩ 스스로 독창적인 아이디어를 내본 적이 있는가?

⑪ 1억 원이 생긴다면 어디에 쓸 것인가?

⑫ 무인도에서 필요한 3가지는 무엇이라고 생각하는가?

⑬ 타인을 배려해본 경험을 말해 보시오.

⑭ 우리나라의 향후 유망사업은 무엇이라고 생각하는가?

⑮ 당사의 어떤 면이 국제적이라고 생각하는가?

⑯ 새옹지마의 유래에 대해 말해 보시오.

⑰ 지금까지 자신이 했던 일 중 가장 자랑스럽거나 보람 있었던 일은 무엇인가?

⑱ 효도란 무엇이라 생각하며, 스스로 효를 실천한 경험을 말해 보시오.

⑲ 최근 누군가를 가장 감동시킨 일을 말해 보시오.

⑳ 20세기 인류에 크게 영향력을 끼친 인물 3명을 말해 보시오.

① 상사가 부정한 일로 자신의 이득을 취하고 있다. 이를 인지하게 되었을 때 자신이라면 어떻게 행동할 것인가?

② 본인이 했던 일 중 가장 창의적이었다고 생각하는 경험에 대해 말해보시오.

③ 직장 생활 중 적성에 맞지 않는다고 느낀다면 다른 일을 찾을 것인가? 아니면 참고 견뎌내겠는가?

④ 자신만의 특별한 취미가 있는가? 그것을 업무에서 활용할 수 있다고 생각하는가?

⑤ 면접을 보러 가는 길인데 신호등이 빨간불이다. 시간이 매우 촉박한 상황인데, 무단횡단을 할 것인가?

⑥ 원하는 직무에 배치 받지 못할 경우 어떻게 행동할 것인가?

⑦ 상사와 종교·정치에 대한 대화를 하던 중 본인의 생각과 크게 다른 경우 어떻게 하겠는가?

⑧ 타인과 차별화 될 수 있는 자신만의 장점 및 역량은 무엇인가?

⑨ 자격증을 한 번에 몰아서 취득했는데 힘들지 않았는가?

⑩ 오늘 경제신문 첫 면의 기사에 대해 브리핑 해보시오.

⑪ 무상급식 전국실시에 대한 본인의 의견을 말하시오.

⑫ 타인과 차별화 될 수 있는 자신만의 장점 및 역량은 무엇인가?

⑬ 외국인 노동자와 비정규직에 대한 자신의 의견을 말해보시오.

⑭ 장래에 자녀를 낳는다면 주말 계획은 자녀와 자신 중 어느 쪽에 맞춰서 할 것인가?

⑮ 공사 진행과 관련하여 민원인과의 마찰이 생기면 어떻게 대응하겠는가?

⑯ 직장 상사가 나보다 다섯 살 이상 어리면 어떤 기분이 들겠는가?

⑰ 현재 심각한 취업난인 반면 중소기업은 인력이 부족하다는데 어떻게 생각하는가?

⑱ 영어 자기소개, 영어 입사동기

⑲ 지방이나 오지 근무에 대해서 어떻게 생각하는가?

⑳ 상사에게 부당한 지시를 받으면 어떻게 행동하겠는가?